U0724894

高职高专财经类专业系列教材

现代经济应用写作 （第2版）

Xiandai Jingji Yingyong Xiezuo

文全治 \ 主　编

王永华　谢　瑞 \ 副主编

重庆大学出版社

内容提要

本书分为两编,上编:第1—3章为写作基础知识部分。该编从文章的内容和形式两个方面,全面讲述了从事写作必备的基础知识和基本能力,为包括现代经济应用写作在内的各种写作打下坚实的基础;下编:第4—9章为现代经济应用写作部分。按照"理论够用,重在动手"的原则。主要介绍了"行政机关的公文""经济合同""市场调查报告""经济预测报告""商品广告""商品说明书""经济新闻""计划""总结""简报""调查报告""自荐信""述职报告""规章制度""书信""演讲词""启事""海报""学术论文""毕业论文"等20类现代经济生活中常用的应用文。

本书基本按照"概念、特点、种类、写作格式、实例点评、写作要求"的基本体例进行编写,并且每一部分都配有实例,便于启发,易于模仿,旨在提高学生的写作能力。本书适宜于非中文专业的高职高专、成人高校的学生使用。

图书在版编目(CIP)数据

现代经济应用写作 / 文全治主编. —2版. —重庆:
重庆大学出版社,2016.4
高职高专财经类专业系列教材
ISBN 978-7-5624-9665-6

Ⅰ.①现… Ⅱ.①文… Ⅲ.①经济—应用文—写作—
高等职业教育—教材 Ⅳ.①H152.3

中国版本图书馆 CIP 数据核字(2016)第 017753 号

高职高专财经类专业系列教材
现代经济应用写作
(第2版)
主 编 文全治
副主编 王永华 谢 瑞
责任编辑:马 宁 版式设计:马 宁
责任校对:秦巴达 责任印制:赵 晟
*
重庆大学出版社出版发行
出版人:易树平
社址:重庆市沙坪坝区大学城西路 21 号
邮编:401331
电话:(023)88617190 88617185(中小学)
传真:(023)88617186 88617166
网址:http://www.cqup.com.cn
邮箱:fxk@cqup.com.cn(营销中心)
全国新华书店经销
重庆市国丰印务有限公司印刷
*
开本:787mm×1092mm 1/16 印张:19.5 字数:329 千
2016 年 4 月第 2 版 2016 年 4 月第 7 次印刷
印数:19 001—22 000
ISBN 978-7-5624-9665-6 定价:39.00 元

第2版前言

本书自2004年8月出版以来,受到各个使用学校和学生的好评,但是修订编写工作却迟迟没有进行。在重庆大学出版社的关心和支持下,改写和修订编写工作业已完成。

在中国确立了社会主义的市场经济和加入世界贸易组织的今天;在资讯高度发达、人际交往日益密切的现代社会,经济类的应用写作作为传递信息、实现交往的工具,其重要性已经不言而喻了。对成为社会高级职业人才的高职生来说,其必备的素质修养中包括写作的修养。在现实社会中,任何技能中都少不了体现技能的载体——写作,特别是应用写作。应用文因它突出的工具性质,在文章写作中占据不可忽视的重要地位,正如我国著名作家、教育家叶圣陶先生所说:"大学毕业生不一定要能写小说诗歌,但一定要能写工作和生活中使用的文章,而且非写得既通顺又扎实不可。"

我们编写了《现代经济应用写作》一书,供高等职业院校学生学习使用。本书的编写者均为多年从事写作教学的教师,既谙熟写作理论,又积累了丰富的教学经验,对应用写作教学中的重点、难点问题深有体会。在互动式教学中,学生的反映也给了我们很多有益的启示。我们将诸多体会和启示写进教材,希冀提高本书的针对性和实用功能。应用写作是在写作理论指导下的能动性实践活动,因此,本书注重写作理论与写作实践的有机结合。全书分为上编写作基础理论和下编应用文写作训练。理论联系实际贯彻整个教材编写中，也是在教学中贯彻的基本原则。应用写作教学既不能轻视理论和纯技能的传授，也不能脱离实际和谈玄论虚，而应将理论和实际二者有机地结合。本书在前3章介绍写作基本理论，以期直接或间接地指导写作实践；在后6章的应用写作部分，介绍各类应用文体写作知识的同时辅以实例和点评分析，以提供写作借鉴和参考。写作课的学习最终是要将知识逐渐转化为技能，"写"是落脚点。因此，进行实际写作训练，是学习写作必不可少，也是行之有效的环节。本书在每一章都设置了基本概念、思考练习题。思考练习题是该章知识的重点；练习题有的要求对实例进行分析修改，有的要求按给定的范围写作。

应用文的实用性质决定了它"与时俱进"的特点，我们在教材编写中也努力体现了这一点。于2001年1月1日起开始实施的《国家行政机关公文处理办法》，对公文的概念、种类、格式等诸多方面作新规定，我们以此为依据撰写了有关部分。其他部分也注意吸纳近年来应用写作研究的新成果，力图能将新的理论、使用频率高的文种和新近的、典型精当的实例，予以科学地编排，为学习者提供一本简明实用的教材。

本书在编写中参考了近年来正式出版的一些相关专著，选取了众多书籍和报刊上的例文，在此对原著者一并致谢。本书写作分工为：文全治（成都工业学院）撰写、改写、修编第1、2、3、5、6章，并负责体例设计及全书统稿；王永华（河北工业职业技术学院）撰写第1版第4、8章，文全治负责本版第4、8章的改写和修编；谢瑞（天津职业大学）撰写第1版第9章；文全治负责本版第9章的改写和修编；冯俊伶（太原大学）撰写第1版第7章，文全治负责本版第7章的改写和修编；另外重庆大学出版社马宁先生多年来对本书撰写、修编给予了关心、支持、督促。在此，一并谨以致谢。由于我们的知识局限，书稿中的缺点和错误在所难免，敬望专家斧正。

文全治谨识

2016年1月8日

目　录

MULU

上编　写作基础理论

下编　应用文写作训练

MULU

目　录

MULU

上编　写作基础理论

第1章
材料和主题

【学习目标】

　　通过本章的材料、主题知识的学习,了解材料、主题在文章中的基础意义和重要的指导意义,从而掌握材料和主题在写作中的运用。

1.1　材　料

1.1.1　材料的含义

材料是构成文章的基本要素之一。写文章必须首先要有材料。没有材料就谈不上写文章。那么,什么是材料呢? 为着某一写作目的,作者从生活中搜集、摄取以及写入文章之中的一系列的生活现象或者生活事实就是材料。

在文学艺术创作中,通常使用素材和题材的概念。凡进入作者视野并被其所意识,所采撷的全部原始、未加工处理的生活现象,即写作的"素材";其中,经过作者加工、提炼和处理写入作品的生活现象称之为"题材"。题材是构成文艺作品内容的一组完整的生活现象,是社会生活的反映。题材具有不可分性,一篇作品无论长短,只能表现一个题材,并且,一般说它都包括"人物""情节""环境"这样三个要素。由此可知,"题材"作为文学艺术创作中的一个专用术语,其概念和一般文章写作(特别是应用文、论说文)所说的"材料"是不相同的。

1.1.2　材料的种类

在文章写作中,材料所包含的内容是相当广泛的。根据不同的划分标准,材料可分为两大类。

1)按照材料的来源,可分为直接材料和间接材料两类

直接材料就是作者通过观察或亲身参与所得到的材料。间接材料是作者从书籍、报刊、文献、档案或他人的著作中所获得的材料。直接材料和间接材料都对写作有着重要的意义,特别是间接材料。当今世界科学日新月异,而亲身的参与必然受时间、空间的限制,不可能直接获得大量的材料,因此,间接材料在写作上占有极为重要的地位。

2) 按照材料的内容,可分为事实材料和理论材料

在记叙性的文章中,当然要以事实材料为主;在议论性的文章中,也离不开事实材料,它常常是作为论据出现。理论材料是来自实践而又经实践证实了的人类的思想观点、科学原理、定义以及人们在日常生活中为大家所公认的警句、格言、俗语、谚语等。

此外,还有历史材料和现实材料、具体材料和概括材料、正面材料和反面材料等,这些只是划分材料的标准不同罢了。

1.1.3 材料的重要性

材料对于写作有着十分重要的意义。写作的过程实际上就是占有和运用材料的过程,没有材料就谈不上写作。因此,材料是文章基础的基础,根本的根本。

1) 材料是构成文章的要素

世界上的万事万物虽千差万别,但都是由内容和形式构成的,作为文章也不例外,材料就是文章内容之一。没有一个个的人物以及这些人物的生活场景、生活经历和喜怒哀乐是不可能构成一部文学作品的。没有大量调查到具体的、真实的材料是写不出调查报告的,没有马克思在大不列颠图书馆内搜集到的资本主义产生、发展的大量数据和大量事实,就不可能写出了划时代意义的《资本论》;没有毛泽东不辞辛苦、风尘仆仆地奔走于湖南农村,掌握了大量的事实材料,也就不可能写出具有深远历史意义的《湖南农民运动调查报告》。文章本身就是在不断地"证明""说明""感染""感动"读者,否则文章就是空的,就不成其为好文章,就没有存在的价值。从古到今能够感人至深、脍炙人口的好文章,无不靠真实、准确的材料支撑。因为,材料是构成文章的要素。

2) 材料是形成主题(或观点)的基础

写文章总是要反映一种思想或认识的,这些思想不能独自产生存在,它们是现实生活的表现,都是经过"人"加工了的现实生活中的现象和事实。人的头脑是一个"加工厂",离开了现实生活,没有生活现象和事实,头脑这个"加工厂"就只能是停工待料、无工可加,也制作不出任何正确的思想、观点。俗话说得好：巧妇难为无米之炊。这个"米"就是生活中的"原料"，即生活现象和事实。写文章有了好材料、详尽充分的材料，再加上作者善于"加工"，长于思索，就能从中形成思想、观点，从而写出好的作品来。革命导师列宁曾这样评价马克思的《资本论》："《资本论》不是别的，正是把堆积如山的实际材料总结为几点概括的、彼此紧相联系的思想"。因此，没有事实材料，就不能产生任何正确的思想。正如毛泽东同志在《改造我们的学习》一文中指出：学习和研究问题，应当不凭主观想象，不凭一时的热情，不凭死的书本，而凭客观存在的事实，详细地占有材料……从这些材料中引出正确的结论。"这里所指的"思想"和"结论"就是主题（或观点）。

3）材料是表现主题（或观点）的支柱

动笔之前，观点靠材料形成；动笔之际，观点靠材料来表现。我们常常这样说，要"摆事实，讲道理"。事实就是材料，道理就是观点。不摆事实，不证明材料，道理就说不清，观点就道不明。因此，"讲观点的时候不能没有材料"。记叙文如此，实用文和论说文也如此。毛泽东在《反对党八股》中列举的党八股的第一条罪状就是"空话连篇，言之无物"。一篇文章，如果没有充实的材料做内容，空空洞洞，空口说白话，是不能把主题"立"起来的。因此，材料是表现主题的"支柱"。当然，这里所说的材料是指有足够份量的材料，否则主题即使是树起了也不能立牢。正由于此，人们才习惯地把文章的材料比做"血肉"，并以有血有肉，血肉丰满的文章视为文章之上乘。

伟大的科学家巴甫洛夫在《给青年们的一封信》中指出：要研究事实，对比事实，积聚事实。无论鸟翼是多么完美，但如果不凭借着空气，它是永远不会飞翔高空的。事实就是科学家的空气。你们如果不凭借事实，就永远也不能飞腾起来的。

这是一个很深刻、形象的比喻。我们完全可以这样说：材料就是文章作者的"空气"，没有材料，作者的思想永远也"飞腾"不起来。

熟悉生活，占有材料对于写作是极其重要的。正如苏联作家富曼诺夫所说："没有掌握材料以前，别忙动手。信口胡诌的东西没有人需要。"

1.1.4　材料的搜集

文章是反映社会生活现实的，文章的材料的获得也离不开社会生活，社会生活是一切材料产生的源泉。搜集材料的方法和途径一般有：

1) 直接地获取材料

直接地获取材料是指作者亲自深入生活、到达现场去搜集材料。作为文学作品需长期地观察体验现实生活,逐步积累材料。由于,文艺作品的创作,多是作者在现实生活中的体验和感受,因此其写作素材一般都是靠作者在长期的生活实践中观察、体验,逐步地积累起来的。高尔基之所以能写出像《童年》《在人间》《我的大学》这些带自传性的小说,完全在于他自身有着这样艰苦曲折的生活经历。他对那些写作素材有痛切的体验,深刻的感受;我国当代杰出的作家柳青,他之所以能写出我国农村社会主义改造波澜壮阔的历史画卷《创业史》,长达 14 年深入农村、长期观察体验农民生活、长期积累材料是一个极为重要的原因。

2) 间接地获取材料

文艺作品一般需要作者直接地深入生活,获取第一手的材料。但是受时间、精力等方面因素的限制,材料的搜集还得通过间接的途径获得,对论说文和应用文来说尤其如此。马克思为了写作《资本论》这部划时代的理论巨著,花了整整 40 年的心血。为了详细地搜集、占有材料,他批判地阅读和分析了浩如烟海的理论著述、事实材料:统计数字等,他曾仔细钻研和写过摘要的书籍就多达 1 500 多种;仅仅为了第一卷前两章,他从各种书籍做摘要就有 200 多处;为了写好有关英国劳工法的 20 多页文字,他竟把英国博物馆所藏的有关这方面的书籍、报告等全部翻阅过。正是马克思间接、丰富地占有了这些材料,他才能够写出这部巨著——《资本论》。

再如鲁迅先生《中国小说史略》的写作,也是在广泛、周密地搜集了大量材料的基础上,耗费了巨大的心血完成的。仅以他辑录《小说旧闻钞》而言,其材料就是从 90 余种,1 500 多卷的古书中一字一句手抄而成的。为了四处找寻并抄写这些珍贵材料,他曾自述当时几乎是达到了"废寝忘食,锐意穷搜"的地步。

表达主题的过程就是把通过直接、间接搜集的材料整理和表达材料的过程。但是,如何使用这些直接和间接搜集的材料,这是写作中十分重要的问题。

1.1.5 材料的选择

写文章要材料,但并不是任何材料都可以写进文章,其间还要有一个选择、提炼过程。在搜集材料时,材料越多越好、越丰富越好、越全面越好。但是,使用材料恰恰相反,要以一当十,要选最好、最有力的材料。最好、最有力的材料的标准是什么呢?

1)最能表现主题的材料

人们在选择材料时,常常孤立地去衡量材料的好或不好。这是不正确的。只有当材料和主题放在一起考察时,才能决定它是好还是不好,也就是说这个材料能不能在说明主题时起作用,是判断其好坏、决定其存留的标准。例如:在夏衍的《野草》一文中,材料最能说明主题的是写小草"不管上面的石块如何重,石块到石块之间如何狭小,它必定要曲曲折折地、顽强不屈地挺到地面上来。它的根往土壤钻,它的芽往地面上挺,这是一种不可抗的力,阻止它的石块,结果也被它掀翻"。作者这里正是通过小草来象征中华民族的坚韧、顽强,因为主题需要这样表达。相反,如果用"野火烧不尽,春风吹又生"来说明野草生命力顽强就不行。它的确是个很好的材料,但与《小草》本身的主题不太切合。因为这篇文章的主题要表现的是中华民族的那种顶着磨难、不屈不挠的坚韧、顽强的精神。这和赞美野草具有顽强的生命力看上去差不多,其实只要细细体味一下,就可辨别出后者用在这篇文章中就显得分量不够了。

2)最典型的材料

文章总是要通过个别材料来反映一般规律,通过个性反映共性的,但也并不是任何材料都能反映本质。即使所选的材料都能反映本质,这里面也还有深浅高低的问题。魏巍在《我怎样写〈谁是最可爱的人〉》一文中所说的一段话,很能说明问题。

"在朝鲜时,我曾写了一篇《自豪吧,祖国》的通讯,里边写了二十多个我认为最生动的例子。带回来给同志们看了看,感到不好,就没有拿去发表。因为例子堆得太多了,好像记账,哪一个也说得不清楚、不充分,以后写《谁是最可爱的人》,就只选择了几个例子,在写完后又删掉了两个。事实告诉我:用最能代表一般的典型例子来说明本质的东西,给人的印象是清楚明白的,也会是突出的。"

在写作实践中,有人总认为材料越多越好,说了张三说李四,举了甲例还要举乙例。结果文章冗长累赘,主题反而不鲜明突出。其原因在于对材料的典型意义认识不足,不懂得如何充分发挥典型材料的作用,而只想从量上去取胜,故失败也就不可避免。

3)真实的材料

材料真实可靠,文章才会有力量。所谓真实是说材料既是生活中客观存在的事实,又能反映客观事物的本质和主流。那些虽然是事实,但不能反映本质和主流的材料是不符合要求的,不应照用不误。

对于小说、戏剧等文学创作来说,真实是指材料能揭示生活内在的本质和规律。生活中即使没有此人此事,但却是可能有的,经过作者的塑造,即可写入作品,我们称之为艺术真实。如鲁迅笔下的阿Q、茅盾笔下的老通宝,都是这样的艺术形象。

4)新颖生动的材料

所谓新颖生动是指材料具有新鲜的意义,思想上有一定的深度,同时又具有一定的感染力、吸引力。这有两种情况,一是这个材料是以前没有人用过的;二是以前虽有人用过,但我用时却发掘出新的含义。世界上的万事万物永远在运动和发展变化着。尤其是在今天改革开放的大环境中,社会生活日新月异,这就为写作材料提供了无穷无尽的源泉。

此外,虽非从未用过的材料,但你却能从中挖掘出更深的含义,也应属于新颖生动之列。例如有位多次汇款帮助希望工程却从不透露自己姓名的人,最后被辗转找到。当别人问他为什么要隐名埋姓时,他回答说,"对我来说,这不仅仅是捐了一点钱,在做这件事的过程中,我的思想得到升华,灵魂得到净化。我感到非常幸福,其他我一无所求,为什么还要提姓名呢?"对帮助别人这件事而言,这人的话就独具一格、颇有新意。当然可以成为写作的好材料。再如写松竹、写月亮,从古至今写了几千年,还是有人欣赏。这就是由于写出了新意。毛泽东《卜算子·咏梅》,不就是反陆游之意而用之,使梅花这一老材料绽放出了新意吗?

在写作实践中,我们懂得在选材方面该这样选和不该那么选,就能充分发挥材料的作用,使文章收到较为满意的效果。

1.2 主 题

1.2.1 主题的含义

"主题"是翻译过来的一个名词,是文学艺术创作中的一个专用术语。但由于它的适应性较强,和其他非文学作品所使用的相类同的说法和主题的基本精神实质一致,所以,它在实际运用上已取得了一致承认的"通用"的地位。

所谓文章的主题,就是作者在说明问题,发表主张或反映生活现象时,通过文章的内容表达出来的某一基本的意见、观点、论点和思想。

主题这个概念在不同的文体中有不同称谓,在使用时应该区别对待。

①在文学作品中,主题称为:主题思想,主题,中心思想;

②在论说文中,主题称为:中心论点、基本论点、论点;

③在公文等应用文中,主题称为:主旨或基本观点,中心观点。

1.2.2 主题的重要性

主题在文章中有举足轻重的地位,主题的正确与否决定文章的好坏、决定文章是否能够为社会所接受。所以,主题是一篇文章的灵魂和统帅。

1)主题是文章的灵魂

主题是文章的灵魂,没有主题的文章(姑且称之为文章),其实只是一堆东拉西扯的材料。文章是要通过作者的主观认识来反映客观世界的。没有主观认识,又怎能决定选什么材料来反映呢?

在写作实践中,常常还会遇到主题好不好的问题。说主题是灵魂,其中含有要以主题的高低优劣来决定文章质量的意思。人们往往说:"这真是一篇好文章!"这主要是指内容与形式都臻上乘,而内容的核心正是主题。主题决定了文章质量的高低,价值的大小,作用的强弱。例如,宋朝诗人陆游写过一首词《卜算子·咏梅》:"驿外断桥边,寂寞开无主。已是黄昏独自愁,更著风和雨。无意苦争春,一任群芳妒。零落成泥辗作尘,只有香如故。"

陆游在这首词中借梅花抒发了自己受到朝廷投降派打击排挤的苦闷无奈、孤芳自赏的心情,也表达了自己绝不与投降派同流合污、保持晚节的志向。在当时,陆游有这样的志向、情操,确实令人敬佩,立意也不能不说高了。可是今日时代不同了,人的思想意识变了。同样是咏梅,且看毛泽东的咏梅是如何写的。

卜算子·咏梅

（一九六一年十二月）

读陆游咏梅词,反其意而用之

风雨送春归,飞雪迎春到。已是悬崖百丈冰,犹有花枝俏。俏也不争春,只把春来报。待到山花烂漫时,她在丛中笑。

这首词的小序说:"读陆游咏梅词,反其意而用之"。反的是什么意呢?一是反陆词的孤芳自赏为与群芳同春;二是反陆词的消极无奈为积极斗争。陆游的梅花是苦,毛泽东的梅花是俏;陆游的梅花是愁,毛泽东的梅花是笑。虽然时代不同了,两首咏梅都是好词,但从立意上讲,我们不能不说,毛泽东的咏梅确实要高出一筹。

2) 主题是文章的统帅

统帅是三军之主,队伍进退攻守必须听从主帅指挥。文章同样如此,文章中的统帅就是主题。古人说:"意犹帅也,无帅之兵谓之乌合"。就文章而言,没有主题的文章,那只是一堆杂乱的语言文字,不能成文。主题在文章中的统帅作用表现在以下几个方面。

①主题决定材料的取舍详略。写文章要有材料,这是先决条件。但有了材料,是不是都适合写进文章,那又是一回事。决定这个材料能不能用的标准就是主题。凡是能说明主题的就可以用,凡是不能说明的,即使是好材料也不能用。凡是能较深刻说明主题的,要详写,反之,则一笔带过。例如鲁迅的《故乡》中,"我"和闰土几十年后重见的一段是详写,是全文的重点。因为这一段通过闰土形象的描绘,深刻反映了辛亥革命后,旧中国在天灾人祸的摧残下,农村凋敝,农民受尽苦难的真实面貌。文章接下去又写:"夜间我们又谈些闲话,都是无关紧要的话;第二天早晨,他就领了水生回去了。"这是略说,是为了把情节交代清楚,更是为了表达主题的需要。

②主题支配文章结构的安排。结构是文章的骨架,是主题表达的外部形式。一篇文章的头怎样开,尾怎样结,当中的层次段落怎样划分安排等,都要

看哪一种形式最能表达主题。例如鲁迅的《一件小事》，记的是 1917 年冬，"我"所乘的一辆人力车碰倒了一位衣服破烂的老女人的事情。老女人并未受伤，而人力车夫的行为却和"我"的想法完全不同。文章的主题就是赞颂了劳动人民的优秀品质并表现了知识分子要努力修正自己的强烈愿望。这一主题支配着文章采取了对比的结构形式。文章一开头就把"所谓的国家大事"和"一件小事"对照，突出了这件小事的意义。在行文过程中，又处处将"我"与车夫的不同行为相对照，突出了两个人物不同的思想品质；同时又以"我"在一件小事前后不同的思想状态相对照，突出了"我"的自我剖析。这种处处对比的结构形式使文章的主题表达得更为深刻，从而使全文获得了极佳的效果。

③主题制约文章表达方式的运用。所谓表达方式是指叙述、描写、抒情、议论、说明等。人们对事物的反应是千变万化的。当你要把你的反应表达出来的时候，你必然要采用一种最能表情达意的方式。这篇文章的主题是颂扬某人的崇高品质的，那当然要以叙述、描写为主；那篇文章的主题是讨论某一问题，则必然要以议论、说明为主。有时作者为了更好地突出主题，常常综合运用各种方式，描写中插入议论，说明中插入抒情。例如鲁迅的《故乡》中，结尾是这样写的："我在朦胧中，眼前展开一片海边碧绿的沙地来，上面深蓝的天空中挂着一轮金黄的圆月。我想：希望本无所谓有，无所谓无的。这正如地上的路；其实地上本没有路，走的人多了，也便成了路。"

这一段前面是想像中的景物描写，后面是一句内心独白的心理描写，而这一句独白的内容又是富有哲理的议论。这种又是描写，又是议论的表达方式，细致入微地烘托了作者渴望"美好生活"的憧憬和向往，从而使文章的主题更为鲜明，更为深刻了。

1.2.3　主题的确立和提炼

1）主题的确立

文章必须有主题。人们提笔为文时，首先考虑的也是主题。古人说："意在笔先"也正是这个道理。如何确定一篇文章的主题则要具体情况具体分析。

（1）按工作需要确立主题

工作中常需执笔为文，如承办某项业务，结束后要写报告；一年完毕，要写总结等。这些文章都要作者自己去确立主题。这个主题只能在已掌握的具体材料的基础上,从写作的根本目的出发,经过分析研究后确立主题,不能够只凭主观印象或道听途说就下结论。

(2)按社会需要确立主题

在一定的历史条件下,一定的时期里,社会常需要突出某种情况、某类问题,比如希望工程、送温暖工程、扶贫攻坚、反腐倡廉等。有的需发扬光大,有的需批判制止。这种社会需要常激发人们的感情,促使人们去写文章。于是文章的主题也就按社会需要而确立了。这类文章的主题,虽然大的方向已有所确定,但在具体情况方面还需作者对于具体材料的分析研究,最后确立主题。

(3)作者有长期的生活积累,经启发而确立主题

人是不能脱离社会而生存的。人在生活的过程中必然接触到大量的人物、事物、问题,这些人物、事物、问题又必然会触动他、感染他,使他或喜或怒或哀或乐。例如对社会上一些经常发生的现象,有的人司空见惯,漠然视之;有的人却长期积累在脑海里,感到这些现象隐隐约约地在起伏着。后者一旦受到某种启发,常会豁然开朗,思想意识得到升华,从而对某种现象获得本质的认识,这就是文章的主题。文艺作品往往如此,例如茅盾写的《春蚕》,其主题是:旧中国受帝国主义侵略、买办资产阶级压榨、地主、高利贷盘剥,这是农村贫困、破产的根本原因。关于旧中国农民的苦难,茅盾是早已耳闻目睹,长期积累于心的了。他想写出来,却总找不到一个突破口、一个"触媒",大量的材料只能睡在脑海中。当他在报上看到一则消息,说的是浙东蚕茧丰收,蚕农却负债累累,倾家荡产。这个消息像闪电一样触动了作者,为什么丰收反而破产呢? 作者的思想认识进入了一个新的境界,豁然贯通,终于确立了文章的主题,这是从感性认识升华到理性认识的结果。这类主题的形成大多是文学作品。

2)主题的提炼

(1)为什么主题需要提炼

所谓提炼就是从材料中提炼出事物的本质,也就是要从材料中综合概括出材料的思想意义,是从感性认识飞跃到理性认识。根据上面所说的确立主题的四种情况,除第一种情况较为特殊不需要作者去提炼外,其他三种都需

要提炼。但第二第三两种情况比较简单,要求明确,材料稳定,提炼主题也就比较容易。第四种情况最为复杂、变化大,必须细致地、谨慎地进行提炼工作。

提炼主题的原因有三:

①材料本身不是主题。生活是客观存在的,材料来自生活,因而材料必然是客观、感性的东西。它本身所具有的思想意义,只能在人们分析它、研究它之后,才能从感性的东西升华为理性的认识,才能成为文章的主题。上面我们所举的茅盾写《春蚕》的经过就是一个最好的例子。

②客观事物的表面和本质经常混杂在一起。客观世界的错误和正确、表面和本质、谬误和真理往往不能让人一目了然,作为客观世界的材料当然也是如此。这就需要辨别、提炼,去掉那些芜杂的、非本质的东西,使本质显示其光彩。

③人对客观事物的认识是有一个过程的,前后可能是不一样的。人们受科学技术、认识能力、创作激情等原因影响,对一些问题的看法存在偏差,原来以为好的,经过一段时间的观察、分析,好的变坏了;反之,坏的也可变为好的。

(2)怎样提炼主题

①紧密联系时代背景去开掘材料的本质意义。提炼主题就是要开掘材料的本质意义,但是在开掘的同时还必须与当时的时代背景联系起来加以考察。任何事物都脱离不了彼时彼地的背景,时代不同,背景也会有异。同样的事情,在不同的时代背景里会产生不同的意义。例如:薄伽丘《十日谈》反映的内容在当时是非常了不起的,但是在今天看来已经不算什么了;柳青的《创业史》所反映的内容,在新中国成立初期是有重要意义的,可是和今天的分田到户又不太相符。但是,这一切并不能说明作品不好,作品还是优秀的作品,只是它反映的是那个时代背景下的生活画面,它开拓出了那个时代的本质,同样具有本质意义。

因此,我们在提炼有关这项工作的材料时,就必须联系特定的时代背景,开掘其本质意义,从而使主题更为深刻,更具时代意义。

②根据材料的不同来选择提炼主题的侧重点。文章的表达重点不外乎记人、叙事、状物、绘景、抒情、议论、说明这几大类。提炼主题应根据不同的材料,抓住其侧重点。

A.以记人为主的材料要以人物的语言行动,容颜神情为重点,开掘其思想感情、性格情操等,从而提炼出主题。例如鲁迅的《一件小事》,就是通过对人力车夫的语言行动进行素描式的描写而显示车夫的高尚品质,从而提炼出主题的。

B. 以记事为主的材料要开掘事件的本质。例如某地发生特大洪灾,全国各地纷纷支援,出现了许多动人的景象。开掘这些材料时,就不能只局限于支援了多少物资、多少金钱,而要突出在党和政府的领导下,一方有难,八方支援的互助精神。

C. 以状物绘景为主的材料要着重开掘其本身的"审美价值",或人物借此而抒发的情怀。例如巴金的《海上的日出》着力描绘了海上日出那片刻的壮观。对这样的材料就应开掘那壮观的审美价值和作者那种激动、欢愉的情怀。

D. 以抒情为主的材料应围绕着"情"字,紧扣其抒情的线索和情怀的发展来提炼主题。例如朱自清的《背影》就围绕着慈父之爱,以思念父亲为线索,以背影为文眼,提炼出深沉的父子之情的主题。

E. 以说明为主的材料要根据事物独特功能、结构方面来阐释。介绍系统工程的,则通过解释功能、用途、工序的关键指标的科学内涵,使材料的内容主体清楚地显示出来。

F. 以议论为主的材料应着重于事理的剖析,揭示论点和论据之间的逻辑关系。例如《实践是检验真理的唯一标准》一文就着重剖析为什么真理不能检验真理,而只有实践才能检验真理的道理,从而得出结论:实践是检验真理的唯一标准,也就是文章的主题。

③要选择新的角度提炼主题。拍照片可以从正面拍,侧面拍,也可俯拍。从不同角度拍的效果是不一样的。主题的提炼同样如此,也有个角度问题。其中包含着两个问题,一是观察角度,二是认识角度。所谓观察角度就是从哪一个方面着手去考察对象,然后去开掘主题。要选择最佳角度,这样才能开掘出最大的主题价值。选择什么角度,这和作者的写作目的是分不开的。所谓认识角度,就是作者要尽可能地提出自己的独特见解。写上海新变化的文章不胜枚举了,饭店、宾馆、住房、菜场、衣着等的变化都反映上海人新变化。但是怎么能够写出新意、独具一格,一篇《垃圾的"面孔"在悄悄地变——上海在变,上海人生活也在变》的文章却独辟蹊径,选择了一个新角度——垃圾的变化来反映上海的新变化。文章一开头就很风趣地说,"搬到新房子的黄老太这两天犯了愁,哪里找煤灰来给小猫咪换尿盆呢?"20世纪80年代中期,上海平均每天运掉2 700多吨煤灰,今天则不足800吨,因为气

化率已达 86.6% 了。垃圾里煤灰少了,别的却多了起来,啤酒瓶、饮料罐、果汁盒等塞满了垃圾箱。春节到了,家家照例要大扫除,过去都是些瓶瓶罐罐,可现在旧沙发、旧橱柜,甚至旧家电都有人往外扔。建筑装修垃圾也急剧增多。五年前,一户人家装修最多不过扔袋"硬垃圾",现在却要扔掉四五十袋。1996 年环卫部门共清除建筑渣土 1 524 万吨,其中不少就是居民的装潢垃圾。垃圾的"内容"在变,垃圾产生的季节规律也在变。以前逢年过节垃圾要比平时猛增40%,而现在只高出 30% 左右,大家不只是在年节改善生活了。像番茄、黄瓜、西瓜、草莓等季节性很强的瓜果,现在一年四季都能在垃圾里找到影子。文章从垃圾这个观察角度出发,处处紧扣垃圾来反映上海的变化。从而折射出上海的大变化。我们不能不说这个角度是很新的。

(3)影响主题正确、深刻与否的几种因素

人生活在世界上,对世界总有这样那样的评判,不同的人有不同的看法,这就是人的世界观。"世界观"是人对世界认识的总和,对人的言行有重大的影响。一个人的世界观是复杂的,其中的政治观、艺术观、生活观、道德观时时刻刻影响着人的思想、言行。但对人影响最大的还是政治观,它反映了人的基本立场、价值取向。对于写文章来说,除了政治观影响巨大外,艺术观的先进、正确与否同样会影响文章主题的深刻与否。除此之外,修养的高低影响着主题的深浅。如果一个作者的认识能力、表达能力、艺术能力修养不够,其所写的文章的文法不对,语言有误,逻辑混乱,即使你有了深刻、正确的主题,但是由于修养不够,素质不高,同样影响主题的表达。因此,修养程度的深浅,基本素质的高低也是影响主题正确、深刻与否的重要因素之一。

1.2.4 主题的基本要求

1)深刻

深刻是指反映时代的精神、符合时代的要求、揭示事物的本质和发展规律的认识。例如鲁迅的《药》,其主题之所以非常深刻,是由于它揭示出辛亥革命之所以失败,其主要原因在于旧民主主义革命脱离了民众,因而得不到群众的支持。当然,一般文章,像说明文体和一般应用文,学生们的习作,不一定要求做到这一点。

2）集中

集中是指一篇文章只能有一个主题，如果有了几个主题，即所谓"多主题"，就等于是无主题，东讲一点，西讲一点，读者无法领悟、理解作者的意图。

有些比较复杂的文章除了一个总主题之外，还有其他的副主题或小主题。看起来好像是多主题了，其实不然。这些副主题、小主题总是围绕着正主题展开的。这种情况常见于长篇文学作品或内容丰富的政治、思想议论文中。这和"多主题"完全是两码事。

3）新颖

所谓新颖是指独到、独特的见解，让人耳目一新的认识，对问题的研究有新的发现、新的看法，对问题的表达和反映有新的角度、新的认识，谈别人未谈及之事，写别人未写之物，涉足别人未涉足之领域，而不是人云亦云、老生常谈。

4）鲜明

赞成与反对，爱与恨的认识应该非常鲜明，不能似是而非，模棱两可，不能让读者去猜。读者对文章的主题不能正确地理解、把握，作者自然达不到写作文章的目的。当然，艺术作品的"鲜明"不可简单地理解为就是直截了当，没有曲折、起伏，让人一目了然。艺术作品主题的"鲜明"应该是把主题寓含在人物的经历、语言、情节、冲突之中。

1.2.5　主题和标题

文章不能没有标题，标题是一篇文章不可分离的部分，也是文章格式的内容之一。标题不等于主题，即使有些时候主题可以以标题的形式表达出来，好像标题和主题是一回事。但是，并不能说此时的标题就是主题，只是这篇文章的标题是"论点型的标题"。而且，标题的拟订受主题的制约。它们的关系是：标题是文章主题高度的概括和浓缩，主题是文章标题拟订的基础和依据。两者相辅相成、不可分割。

一般常见的标题形式有：

1）肩题

肩题也称眉题、引题，常常用于新闻报道中。它对正标题的出台起一个交代背景、烘托气氛、引导读者思路的作用。其位置在正标题之上。

2）正标题

正标题也称正题、主标题。任何文章都必须要有正标题，其作用是对文章的主题做概括性或者艺术性表达。其位置在肩题之下。

3）副标题

其位置在正标题之下，其作用主要是对正标题的范围、内容、性质做进一步的补充和界定。

4）小标题

小标题用于文章之中，其作用主要是使文章的层次分明、结构严谨，利于主题的表达和证明。

［本章小结］

本章从文章内容的角度说明了材料和主题的重要性、要求等知识，使作者有一个理性、清晰的线索和思路来正确从事写作。

［基本概念］

素材　题材　材料　理论材料　事实材料　社会生活　主题　论点观点

［思考与练习］

1. 为什么说材料是文章基础的基础？
2. 素材和题材的区别何在？
3. 选择材料的依据是什么？最重要的依据是什么？
4. 主题的含义和不同称谓是什么？

5. 为什么说主题是灵魂,是统帅?

6. 为什么主题需要提炼?

7. 影响文章主题正确、深刻与否的因素有哪些?

第 2 章
结构和表达方式

【学习目标】

通过对本章的学习,了解和掌握文章的
结构和表达方式的基础知识,并能够自如地
运用到写作中去。

2.1　结　构

2.1.1　结构的含义

结构是指文章内部的组织构造。它包括开头和结尾,过渡和照应,层次和段落,也就是所谓的"谋篇布局"。它既是文章形式的构成要素,也是文章内容重要的表现形式,还是作者思路在文章中具体的体现。

应该说"结构"一词有两重词义,一是动词,二是名词。就动词意义来说,指的是作者根据主题表达的需要对材料进行合理有序的组织安排;就名词意义来说,指的是文章的内部构造和组织方式。主题是一篇文章的灵魂,结构就是支撑灵魂的骨骼。

文章的结构并不是对客观事物及其内部联系的机械反映,而是经过作者的头脑加工思索而成的,是对客观事物内在联系的折射。任何一篇文章的结构都是作者对事物的认识、理解、反映、思维结果的体现。文章反映了作者对事物的认识和理解。思考问题的脉络在未动笔前,这种思考就是思路。因此,思路是文章结构的基础,结构则是思路具体体现的形式。思路清晰,文章的结构层次就分明;思路紊乱,文章的结构层次就无序。

2.1.2　结构的内容

结构的基本内容有:层次与段落、过渡与照应、开头与结尾。具体要求是:

1)**层次与段落**

(1)层次

所谓层次,是指表现文章内容的先后次序,也是作者在文章中表达一个独立完整意义的意义单位。层次是客观事物发展的阶段性以及作者认识和表达事理的思维进程在文章中的反映。因此,层次也常被称为"意义段""部分"或"逻辑段",其标志为:由几个自然段组成,小于文章,大于自然段。

安排或者划分层次的标准根据文体的不同而有所不同,一般大致有以下几种:

①记叙文安排或者划分的层次安排方法:

a.以时间的推移为序。一般的记叙文都是按时间顺序的变化来安排层次。这样按时间顺序组织文章,便于故事的叙述,读者易于接受。例如:鲁迅的小说《药》。

b.以空间的转换为序。故事的发生、发展自然离不开场景(空间),根据空间的转换来安排层次,可以将空间跨度较大的事物组合成一个有机的整体。当然,以空间转换为序也有一定的规律,或由里到外,或由外到里,或由上到下,或由左到右,或由高到低,等等。例如:欧阳修的《醉翁亭记》。

c.以时空交错为序。这种方式以时间顺序和空间位置转换、交叉结合的方法安排层次,这种方法一般用于内容复杂的文章。既照顾到时间的先后,又照顾到地点的变化,经纬交叉,杂而不乱。较为人熟知的通讯《为了六十一位阶级弟兄》就是采用这种方式。

d.以认识的变化方式为序。这种方式安排文章层次突破了时间、空间的限制,较为少见,但是也颇为独到、新颖。它反映的是主人公心灵的发展、变化,拉近了作者和读者的心理距离。例如:章含之的回忆录《我所知道的乔冠华》。

②议论文安排或者划分文章层次的方法:

议论文主要是组织论点、论据、论证来分析矛盾、阐释事理,发表看法和主张。因此,议论文的层次,主要就是议论内容本身的逻辑形式的表现。一般是:

a.并列式。并列式是指文章的每个层次共同阐明一个基本论点,各个层次之间是平行、并列的关系,互不冲突,相互关联。但它们遵循作者的总体布局,从不同的方面服务于文章的基本论点。这是议论性文章常见的形态之一。例如:毛泽东的《关于纠正党内的错误思想》一文,主体部分共有八节,这八节即本论部分的八个层次,八个层次之间的关系是并列的。

b.递进式。递进式是指文章的层次之间体现一种层层深入、由浅入深、由表及里的关系。人们认识事物的过程总是由浅入深、由表及里的。这个过程反映在文章层次上,就是逐层深入的结构形式。各层意思之间是一层进一层,层层深入。这是论说性文章常见的主要形态之一。

c.总分式(分总式)。总分式是指文章的层次之间表现为先"总"后"分",或先"分"后"总"的关系。总分式是议论文常见的结构形式,即:"总提分述总论式"和"总论分述总结式"。"论"就是文章的基本论点,只是一个在文首,一个在文末。分述部分是文章的主体部分,可以以递进式或者并列式的方式展开。一篇常见的、有一定篇幅的议论文往往是这样的结构形式。篇幅较短的议论文可以采取"分总式",即先是分析,不提出基本论点,也不提出论述的范围,通过分析归纳后,再提出文章的基本论点。

毛泽东的《中国社会各阶级的分析》一文就属于前一种情况;毛泽东的《放下包袱,开动机器》一文则是属于后一种情况,即先说明"为了争取新的胜利,要在党的干部中间提倡放下包袱和开动机器。"然后分开论述,第二层说"放下包袱",第三层说"开动机器"。毛泽东的《改造我们的学习》也是属于这种结构。

客观事物往往是错综复杂的,在具体阐述时,单一的划分层次的方法常常不能恰当地反映客观事理的内部联系,因此,各种划分层次的方法常常结合起来运用。尤其是一些长篇论著,大层次是一种结构形式,大层次内的小层次又可以是另一种形式,要根据议事说理的需要而灵活运用,不可拘泥。

(2)段落

段落也称"自然段",是文章在表达思想内容时因转折、强调、间歇等情况所造成的文字停顿。它是作者在文章中表达一个意义相对清楚的意义单位。提行和空格是其明显标志。段落的形成是客观事物、客观事理内部联系在作者思维过程中具体的体现。通过分段落,有利于作者条理清楚地表达客观事物的内容,同时体现了作者思考问题的次序,也便于读者阅读和理解文章,从而把握文章的基本论点。

①段落的要求:

一是统一。一个段落集中表述一个单一的意思。出于文章结构的需要,可能会出现一些特殊的自然段,如:起一种诠释作用的过渡段。

二是完整。一段的意思要说完,不要在未完情况下又起一段。

三是适度。段落长短没有一定标准,根据内容多少而定,一般来说不宜太长。记叙文的描写、叙述生动具体的段落较长;一些学术论文,为了展开严密的论述,段落普遍也较长。

②段落的特点。段落有两个特点:一是单一性,一个段落中只有一个意思;二是完整性,一段中必须说清一个意思,不可把一个完整的意思分解在不同的段落里。

③段落的构成。段落由一个或多个句子构成,其内部结构一般表现为以一个中心句为主,其他句子从不同侧面为中心意思服务。其中用来表现中心意思的句子称作"段旨",也称"段落中心句"。段落中心句一般在段首。

④安排段落应遵循的原则

一是段落必须能清楚地反映文章的层次。段落有时和层次相一致,但在多数情况下,段落是小于层次的。在段落小于层次时,段落的划分必须能清楚地反映文章的层次,即段落的划分必须从表达文章的思想内容出发,或者一个段落表达一个意思,或者一个段落表达一个层次的内容,这样才能使文章从头到尾脉络贯通,结构严谨。

二是段落必须具有单一性和完整性。所谓单一性,就是在一个段落内,只能表达一个独立的意思,不能把两个或许多意思混合在一起;所谓完整性,就是一个段落要表达一个完整的意思,不能在这一段落说一点,在那一段落说一点,把一个完整的意思拆得七零八落。

三是各段落之间的意思要有内在联系。每个段落都是全篇的一个有机组成部分,不能随便更移。段与段要自然衔接,上下文要密切相连。

四是段落要长短适宜。安排段落要注意整体匀称,做到轻重得当,长短适宜,要根据内容表达的需要,当长则长,当短则短。

2)过渡和照应

过渡和照应是文章结构的重要内容,是使文章的层次、段落的衔接、转折显得自然、严谨的重要方法。

(1)过渡

所谓"过渡",是指在文章层次、段落之间的衔接、转换时所采取的使文章自然、圆滑、和谐的方法。它的作用是承上启下,使全篇文章意脉贯通,结构严谨。其标志是不要显得生硬,有过渡则自然、圆滑、和谐。

文章需要过渡大致有以下几种情形:

①内容的转换处。记叙事物,从这件事转到那件事,从此时此地转到彼时彼地;在议论、说明问题时,由这个问题转到另一问题。

②表达方式、方法的变换处。记叙事件采用插叙、倒叙时;议论中,从总到分或从分到总时;叙述与议论,或议论抒情转换时。

需要过渡的情形还很多。总之,当文章由这层意思向另一层意思转移时,由这一段内容向另一段内容发展时,一般都需要过渡。

　　过渡常见的方法有三种:一是用"段落"过渡:在需要过渡的地方,安排一个承上启下的独立段落。二是用"句子"过渡:在需要过渡的地方,安排一个承上启下的句子,一般放在后段开头,也可放在前段结尾。三是用"关联词语或词组"过渡:表示过渡的词语一般放在段落的开头。常见的关联词一般是用复句的关联词:"但是""然而"等;词组一般则用:"总而言之""综上所述""由此可见"等。

　　(2)照应

　　所谓照应,是指文章中不相邻层次、段落,前后、首尾之间的呼应、关照,从而提高文章严谨、自然、和谐、浑然一体的整体感。它的作用是前后呼应、关照,使全篇文章的结构严谨、浑然一体,后面说到的,因为前面有交代或伏笔;前面提到的问题,后面要有着落,其标志是重复前文。

　　常见的照应方法有三种:

　　①首尾照应。开头提出一个问题,结尾对这个问题做出回答,使得"首尾圆合,条贯统序"。

　　②前后照应。在行文当中,层与层之间、段落与段落之间,前面提到,后面一定要给予说明、照应。不是写了就不再管了,也不是为了写而写。

　　③题文照应。题文照应即行文与题目照应。

　　需要注意的是,照应不等于重复,照应是为了使文章自然、和谐,结构严谨而色彩斑斓,使文章的主题更加鲜明、强烈、突出。

3)开头和结尾

　　(1)开头

　　开头(古人称"起笔")由于处于一种具有"奠基"作用的特殊位置,因此十分重要。文章的思路是否畅通,格调是否高雅,气氛是否感人,都与开头有关。

　　开头又是很难的。高尔基在《论写作》中说:"开头第一句是最困难的,好像音乐里定调一样,往往要费很长的时间才能找到它。"我国宋代李渔在《闲情偶记》里说:"开手笔机飞舞,墨势淋漓,有自由自得之妙,则把握在手,破竹之势已成,不忧此后不成完璧。如此时此际文情艰涩,勉强支吾,则朝气昏昏,到晚终无晴色,不如不作为愈也。"

　　文章的开头,多种多样。归纳为以下几种类型:

　　①"开篇明义"式。开篇明义的"义"即文章的主题。如:方志敏《清贫》

的开头:"我从事革命斗争,已经十余年了。在长期的奋斗中,我一向过着朴素的生活,从没有奢侈过。"

②"交代因由"式。文章是有感而发的,为什么作文?作文的目的何在?作者一落笔便来一番交代,把"我"和"事"紧密融合,吸引读者。在记叙性文章中,经常使用这种开头。如鲁迅《为了忘却的记念》的开头:"我早已想写一点文字,来记念几个青年作家。这并非为了别的,只因为两年以来,悲愤总时时袭击我的心,至今没有停止⋯⋯"

③"总揽全文"式。"总揽全文"式的开关可使读者对文章的概貌、论述的主要问题,有一个全面的了解。一般说来,议论性文章采用这种方式的较多。如毛泽东《论十大关系》的开头:"最近几个月,中央政治局听了中央工业、农业、运输业、商业、财政等34个部门的工作汇报,看到一些有关社会主义建设和社会主义改造的问题。综合起来,一共有十个问题,也就是十大关系。"

④"介绍人事"式。一般记叙性文章的开头,比较多地采用介绍事件或人物的方式。这样有利于事件的展开和人物性格的发展。这类"介绍人事"式的开头,要牢记"简洁明了"四字。

例如叙事性开头的有:《红楼梦》第四回(即《葫芦僧乱判葫芦案》)的开头:"如今且说贾雨村授了应天府,一到任就有件人命官司详至案下,却是两家争买一婢,各不相让,以至殴伤人命。"

记人式开头:《史记·陈涉世家》的开头:"陈胜者,阳城人也,字涉⋯⋯陈涉少时,尝与人佣耕,辍耕之垄上,怅恨久之,曰:'苟富贵,勿相忘。'佣者笑而应曰:'若为佣耕,何富贵也?'陈涉太息曰:'嗟乎!燕雀安知鸿鹄之志哉!'"

⑤"描写环境"式开头。环境是许多文章不可缺少的组成部分,"描写环境"式开头,为意境的创造、气氛的渲染、事件的展现、人物的出场提供了良好的条件。采用这类开头必须注意的是:描写应依据体裁的特点,主题的需要,做到境与体一致,境与意一致;描写环境应力求简洁,万万不能喧宾夺主;描写环境应不落俗套,具有新意。

例如鲁迅的短篇小说《风波》的开头:"临河的土场上,太阳渐渐地收了他通黄的光线了。场边靠河的乌桕树叶,干巴巴的才喘过气来,几个花脚蚊子在下面哼着飞舞。面河的农家的烟囱里,逐渐减少了炊烟,女人孩子们都在自己门口的土场上泼些水,放下小桌和矮凳;人知道,这已是晚饭时候了。"这个开头,为人物的出场作了铺垫。

⑥"抒发感情"或"发表见解"式的开头。古人说:"感人心者,莫先乎情。"如果落笔情涌,便能引起读者感情上的共鸣。例如《春》的开头:"盼望着,盼望着,春风来了,春天的脚步近了。"

文章的开头,千姿百态,不拘一格,除上面列举的几种以外,还有许多种,关键是根据文章内容和主题的需要找出最合适的开头方式。一般来讲,能够紧紧地吸引读者的开头是好的开头。

(2)结尾

结尾是文章的结束,是文章不可分割的一部分。结尾对于表达和深化主题有着重要的意义和作用。好的结尾,既可以使读者加深认识,又可以使读者感到余味无穷。一般来说,能够使读者联想、回味、深思的结尾就算是好的结尾。

结尾的方法大致可以归纳为以下几种:

①提纲挈领总结式;

②承上启下式;

③戛然而止式;

④由此及彼急转笔锋式;

⑤引经据典使人回味式;

⑥发出号召激发斗志式;

⑦抒发感情寓意深远式。

2.1.3 结构的基本要求

1)结构必须为主题服务

主题是文章的灵魂和统帅,在文章中占有不可替代的地位,文章的其他四要素包括结构,必须为表现和突出主题服务。结构安排的根本目的就是为了更好地表现主题。因此,在选择文章结构的具体安排时,安排的标准或者依据就是根据主题的需要。材料的取舍、段落的长短、层次的安排、开头的铺陈、结尾的决定、过渡的考虑、照应的选择都必须根据主题的需要,为表现主题服务。离开了主题表现需要的结构必然使结构失去准绳。

当结构与主题发生矛盾时,要更改结构以使其符合主题的要求。如:金圣叹在评点《水浒传》时独出心裁地把描写"妖魔"出世的第一回改为"楔子",而把描写贪官高俅发迹史的第二回改为第一回。原因何在? 他说:一部大书七十回,将写一百八人也。乃开书未写一百八人,而先写高俅者,盖不写高俅,便写一百八人,则是乱自下生也;不写一百八人,先写高俅,则是乱自上作也。(第一回)而"乱自上作",即逼得在下之人不得不反,正是《水浒传》的主题。

2)结构要完整、严谨、自然、和谐

一篇文章或作品,应当是高度统一的有机整体,要求布局和谐、完整匀称,这是对结构的基本要求。

一篇文章一般要包括开头、主体和结尾三部分,在文章的每一层次中都有或并列或前后相继的几部分,这些内容都是文章结构所不可缺少的必要组成部分,不能无故缺省。缺了就是结构不完整。

文章的开头、主体、结尾,如同人的头部、躯干、双腿,配搭要匀称,符合通常的审美习惯。如果开头太冗长,就像一个人头重脚轻;主体太小,就如鸡胸驼背,发育畸形;没有结尾就像人没有了两腿。

结构和谐匀称还要求各部分文字的数量要比例适当,并列的两方面只讲一方面,不讲另一方面,或者一方面讲得很多,另一方面讲得很少都是不适当的。叙事性的文章,发展过程来得太早或太晚,高潮过早或过迟,都违背了事件发生、发展的一般规律,造成了各部分的比例失调。

我国元代的陶宗仪在《辍耕录》文论中对结构和谐匀称的形象概括为:"凤头猪肚豹尾"。即:"乔梦符,吉,博学多能,以乐府称。尝云:'作乐府有法,曰凤头、猪肚、豹尾六字是也。大概起要美丽,中要浩荡,结要响亮。尤贵在首尾贯穿,意思清新。苟能若是,斯可以言乐府矣。'"这种说法很能说明问题。

3)结构要严谨贯通

文章的上文和下文之间要缝合自然,首尾贯通。层次之间,段落之间,要脉络通畅,联系紧凑,承接自然,过渡得当。不能生硬拼凑,显露痕迹。

有人把文章的结构比做制作木器,层次和段落好比木板和梁柱,要把它们组装起来,就需要事先设计好何处凿卯,何处开榫,何处用胶。文章中的过渡、衔接和照应就好比是联结各层次和段落的卯、榫和胶。

只有做到了上下贯通,文章的结构才会浑然严谨,不着斧凿之迹。古人说"无甚结构而结构特妙"(清人罗浮居士《蜃楼志序》)就是这个意思。

4)结构要波折起伏

结构的曲折变化主要体现在文章的节奏感上,利用节奏形成基调与变化,可以加强作品的感染力,鲜明地突出主题。

节奏感是怎样形成的呢？主要有以下几方面：

首先是布局的变化。《水浒传》第78回中的情节安排是：先,梁山兵马与高俅带领的十个节度使作战;不久,斩了节度使荆忠,梁山兵马士气大振;突然之间,董平被射中右臂,致使部队败至水泊边;意料之外,就在水泊内大败高俅。这曲折多变的情节深受李卓吾的赞赏。

其次是材料安排的详略。一般来说,文章中能说明主题的典型材料要集中笔墨,浓墨重染;文中次要但又不可缺少的材料要惜墨如金,不怕其简。如果一篇文章从头到尾,不分主次,处处详写就显得啰唆冗长,淹没了主题;反之,统统略写,就显得苍白无力,削弱了主题。

不同场面的错落出现。不论何种文章,其内容都大致可分为张和驰两部分,这里所说的不同场面的错落出现就是要求把文中紧张部分和轻松部分交错开来,不要一味枪林弹雨,也不要一味流水潺潺。比如:陶渊明《桃花源记》中的第三段：

"见渔人,乃大惊,问所从来。具答之。便要还家,设酒杀鸡作食。村中闻有此人,咸来问讯。自云先世避秦时乱,率妻子邑人来此绝境,不复出焉,遂与外人间隔。问今是何世,乃不知有汉,无论魏晋。此人一一为具言所闻,皆叹惋。余人各复延至其家,皆出酒食。停数日辞去。此中人语云'不足为外人道也。'"

这是《桃花源记》的中心段落。作者为了表达对现实乱世的批判,较详细地写出了村人"避秦时乱""来此绝境"的情况。而对渔人的答话则只用"具答之""一一为具言所闻"等带过。这就突出了主要的内容。

5)结构必须适应体裁的特点和要求

文章体裁多种多样,结构方式也不尽相同。记叙类的文章,偏重于写人记事,往往都是按照事件发展的过程或地点的转移来谋篇布局的,所以,这类文章的结构线索分明,条理清楚。议论性的文章,偏重于议论说理,主要是运用概念进行判断、推理,依据问题的内在联系来组织文章,通过论据展开对问题的合乎逻辑的证明,因此,这类文章的结构往往是提出问题、分析问题、解决问题。应用文类的文章,偏重于告知关于人事的事实,文章一般按照提出问题、解释问题、说明问题来安排文章的结构。

2.2　表达方式

表达方式是文章使用语言表达思想的不同方式,包括叙述、议论、说明、描写和抒情。

2.2.1　叙　述

1)叙述的含义和要素

叙述是指反映人和事发展变化过程的表达方式。叙述重过程的说明,它是写作中最基本、最常见的表达方式,几乎各类文体的写作都要用到它。

要把一个过程说清楚,一般包括:时间、地点、人物、事件、原因、结果"六要素",这样才能使读者获得清晰、完整的印象。当然,概括性叙述可根据具体情况调整。

2)叙述的人称

叙述的人称是指作者记叙时的立足点,即记叙人的身份。

叙述的人称只有两种,即第一人称和第三人称。第一人称以"我"或"我们"的身份叙述,叙述"我""我们"的所见、所闻、所感。第三人称是以"他"或"他们"的身份叙述。

3)叙述的顺序

(1)顺叙

按照事件本身发生、发展的时间先后顺序的叙述称为顺叙。它是叙述中最基本、最常见的叙述方法。

采用顺序的方法,文章显得线索清楚,有头有尾,易于接受,读起来脉络清楚。但若使用不当,易于写成流水账,犯平铺直叙、枯燥呆板的毛病。所以采用顺叙时,应特别注意剪裁,做到主次分明,详略得当,重点突出,避免乏味平淡。

（2）倒叙

先写出事件的结果或某一场面,然后再按时间顺序叙述事件过程的叙述叫倒叙。

倒叙可造成悬念,吸引读者,增加生动性和起伏性。倒叙能突出重点,避免顺叙的平板单一,但在使用时,一定要从主题需要出发,不要为倒叙而倒叙,故弄玄虚。否则会弄巧成拙,使人反感。使用倒叙,要注意由倒叙转入顺序时的衔接,要安排好过渡,使转接自然。

（3）插叙

在叙述事件时,暂时中断叙述的线索,插进一小片段另外一件与该事件相关的情况的叙述叫插叙。插叙运用中应注意:必须服从表达主题的需要,不可节外生枝;插叙的部分不宜过长,以免喧宾夺主。插叙太多,文章有枝蔓横生、支离破碎、前后脱节之感。

（4）补叙

在叙述到一定阶段时,对前面叙述的部分做补充的叙述叫补叙。消息中的背景材料就多用补叙的方法来表达。

2.2.2　描　写

1）描写的含义

描写就是对人、事、景、物的状态的具体刻画。它和叙述往往交叉使用,但两者又有区别,叙述着重于过程的交代,描写着重于状态的刻画,使读者如闻其声、如见其形、如临其境。

2）描写的种类

（1）人物描写

人物描写是刻画人物形象的主要手段,在记叙性作品中描写人物,可从肖像、语言、行动、心理活动和细节几个方面进行描写和刻画。一般有:

①肖像描写。肖像描写是指对人物的外貌的刻画。一般是对人物容貌、体态、衣着、神情的描写。通过肖像描写表现人物的思想、性格特征和内心世界。

②语言描写。言为心声,通过描写人物的典型语言,能反映人物的思想和性格特征,表现人物的精神面貌。

③行动描写。行动描写是指通过人物的行动来刻画和反映人物的思想和性格特征。从人物行动的刻画中透露内心秘密。

④心理描写。心理描写是指对人物在一定环境中的心理活动的描写,其作用主要是揭示人物的内心世界,表现人物的思想感情和性格。

⑤细节描写。细节描写是对典型的细枝末节的描写。如对阿Q画押、严监生的两根指头的描写,从而刻画人物性格、思想和内心世界。

(2)环境描写

环境描写是对环境的表现和刻画,它包括自然景物描写和社会景物描写。

①自然景物景物。包括对时序节令、自然气候、山川湖海、动物植物等的描写。其作用是烘托人物的情感世界,为人物活动提供背景,推动情节的展开。

②社会环境描写。一是某种社会生活情景的展示,如《子夜》的开头;二是人物活动的具体环境的陈设、格局、气度、色调等描写,来烘托人物的志趣、气质和情操等,如《红楼梦》中女儿们的居室小院。

此外,还有白描、细描、正面描写、侧面描写等。

2.2.3 抒 情

1)抒情的含义

抒情是作者在文章中对所写的人物事件抒发和表白自己的爱憎、好恶的思想感情。它的作用主要是以情感人,增强文章的感染力。

2)抒情的分类

抒情有直接抒情和间接抒情两种。

①直接抒情。直接抒情就是作者直抒胸臆,直接抒发、表白自己炽热的感情。其作用主要是充分表达作者的思想感情,从感情上打动读者,以便收到以情动人的效果。

②间接抒情。间接抒情就是在叙述、议论、描写中渗透着作者的强烈感

情,使感情自然流露出来。即通过叙述抒情,寓情于事;通过议论抒情,寓情于理;通过描写抒情,寓情于景。

2.2.4　议　论

1)议论的含义及要素

议论是作者对客观事物进行分析和评论,以表明自己的观点和态度的表达方式。一段完整的议论总是包括论点(一个判断句)、论据(事实论据和理论论据)和论证三个要素。

论点也叫观点、论断,是作者对所论述的问题提出的主张、看法和表示的态度。它是文章的统帅、核心。一篇议论文只有一个统领全篇的论点,全文围绕这个论点组织材料,进行论证。但有的议论文内容比较复杂,除中心论点外,还有几个分论点。中心论点是贯穿于全文的论点,是文章的中心思想。分论点是从属于中心论点,为中心论点服务的,它对中心论点起证明、补充、扩展的作用。

论据是用来证明论点的理由和根据,它是论点得以成立的基础。论据分为事实论据和理论论据两类。

论证就是运用论据证明论点的逻辑过程和方法。论点能否成立,还必须进行深入的分析和一定的逻辑推理,将论点和论据有机地结合起来,揭示出它们之间的内在联系、本质上的一致性。论证就是论点和论据有机结合起来的桥梁,体现着论点和论据之间的严密的逻辑关系。论证的过程就是提出问题、分析问题、解决问题的过程,也就是逻辑推理的过程。

论点是统帅,解决“要论证什么”的问题;论据是基础,解决“用什么来论证”的问题;论证是说理,解决“怎样论证”的问题。

议论方式主要有两种:立论和驳论方式。立论和驳论的划分不是绝对的,立论和驳论经常结合使用,只不过在具体议论文中各有所侧重而已。

2)常见的论证方法

①例证法。例证法就是以事实作为论据,举例说明论点正确的论证方法。

②引证法。引证法就是引用权威性论述,或科学上的公理、定理以及名言警句来证明论点正确的一种论证方法。

③因果分析法。因果分析法即通过分析问题,剖析事理,揭示论点和论据之间的因果关系,从而阐明论点的正确性的一种论证方法。由于事物之间的因果联系是一种必然的、本质的联系,有因必有果,有果必有因,所以这种方法运用得好,能使论证有力,逻辑性强。

④比喻法。比喻法又叫喻证法,是通过打比方,用具体事物证明抽象道理的一种论证方法。这种方法的优点在于使抽象的事物具体化,使深奥复杂的道理浅显化,使论证通俗生动,易于被读者理解和接受。

⑤反证法。反证法即从反面论证自己观点正确的方法。

⑥归谬法。归谬法即假定对方论点正确,以推导出一个荒谬的结论,从而证明自己的论点正确的论证方式。

2.2.5　说　明

1)说明的含义

说明是用简明扼要的文字,把事物的形状、性质、特征、成因、关系、功用等解说清楚的表达方式。说明这种表达方式使用相当广泛,它是科学报告、教科书、工农业产品说明书等说明文的主要表达手段。在一般记叙文、议论文、文学作品中,也常常是重要的辅助表达手段。在应用文中,说明占有很大比重,起着十分重要的作用,比如决定、总结、指示、报告、请示、证明信、协议书、经济合同等。

2)常见的说明方法

①定义说明。定义说明是指用下定义的方式来说明事物。它是用简明准确的语言揭示本质的说明方法。

②诠释说明。诠释说明是对事物的状况、性质、特征、成因等作简要的注释、解说。采用诠释说明的方法,注释解说部分有的融合在行文中,有的用括号或破折号加以标识。

③比较说明。比较说明是将两个以上彼此有一定联系和相同点的事物或问题作比较,说明事物、问题的性质和特征。

④数字说明。数字说明是运用确凿的数字来对事物进行说明。它可以把某些用数量来显示特征和本质的事物,说明得更加简明准确。

⑤分类说明。分类说明就是根据事物的性质、形状、成因、关系、功用等

来进行分类,并加以说明。这种方法可以把某些复杂的事物揭示得条理清晰、明白、易懂。

⑥举例说明。举例说明就是举典型例子说明事物或事理。

⑦引用说明。引用说明就是引用有关资料、故事、名言、诗词等作为说明的依据,使所要说明的内容更充实、更令人信服。

⑧图表说明。图表说明是以图或表格的形式来说明事物。它可以把比较复杂的事物的特点及规律,用直观形象的手段简洁明了地解说出来。

使用说明手法时,一定要抓住特征,把事物的性质说清楚;注意顺序,做到条理清楚。

[本章小结]

本章主要介绍文章的结构、表达方式的含义、基本内容和各自的基本要求等相关的基础知识。

[基本概念]

结构　段落　层次　表达方式　叙述　抒情　描写　说明　议论
立论　驳论　论点　论据　论证方法　论证方式　人称　叙述的要素

[思考与练习]

1. 层次、段落、过渡、照应的标志是什么?
2. 记叙文、应用文安排或者划分层次的依据是什么?
3. 叙述和描写的区别有哪些?
4. 直接抒情与间接抒情的区别?
5. 说明的独特之处是什么? 它与叙述的区别有哪些?

第 3 章
语言和写作过程

【学习目标】

 了解语言的起源、语言与思维以及写作的关系、语言的创新;把握语言在不同文体中的基本要求;在文章的实际写作过程,能自觉按照写前准备、执笔起草和修改完稿三个阶段进行。

3.1 语 言

3.1.1 语言的含义

"语言是人类最重要的交际工具。"(列宁《论民族自决权》)人们交流思想感情、传递信息,都离不开语言,一旦失去语言,"社会就会停止生产,就会崩溃,就会无法作为社会而存在下去。"(斯大林《马克思主义和语言学问题》)

那么语言又是如何起源的呢? 学者们从不同的角度进行了探讨,提出了不同的学说,有"神创说""人创说"和"进化说"等。"神创说"认为语言是上帝或神创造的,我国古代就有女娲创造人类和万物的传说,基督教的经典《圣经》里也有上帝创造人并赋予人类语言的故事,但这种学说显然没有科学依据,甚至可以说是违背科学的。于是有学者又提出了人类自己创造语言的主张,即"人创说":有的学者认为语言起源于人们对自然界声音的摹拟,比如的鸭叫声为"ya",于是就把这种动物称为"鸭";布谷鸟的叫声是"bugu",所以就叫它为"布谷";有的学者认为语言起源于人们感情冲动时的叫唤,比如当人们惊讶或恐慌、高兴或赞美时,都会发出"啊"的声音,这个"啊"就是语言的最初形式;而有的学者认为语言起源于手势、声势,但是这些说法只能解释部分的语言现象,难以令人信服,直到马克思主义关于语言起源的"进化说"提出后,我们才能真正地了解语言的起源。

由此可见,语言是直接反映思想的物质形式,是表情达意的唯一工具。

3.1.2 语言与写作的关系

语言是人类的交际工具,也是思维的工具,语言作为思想的"外衣",与思想的形成及思想的表达有着不可分割的密切联系。正如马克思所说:"语言是思想的直接现实。"(《德意志意识形态》)斯大林进一步阐释道:"不论头脑中会产生什么样的思想,以及这些思想在什么时候产生,它们只有在语言的材料的基础上、在语言的术语和词句的基础上才能产生和存在。"(《论语言学的几个问题》)人们不仅在形成思想的时候需要依靠语言,在表达思想时,更需要借助语言,离开了语言,人们的思想就无法表达,人们的感情就无法吐露。

写作是一种创造性的思维活动,并以表达思想、抒发感情作为自己的目的,如果没有语言,不论材料如何丰富、主旨如何深刻、结构如何巧妙,都不能表达出来,实质上,写作的过程就是把思想和语言紧密结合的过程。因此,一个人写作水平的高低,他运用语言表情达意的技巧都是通过语言表达出来的。语言表达是写作活动的最终归宿,语言表达效果直接关系着写作成果的质量。

3.1.3 语言的创新

文贵创新,语言也不例外,凡写作卓有成就者,其语言都不乏自己的特色,这一特色常常是对语言的创新。试比较下面两例:

例1 老舍把早饭吃完了,还不知道到底吃的是什么:要不是老辛往他(老舍)脑袋上浇了半罐子凉水,也许他在饭厅里就又睡起觉来! 老辛是外交家,衣裳穿得讲究,脸上刮得油光光的发亮,嘴里说着一半英国话,一半中国话,和音乐有同样的抑扬顿挫。外交家总是喜欢占点便宜的,老辛也是如此:吃面包的时候擦双份儿黄油,而且是不等别人动手,先擦好五块面包放在自己的碟子里。老方——是个候补科学家——的举动和老舍、老辛又不同了:眼睛盯着老辛擦剩下的那一小块黄油,嘴里慢慢地嚼着一点面包皮,想着黄油的成分和制造法,设若黄油里的水分是 1.07? 设若搁上 0.67 的盐? ……他还没想完,老辛很轻巧地用刀尖把那块黄油又叉走了。

吃完早饭,老舍主张先去睡个觉,然后再说别的。老辛、老方全不赞成,逼着他去收拾东西,好赶九点四十五的火车。老舍没办法,只好揉眼睛,把零七八碎的都放在小箱子里,而且把昨天买的三个苹果——本来是一个人一个——全偷偷地放在自己的袋子里,预备到没人的地方自家享受。(老舍《旅行》)

例2 我小的时候,有一段很特别的时期。有一天,我父亲对我姥姥说,一亩地里能打三十万斤粮食,而我的外祖母,一位农村来的老实老太太,跳着小脚叫了起来:"杀了俺俺也不信!"她还算了一本细帐,说一亩地上堆三十万斤粮,大概平地有两尺厚的一层。当时我们家里的人都攻击我姥姥觉悟太低,不明事理。我当时只有六岁,但已得出了自己的结论:我姥姥是错误的。事隔三十年,回头一想,发现我姥姥还是明白事理的。亩产三十万斤粮食会造成特殊的困难:那么多的粮食谁也吃不了,只好堆在那里,以致地面以每十年七至八米的速度上升,这样的速度在地理上实在是骇人听闻;十几年后,平地上就会出现一些山峦,这样水田就会变成旱田,旱田就会变成坡地,更不要说长此以往,华北平原要变成喜马拉雅山了。(王小波《积极的结论》)

例1是"人民的语言大师"老舍的作品,它口语化、质朴、幽默、平和,有北京话的韵味;例2是新锐小说家王小波的杂文,同样以浓重的北京话土音为语言基调,然而风趣、张扬、另人捧腹,有鲜明的时代特征和个性特点。由此可见,不同的作家有不同的语言风格,这与他所生活的时代、地域,甚至个人的性情、爱好有直接的联系。

语言创新,一方面要立足于本人的个性特色,抒其胸臆,无须东施效颦;另一方面是勤学苦练,博采众长,师承各家,借鉴前人宝贵的语言经验,融入自己的写作之中。

3.1.4 语言在不同文体中的基本要求

在写作的过程中,当我们感受了生活,摄取了材料,经过一番精细的构思,对一篇文章如何写作胸有成竹之后,就要运用一定的语言,将自己创造性的思维表达出来。

不同文体的文章,所用的语言是各具特色的,我们把文体分为三类:应用文类、记叙文类和论说义类,语言在不同文体中的基本要求是不尽相同的。

1)应用文类

应用文类是写作文体中比较重要和运用相当广泛的文体,它是人们用来解决和处理生产、学习、工作、生活中的实际事务和问题、有直接应用价值、有约定俗成表达要求、行文简约的文章。行政机关公文、单位团体的章程、规则、制度、计划、总结、调查报告、会议记录、个人的书信、申请、假条都属于此类文体。

这类文体有特定的对象,以实用为目的,因而在表达方式上以规范性、准确性、简洁性为特点,具体体现在语言中的要求为:庄重、通俗、简明、分寸感强。

(1)庄重

庄重,就是端庄、郑重。在应用写作中,有不少应用文就是为宣传贯彻党

和国家的路线、方针、政策而制作的,因而在写作中语言必须庄重,表现在以下两方面:

①严格使用规范的书面语言。应用文的用词造句都是严格地按照现代汉语的规范要求的。用书面语言,不用口语,更不用方言土语。口头语言和书面语言的意思虽然没有什么差别,但后者比前者来得端庄、郑重;不用方言土语的原因是因为它们不通用,大多数人不懂得。

②多使用专用语和固定的习惯用语。这些专用语和固定的习惯用语已基本规范化、定型化、具有事务含义的确定性,如"此复""函告""经报""可行""如期""尚需"等,它们在准确、严谨地表述应用文内容及格式的同时,自然地增强了简明、庄重的语言风格,为应用文普遍使用。

(2)通俗

通俗就是大众化。应用文要在处理事务、解决问题中发挥有效的作用,从语言方面说,首先就要让大家看得懂,能清楚地理解你所说的意思,如果晦涩难懂,必然会影响处理事务、解决问题的效果。因此,在写作应用文时不要用过时的、冷僻的词语,更不要用生造词语。

(3)简明

简明就是简洁、明了,这也是《国家行政机关公文处理办法》第 28 条规定的公文要"情况确定、观点明确、条理清楚、文字精练……篇幅力求简短"所要求的。要使应用文语言达到"简明"的要求,下面三点是应该注意的:

①实事求是,实话实说。不说假话,不说空话,不说套话。

②叙事说理,开门见山。主旨确定以后,就要"话不离题。议这个问题,你就对这个问题发表意见,赞成或反对,讲理由扼要一点;没的话就把嘴巴一闭。"(《邓小平文选》)

③遣词造句,惜字如金。正如鲁迅说:"竭力将可有可无的字、句、段删去,毫不可惜。"

(4)分寸感强

分寸感强就是能恰如其分地说明问题、阐述做法、表达思想。因而在应用文写作中使用语言时应:

①认真分辨词类。各类词因其性质不同,其语法特点也不同,在写作时应加以注意,否则,就容易出现错误。

②精心辨析词义。汉语的同义词非常丰富,它们的含义非常相进而又有

细微的差别,要在应用文的语言表达上做到分寸感强,精心辨析词义就显得十分重要。

2)记叙文类

记叙文类是以记人、叙事、写景、状物为基本内容,以记叙、描写为主要表达方式的文体。它通过具体生动的形象来揭示生活、抒发感情,感染、教育、熏陶人们,以提高人们的精神境界和艺术修养。在语言的使用上,是三类文体中要求最高的,应力求生动、形象。

(1)生动

生动就是指语言富有表现力、感染力,让人愿意看,而且看后能留下深刻的印象。正如孔子所说:"言之无文,行而不远。"为了使语言生动,需注意:

①精心锤炼词语。语言本身并无好坏优劣之分,关键在运用。反复推敲,精心揣摩,百炼千锤,才能点石成金,妙笔生花。

②注意词语的色彩。词语除了表示一定的意义外,还体现出一定的感情色彩和语体色彩。感情色彩有褒贬之分:表示喜爱、赞许等情感的词为褒义词;表示厌恶、憎恨等情感的词为贬义词;介于两者之间,没有明显感情色彩的词为中性词。语体色彩分为口头语体和书面语体:口头语体的特点是平易、通俗、朴素、自然,富有生活气息;书面语体的特点是庄重、典雅、严谨、规范,显得□□□□□□。在写作时,应根据文体和语言环境的需要,选用适当的语体,以增□□□□□□性。

(2□□

开□□□□能绘形绘神、绘声绘色。写人,呼之欲出;写物,栩栩如生;写□□□□□。使人读后,如临其境,如见其人,如闻其声,如睹其物,并能唤□□□□,给人以真切的感受,为此写文章时可恰当地使用一些修辞手法,如□□化拟、借代、通感等,把抽象的道理形象化、把笼统的事物具体化,使文章产生强烈的艺术效果。

3)论说文类

论说文类多用于人们的政治、文化、思想领域。它是以议论为主要表达方式,对国内外的重大事件,现实生活、工作中的实际问题发表自己独到见解与主张的一种文体。社论、时事报告、文艺评论、杂文、政治思想评论都属于这一文体。

这类文体的目的是阐明自己的立场、观点、政治见解,以宣传、鼓动、感染群众。一般是采用摆事实、讲道理的方法,因而在表达方式上以逻辑性为特点,这个特点在语言中的要求为:准确、严密。

①准确。写论说文,总要使用概念,概念必须准确,不能含混不清。概念准确,从逻辑上说,就是概念的内涵和外延要准确,一篇文章中使用的概念,内涵和外延必须确定,不能既可这样解释,又可那样解释,并且概念的内涵和外延不能自相矛盾。

②严密。写论说文,还应在概念准确的基础上,进行严密的判断和推理。文章要合乎事理,在下判断时,一定要严密思考,下得恰当;推理既要合乎客观事实,也要合乎逻辑,合乎事物与事物之间的内在联系,合乎事物的发展规律。违背事实、语句含混,都是不能令人信服的。

文体使用语言的规定性不是绝对的,各类文体在语言的使用上,具有交叉性,特别是边缘类文体,如报告文学、纪实文学、传记文学、科学小品等,不同的文体在语言上都有一些共同的东西,只是各类都带有自己的总体特征而已,使用时不可太刻板。

3.2　写作的基本过程

文章的写作过程包括写前准备、执笔起草和修改完稿三个阶段。这三个阶段是从写作程序上相对划分的,在实际写作过程中往往交叉进行。

3.2.1　写前准备

1)确立主题

主题是作者在说明问题、发表主张或反映生活现象时,通过文章的全部内容表达出来的基本观点或中心思想,它是文章的灵魂和统帅,是全篇文章的中心,在动笔写作之前应将主题确定下来。只有主题确定了,才能围绕主题去组织材料、谋篇布局,并选择恰当的语言表达形式,下笔才会胸有成竹,写起来就如"行云流水",一气呵成,结构严谨。若是主题不明确,材料选取、结构安排、语言运用都没了根据,写出来的文章必然是现象罗列、东拉西扯、颠三倒四,令人不知所云。所以古人强调"意在笔先"就是这个道理。

2)选取材料

在主题确立之前,材料是形成主题的基础;在主题确立之后,材料是表现主题、深化主题的手段。作者平时积累的材料,往往既多又杂、有真有假,对表现主题来说也有强有弱。因此,在写作选取材料时同样要遵循前面讲到材料选择的相关知识。

3)安排结构

主题是文章的"灵魂",材料是文章的"血肉",结构便是文章的"骨骼"。安排结构,即谋篇布局,就是根据一定的原则和要求,将材料、观点等内容要素,有步骤、有主次地加以组织和安排,使文章成为一个有机的整体。因此,从本质上讲开头和结尾、过渡和照应、层次和段落的确定都是根据主题的要求、需要来确定。

4)编写提纲

编写提纲是以提要的方式将文章的观点、材料的组合及其层次脉络写出来。编写时,要根据文章的目的和主旨,对文章的内容作通盘的安排,对结构作统一的布局,规划出文章的轮廓,显示出文章的条理和层次。作者按提纲写作就可以胸有成竹、目标明确,避免边写边想、边想边凑,导致文章的松散凌乱。提纲可以帮助作者理清思路,使文章有条理性、逻辑性。

编写提纲的方法一般有两种:

①"纲领式"提纲。这种方式比较粗略,只写内容要点、层次划分;

②"细目式"提纲。这种方式内容较详细,不仅写明文章的内容要点,还要写明具体的结构,如开头、结尾、过渡、照应等。

写文章时列不列提纲,提纲详或略,随各人的写作习惯而有所不同,不必强求一律。有些人把这一工作主要放在头脑里进行,行文之前长时间地酝酿,筹之再三才下笔,鲁迅写作的情况就是这样的;也有许多大作家是要先列提纲才动笔起草的,列宁写文章都要先写概要,对概要还要修改两三次。尽管情况不同,习惯各异,初学写作的人最好认真编写提纲,才有利于写作能力的训练和提高。

3.2.2　执笔起草

　　起草就是在写作提纲的基础上写成文章的初稿,这是写作过程中最重要的环节。因为有写作提纲,所以起草文章初稿要尽可能一气呵成。有的人写草稿喜欢字斟句酌,从头到尾一句一句写下来,初稿完成便无须大的修改,这种写法对于理论性、学术性较强的文章还可以用,不过在通常情况下,写初稿不要用过多的时间去咬文嚼字、精雕细刻,不要"十步九回头""一句一勾抹"。最好在构思成熟的基础上,趁热打铁,从头到尾依次写下来。初稿不妨粗一些,文字或材料的某些缺陷也无关大局,可等到修改时再加工补充,特别是短文章,最好一气呵成,就是篇幅较长的文章,其每一相对独立、完整的章节,也尽可能一次完稿,然后再回过头来修改。

3.2.3　修改完稿

　　初稿写成后,因其大多只是文章的"毛坯",还须精心进行修改。修改,是对文章的初稿进一步推敲、调整、润色,使其更加趋于完美。它是文章写作的最后完成阶段,也是整个写作过程的一个重要环节。不少文学家对于文章的修改都有论述,如清代唐彪在《读书作文谱》中指出:"文章不能一做便佳,须频改之方入妙耳。"白居易是唐朝大诗人,他对于自己的每一首诗都下了反复推敲的功夫。清朝的袁枚看到白居易留下的诗作遗稿,说是"涂改甚多,竟有终篇不留一字者。"(《随园诗话》)

1)文章修改的范围

文章修改的范围无外乎包括文章的内容和形式两个方面。

(1)内容的修改

①锤炼主题。主题是文章修改的第一项,主题一旦有问题,就会影响整个文章的价值。列夫·托尔斯泰在写《复活》时,前后整整花了十年,他的几次修改,主要放在提炼主题上。

②增删材料。材料是文章的基础,文章的材料,要能够充分、有力地表现主题,与观点和谐统一。修改时,主题变动,必然影响材料的增删,即便主题没有变动,也应考虑如何进一步调整材料,使之更好地为主题服务。要把那

些内容空洞、材料单薄的加以增补;把不够典型、不新鲜、无说服力的材料进行抽换;对于那些庞杂重复、可有可无,甚至与主题无关的材料要无情地删去。契诃夫说:"写作的艺术,其实,并不是写的艺术,而是删去写得不好的东西的艺术。"魏巍写《谁是最可爱的人》一开始用了 25 个材料,最后定稿时只有 3 个典型材料。

(2)文章形式的修改

①调整结构。结构是文章的形式,在一定程度上表现了文章的思路。思路清晰,结构就严谨;思路不清晰,结构就不严谨。力求做到主线清晰、层次分明、结构匀称、首尾照应。

②加工语言。这是局部性修改,一般放在最后完成,否则会因为结构、材料的变动而前功尽弃。首要的是文章语言要符合不同文体的语言要求,不损害作者的个性和风格。其次才是合乎语法,讲究修辞。加工语言可以分为两部分:一是推敲字句;二是润色文字。对行文不够妥帖、丰富、含蓄的地方进行增删。文章是语言的形式,作品是语言艺术,在语言上面是要下功夫的。

③检查文面。文面即文章的外表面貌。对于文章好坏来说,内容是根本的,但是,文面在一定程度上也反映了作者的水平、修养、习惯,而且,文面给予人的是第一眼的印象,这第一眼的印象对于评价一篇文章也会有相当的影响。检查文面就是要检查行款格式、文字书写、标点符号是否规范化,具体来说就是看文章是否符合行款格式要求;是否符合标点符号书写规定;是否有错字、别字和不合规范的简化字;数目字的书写是否不合要求、规定等,凡检查出的错误,均要认真改正。

2)文章修改的原则

①先内容后形式。修改文章,尤其是初稿,一般应按照主题、材料、结构、语言、标点等顺序进行,这是从先内容后形式的顺序排列的。在内容与形式的辩证关系中,内容决定形式,形式为内容服务;内容的变化,要求形式有相应的改变与之相适应。在文章中,主题的变更往往会"牵一发而动全身"。主题、材料的变更,要求结构、语言作相应的修改。如果不按照上述顺序修改,而先精雕细刻语言,那么一旦主题、材料有所变更的话,语言要必须重新进行调整,甚至有的层次和段落都将整个地被删去,这样势必使已经完成的部分修改变成徒劳。

②立足整体,修改局部。一篇文章是用主题统帅起来的各个部分所构成

的有机整体。因此,在修改文章时,要用系统、整体的观点作指导,要从全局出发,不论改动哪个地方,都要和文章的主题,和文章的其他部分联系起来加以权衡。如果孤立地改动一个段落、一句话或一个词,而忽略了整篇文章的基调和气氛,也会破坏整体的协调匀称,失去整体的美。对此,老舍先生说得很形象:"尽管有很好的句子,若与全篇情调不谐,也须狠心割爱,毫不敷衍,是呀,假如在咱们的蓝布制服上,绣上两朵大花,恐怕适足招笑,不如不绣。"(《文章别怕改》)

[本章小结]

不同文体的文章,所用的语言是各具特色的。我们把文体分为应用文类、记叙文类和论说文类,语言在三类文体中的基本要求是不尽相同的。

文章的写作过程包括写前准备、执笔起草和修改完稿三个阶段。这三个阶段是从写作程序上相对划分的,在实际写作过程中往往交叉进行。

[基本概念]

语言　提纲　腹稿

[思考与练习]

1. 语言是如何起源的?
2. 语言与写作的关系是什么?
3. 怎样进行语言创新?
4. 文章有哪些文体?语言在不同文体中的基本要求有哪些?
5. 简述写作的基本过程。
6. 选取材料要遵循哪些原则?
7. 起草文章初稿为什么要尽可能一气呵成?
8. 文章修改的范围有哪些?

下编 应用文写作训练

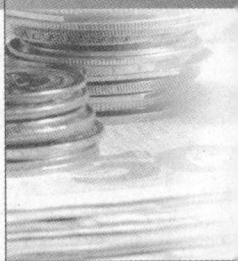

第 4 章
应 用 文

【学习目标】

　　通过本章的学习,了解应用文的概念、作用、分类,掌握应用文的写作和使用。

4.1　应用文的概念及特点

4.1.1　应用文的概念

应用文是国家机关、企事业单位、社会团体或个人,在日常工作、学习或生活中,处理公务和日常事务时,经常使用的一种具有惯用格式或者固定格式和特定内容的一种文体。应用文的作用有以下几个方面:

①信息交流。在现代社会,应用文已成为交流信息的重要工具,它可以起到上情下达、下情上达、彼情我知、我情彼知的作用。

②沟通协调。现代社会里,群体与群体、群体与个人、个人与个人之间的联系越来越多。社会化大生产越发展,专业化水平越高,分工越细,部门之间、组织之间的合作需要做好联系协调工作。应用文就是联系协调的工具之一。

③指挥管理。在公务活动中,上级机关对下级机关发布的公文起着指挥作用;下级机关也要及时地为上级机关反应基层情况,为上级机关制定方针、政策,及时指导工作提供依据。所以应用文具有指挥管理的作用。

④法定约束。国家机关为了实施其管理职能,行使法律赋予的权限,其所发布的公文具有法定的约束力;个人和社会组织在一定范围起草或者签订的文书,只要符合法律的规范,就有法定的约束力,都必须严格执行。

⑤宣传教育。应用文是用来处理公私事务的,但要处理好公私事务,必须让人们知道应该做什么、为什么要做、怎么去做。这就需要摆清事实,讲透道理,实际上就是在做宣传教育工作。

⑥凭证依据。应用文的凭证依据作用在不同的文种中都有程度不同的体现。如机关公文是收文机关处理工作、解决问题的政策依据,契约文书则是双方彼此确定的权利和义务的依据和凭证。

4.1.2　应用文的特点

应用文知识面广、内容宽泛、综合性强、涉及文种多,对写作者的实际操作能力要求高。要想掌握应用文写作技巧,首先必须了解其自身所具有的特点。

1) 实践性强

应用文的知识来源于实践,又是实践的升华。即应用文的文种都是从实践中总结出来的,从写作格式和内容组成都有自身的特殊要求。

就其实践性而言,主要体现在应用文写作内容的多变性。社会生活千变万化,从国家机关到基层组织、从国内到国际、从专家学者到普通百姓,每天都在跟各种应用文打交道,可以说,应用文写作的内容适应不同层次的不同需要。因此,要学好应用文,只靠死记硬背显然是行不通的,要求写作者要有较高的政治素养、理论水平,有较强的业务能力,还要有相当的语言驾驭能力和表达能力。要学好应用文,就必须注意平时多方面的知识积累,要把应用文体的理论知识化为实践能力,注意报刊上的时评、理论文章、各种政治事件的报道,注重在实践中积累素材。要学好应用文,还必须不断提高自己的写作实践能力,不可忽视平时的写作练习,要多动手、多学习、多模仿,对常见文体仔细揣摩,细加体会。初学者在学习、理解了应用写作的基本理论知识后,可结合教材所选范文进行学习、写作、分析,着重从文种、格式、语体诸方面分析别人应用文体写作的优缺点;结构安排合理与否;文种方面着重看文种的选择;格式主要看格式的组成部分、与相近文种的区别和联系;写作中既要注意文首、正文、文尾的格式要求;还要探讨格式差异、格式改革、格式美学等问题。语体方面主要根据应用文的语境,应用文特定的语体要求,对应用义的用词、造句进行分析,特别注意不同应用文体的表达技巧。

2) 规范性强

规范性是应用文区别于文学作品的关键。规范性体现在应用文写作的格式固定、程式特定两个方面。所谓格式固定,即某种特定应用文体的组成部分相对来说是比较固定的,如一篇公文,就文件格式与内容而言,一般包含标题、主送机关、正文、附件、成文时间、附注、主题词等,这种格式与内容的规范是国家职能机关确定下来的。比如说一份公文的标题完整的应包含发文单位、事由、文种三部分,事由部分一般是一个由"关于"引起的词组,任何公文的标题都不能缺少文种,标题事由部分不能过长、标题动词的使用应准确,等等,稍有不慎就会出错。像"请示"标题中动词就不能使用"要求""希望""请求批准"等,否则,就与"请示"语意重复。因此,在学习应用文时,尤其要注意各种文种的格式,了解格式的组成、格式的常见错误等,并能较好地把材料与格式组织起来。

应用文的规范性还体现在程式特定方面,即应用文的写作必须充分考虑到处理方面的要求。如请示不可多头主送,请示的正文应一文一事、一事一中心等。像有些单位为了使某个具体问题尽快得到解决,总认为同时向上级部门的党委和政府联合行文,可以使问题解决得快一些,实际上适得其反,欲速则不达,这样做反而拖延了时间,无助于问题的解决。究其原因,是它违背了请示不同时多头主送的原则。

3)文种多,涵盖面广

据不完全统计,应用文写作所涉及的文种有 200 种之多,其中常见文种也有 50 多种,有些文种实际又包含许多小类,同时,文种中的概念像被动公文、主动公文,单体公文、复体公文等常常显现,更不用谈文种的适用范围、使用方法了。

4.2　应用文的种类及应用

4.2.1　应用文的种类

应用文种类很多,而且在不断发展变化,在表现方法上又各具特色。

根据工作性质、内容要求以及使用对象的不同,可将应用文划分为三大类:公务文书(行政公文、事务文书);行业专用文书(如经济文书、法律文书、教育科技文书、新闻出版文书、外交文书、军事文书);日常应用文写作(如书信、经济合同、协议等)。

1)公务文书

公务文书又称为文件,简称公文。古代也称"官书"。它是指机关团体、企事业单位在处理日常事务(即公务)活动中,按照特定的体式,经过一定的处理程序形成和使用的内容系统、格式、内容规范、种类较多的书面文字材料。公务文书包括通用公文与常用公文。前者通行于各级各类组织、机关、单位之间,主要指行政公文,后者则指机关事务文书。

（1）行政公文

行政公文包括指挥性公文,如命令（令）、决定、批复;报请性公文如报告、请示、议案等;知照性公文,如公告、通告、通报、函;记录性公文,如会议纪要等。

（2）机关事务文书

机关事务文书包括计划性公文如规划、计划、方案、意见、安排、打算、设想等;调研性公文,如总结、调查报告等;规范性公文,如章程、条例、办法、规定、规则、细则、制度、规程、标准、须知、守则等;会议性公文,如讲话稿、讲话提纲、开幕词、闭幕词、会议记录、会议提案、会议工作报告、会议审查报告、会议公报、会议议程;内务性公文,如大事记、日志、公文发文专用单、公文收文处理专用单、表册等

2）行业专用文书

行业专用文书指由具有专门行业职能的机关,根据特殊需要而使用的具有特定内容和格式的公文。常用的专用文书有:法律文书、经济文书、科技教育文书、礼仪文书、涉外文书等。

（1）法律文书

法律文书包括公安机关文书,如传唤通知书、立案报告、刑事案件、刑事案件破案报告、预审终结报告、呈请拘留报告、起诉意见书、要求复议意见书、鉴定书、现场勘察笔录、询问笔录、搜查笔录等;检察机关文书,如立案决定书、批准逮捕决定书、起诉书、不起诉决定书、检察意见书、刑事抗诉书、撤回抗诉决定书、复议决定书、复核决定书、检察建议书、委托诉讼代理告知书、委托辩护人告知书、辩护律师收集案件材料许可证等;人民法院文书,如第一审刑事判决书、第二审刑事判决书、再审刑事判决书、第一审民事判决书、第二审民事判决书、第一审行政判决书、第二审行政判决书、刑事裁定书、民事裁定书、行政裁定书、民事调解书、行政赔偿调解书、案件审理报告等;公民、法人和其他组织使用文书,如刑事自诉状、民事起诉状、行政起诉状、刑事上诉状、民事上诉状、行政上诉状、答辩状、反诉状、申诉状、撤诉状、财产保全申请书、执行申请书、复议申请书、授权委托书、遗嘱、辩护词、代理词等;公证机关文书,如公证申请书、办理公证委托书、授权委托书、各种协议书、契据、合同、公证书、送达公证书回证、撤销公证通知书等;仲裁机关文书,如仲裁申请书、

仲裁答辩书、仲裁调解书、仲裁裁决书等。

(2)经济文书

经济文书包括经济活动文书,如市场调查报告、市场预测报告、经济活动分析报告、可行性研究报告、财经预决算报告、财务分析报告、审计报告、项目评估报告、项目建议书等;商务文书,如意向书、协议书、合同、商品广告、索赔书、理赔书、产品说明书、外贸业务函电、出口货物申请书及许可证、出口货物报关单、商品检验证书、卫生检验证书、包装检验证书、品质检验证书、价值鉴定书;企业文书,如招标书、企业投标书、企业法人申请、开业登记注册书、企业法人申请变更注册书、企业法人申请注销登记注册书等。

(3)科教文书

科教文书包括科技文书,如科技建议书、科技可行性研究报告、科研项目申请书、科研开题报告、科研进度报告、科研成果报告、设计任务书、设计说明书、新产品说明书、专家鉴定书、科技论文、科技成果申请书、技术开发合同书、技术转让合同书等;专利文书,如专利请求书、专利说明书、专利代理委托书、专利说明书附图、发明申报书、权利要求书等;教育文书,如招生简章、教学计划、教学大纲、教案、实验指导书、生产实习大纲、毕业设计任务书、毕业设计、毕业论文、学校董事会章程等。

(4)礼仪文书

礼仪文书包括庆颂文书,如贺信、贺电、祝词、喜报、寿联、寿幛、贺年片、颂词、颁奖词、致敬信等;交往文书,如题词、题字、赠言、题跋、赠联、感谢信、慰问信、推荐信、介绍信、证明信等;礼仪文书,如欢迎词、欢送词、祝酒词、敬酒词、告别词、答谢词;祭悼文,如讣告、悼词、悼文、唁电、唁函、祭词、碑文、挽联、挽幛等。

(5)涉外文书

涉外文书包括外交类文书,如国书、照会、备忘录、条约等;经济类涉外文书,如国际市场调研报告、国际市场分析报告、涉外投标申请书、涉外招标文书、涉外招标通告、中外合资企业说明书、涉外建立贸易关系函、推销商品函、订货(洽谈、博览、展览)会邀请书、中外合资经营合同书、国际劳务供应合同书、国际货物买卖合同书等;诉讼类涉外文书,如财产保全申请书、申请执行书、涉外仲裁协议书、涉外仲裁申请书、涉外公证申请书、涉外公证书等;旅行类涉外文书,如护照及出境申请、签证及签证申请书、健康证书、经济担保书等。

3）日常应用文书

日常应用文书是指满足人们日常生活、工作、学习或业余精神生活需要，处理公私事务经常使用的有习惯格式的一种文体。日常应用文书实用性很强，用途很广，种类繁多，写法各异。

日常应用文书包括一般书信，如家书、致友人书、致同事书、情书、明信片、电报、传真等；专用书信，如证书、证件、证明信、介绍信、求职信、推荐信、批评信、慰问信、意见信、揭发信、复信、复电、保证书、志愿书、申诉书等；条据类如留言条、请假条、借条、收条、欠条、领条等；传志文体，如传记（自传、小传、传、评传）、回忆录、史志（家史、村史、厂史、地方志）、笔记（日记、札记、笔记）等；告启文书，如商业广告、公益广告、招聘启事、招生启事、招工启事、招商启事、招领启事、征文启事、征婚启事、寻物启事、挂失启事等；凭证文书，如便条（领条、代领条、发条、留言条、请假条）、单据（发票、汇款单、包裹单、托运单）等。

在科学技术突飞猛进的发展、社会生活日趋复杂多变的今天，与社会生活密切相关的现代应用文写作更是在分化中又综合。一些原有的应用文体发生了变化，如"大字报""小字报""大批判稿"等如今已经销声匿迹。相反，一些曾受到冷落的文体重新受到人们的青睐，如"合同书""遗嘱""法庭答辩词"等。还出现了一些新的应用文体则如"专利书""科技情报""市场预测报告""述职报告""辞退文书"等，这些应用文体，是当今社会变革的产物，因而带有强烈的时代色彩，它们已在现代社会生活中发挥着积极的作用。

从应用文体的消长、变化中，我们可以看出社会需要是促进应用文发展完善的基本动力，应用文总是根据新的时代要求不断充实、更新，从而以一种新的文体形态更好地为社会服务的。因此，应了解应用文的发展变化，分类情况，这样才能有效地指导写作实践，掌握应用文的写作规律。

[本章小结]

本章较为系统地介绍了应用文的相关知识，在掌握相关知识的基础上，为熟练写作应用文作好准备。

[基本概念]

应用文　公务文书　公文　书信　经济合同　协议书

[思考与练习]

1. 什么是应用文？它有哪些分类？
2. 应用文的作用是什么？其特点有哪些？

第 5 章
行政机关的公文

【学习目标】

    通过对本章国家机关行政公文的学习，了解有关公文的要求、分类、格式、使用，能够正确、自如地起草国家机关行政公文。

5.1　公文的概念及特点

5.1.1　公文的概念

公文即公务文书的简称,有广义和狭义之分。广义的公文是指党政机关、社会团体、企事业单位为处理公务而形成的文字材料;狭义的公文是指国家行政机关处理公务时所使用的公文。本书所指的公文只含国家行政机关使用的公文。

国务院2000年8月24日发布,2001年1月1日施行的《国家行政机关公文处理办法》第一章第二条明确指出:"行政机关的公文(包括电报,下同),是行政机关在行政管理过程中形成的具有法定效力和规范体式的文书,是依法行政和进行公务活动的重要工具。"

公文是特殊规范化的文体,具有其他文体所没有的权威性,有法定的制作权限和确定的读者,有特定的行文格式和行文规则和办理办法。我国行政机关的公文一律按照国务院发布施行的《国家行政机关公文处理办法》写作和办理。

5.1.2　公文的特点

1)法定性

公文是由法定机关或组织制发的,代表着法定机关或组织的意图,具有法定的权威性和约束力。所谓的法定机关或组织,主要是指根据《中华人民共和国宪法》和《中华人民共和国地方各级人民代表大会和地方各级人民政府组织法》等有关法律规定而设立的各级机关、团体和组织。只有这些机关或组织才有权制发文件,也只有这些机关或组织制发的文件,才能发挥相应的效力。有些公文以国家领导人或机关领导人的名义发布,这并不代表个人意志,而仅仅是制发机关领导人行使自己职权的一种表现。公文是法定的机关、团体、单位所发的文,具权限和职能是法定的。

2) 权威性

公文是由法定机关或组织制发的,代表了法律的意志和意图,具有不可抗拒的权威性。任何人、任何组织、任何团体都得按照其要求执行,不得以任何形式拒绝其要求。

3) 政治性

公文的基本内容是对党和国家政权机关的指挥意志、行动意图、公务往来的记录,直接反映政党和国家的政治意向和根本利益。机关、团体、事业单位的公文与党和国家的政治、经济和人民群众的社会生活密切相关,是传达贯彻党和国家的方针、政策、法律、法令的具体的体现,有鲜明的政治性。

4) 规范性

公文在发展过程中,逐步形成了特定的格式,不同文种有不同的惯用格式及惯用语。另外,为维护公文的权威性和严肃性,国家有关部门专门制发了文件的写作格式与特定内容。从公文名称到行文关系,从制发程序到文件体式,都作了严格的规定。因此,公文呈现出鲜明的规范性特点。

5) 时效性

制发公文是为了处理公务活动中的实际问题,而公务问题的处理必须迅速、及时。所以,对公文的制发和公文内容的具体落实是有严格的时间要求的,公文的效用也常常是有时间限制的。当一项工作完成之后,与它相关的公文的作用也便随之结束,但失去现实效用的公文仍然具有记录、凭据的价值。

5.1.3　公文的分类

公文按其行文方向,可分为上行文、下行文、平行文。上行文是指下级机关向上级机关报送的公文,如请示、报告等。下行文是指上级机关向所属下级机关的行文,如命令(令)、决定、批复、公告、通告、通知、通报和意见、会议纪要等。平行文指同级机关、不同级别机关或不同隶属机关之间的行文,如函、议案和意见。

公文按其时限要求可分为特急、急件、平件。

公文按其机密程度可分为绝密、机密、秘密、普通。凡有密级的公文是指内容涉及党和国家的机密,需要控制知密范围和知密对象。文件的密级越高,传达、阅办、保管的要求也越高、越严。

5.1.4 公文的行文关系

1)公文的行文关系

公文行文关系是各级机关、部门或者单位因公文的呈送所产生的相互关系,一般分为:一个系统内呈隶属的上下级关系、一个系统内的平级关系、不同系统非隶属的关系。公文这种行文关系是根据行文单位各自所在的系统和职权范围确定的。

2)公文的行文方向

公文的行文关系决定了公文的行文方向,即公文的上行文、平行文和下行文。确定公文的行文方向有助“公文旅行”,克服文牍主义,提高工作效率。在具体行文中,根据组织关系和工作需要,可以采取逐级、多级、越级、直达、直接等不同的行文方式。

3)公文的行文原则

公文行文关系决定了应遵循以下规则:按照职权范围行文;按隶属关系行文;逐级行文。

4)公文行文的注意事项

行文的其他注意事项:一事一文的原则;根据行文关系正确选择文种的原则。

5.2　公文的写作格式

5.2.1　公文的格式

公文格式是指公文的外观形式,包括公文的纸张尺寸、规格、书写形式和公文各组成部分的排列顺序、区域划分、字体字号等。国家有关机关以法规、规章等形式对其加以规范。规范的公文格式有利于维护公文的严肃性,方便对其进行阅读与传递、处理,有利于应用各种现代化信息技术处理与管理公文。

国务院2000年8月24日发布,2001年1月1日起施行的《国家行政机关公文处理办法》第三章专门阐述"公文格式",并第一次明确规定"公文中各组成部分的标识规则,参照《国家行政机关公文格式》国家标准执行"。《国家行政机关公文格式》国家标准(以下简称《公文格式》国家标准)已由原国家质量技术监督局于1999年12月27日公开发布。公文有了规范的格式要求,一是便于起草、阅读、办理、立卷、归档和查找利用;二是体现公文法定权威性、时效性的外在标志;三是有利于计算机录入、存储和传输。不讲究公文格式,公文的质量和效用将会受到损害。因此,行政机关制发公文,既要注重内容,又要注重公文格式。根据《国家行政机关公文处理办法》和《国家行政机关公文格式》的规定,我国行政机关的公文格式为:

公文用纸一般采用国际标准A4型(210 mm × 297 mm),左侧装订。张贴的公文用纸幅面尺寸可根据实际需要确定。

公文纸分为可用以书写、印刷文字、图形等符号的图文区与不允许出现任何符号的白边区。上白边(天头)和左白边(订口)应分别宽于下白边(地脚)和右白边(翻口)。

公文的文头、正文和文尾三大部分的项目内容和区域位置,都必须按规定的标准安排。机关正式文件用固定的套红版头,标明机关的全称或通用简称,后面加上"文件"二字,并用间隔红线(有的在红线中间加五角星)将文头与正文部分隔开。

所有文字符号从上至下,自左而右依次横写横排。少数民族文字按其习惯书写、排版。

公文标准格式(首页)如下:

00001（序号）

机　密（密　　级）

特　急（紧急程度）

××市人民政府文件（版头）

×府发〔2016〕1号（发文字号）　　　　　　　签发人：×××

××市人民政府
关于×××××××的报告（标题）

省政府：（主送机关）

　　×××××××××××××××××××××××××××××××××××××××,××××××××××××××××××××××。（正文）

　　附件：1.×××××××××××

　　　　　　　　　　×××××××（章）
　　　　　　　　　　二〇一六年三月五日（成文日期）

主题词：×××　　×××

抄送：×××、×××、×××。

××市人民政府办公室　　　　2016年3月5日印

5.2.2　公文的构成

公文的构成通常指的是形成公文的各个组成部分,这些部分也是公文规范的各个部位。从我国现行的公文组成上看,共有 9 个基本部分,即标题、主送机关、正文、附件、发文机关、印章、发文时间、主题词、抄送单位。

1)标题

标题居中置于文件的版头之下,主送机关上方,一般由发文机关名称、事由和公文文种三个部分组成。除了这种的常见的标题方式外,还有两种情况。一是舍去发文机关名称,由"事由"和"文种"构成,如:"关于调整粮油购销价格的决定",其中,"调整粮油购销价格"是事由,"决定"是文种。二是舍去事由,由"发文机关"和"文种"构成,如:"中华人民共和国财政部公告",其中,"中华人民共和国财政部"是发文机关,"公告"是文种。除批转或转发法规、条例性文件外,公文标题一般不加书名号和其他标点符号。标题应准确、扼要地概括出公文的主要内容,使人一目了然。无论什么公文的标题都不得省略文种,法定公文不得乱用文种、自造文种。

2)主送机关

主送机关是受文的对象,通常所称"抬头",它必须顶格写和加冒号。除了特殊的情况外一般都有主送机关。

3)正文

正文是公文的主体,是反映文件具体内容的部分,它紧接主送机关名称之后,空两格写出。正文由公文的引据、主体、结尾三部分构成。引据一般从行文的目的、缘由、依据三个方面写。可以三个方面都写,也可以在三个方面选其一或者其二来写;主体是行文要告知的具体内容,可以是条文式、条款式的结构,也可采用条文小标题式或者条款小标题式;结尾一般是专用结尾语,或者写希望、号召,也可以省去不写。

4)附件

附件属于正文的文字材料,它也是某些公文的重要组成部分,如正文批准转发、批转的附件。这类附件直接写在公文正文的结尾之下。

5）发文机关

发文机关指的是行文机关，即公文的作者。机关单位的名称一般应写明全称或规范的简称。

6）印章

发文机关在文件上加盖公章，是文件生效、取信的凭证。公文除"会议纪要"和以电报形式发出的以外都应当加盖印章。联合上报的公文，由主办机关加盖印章；联合下发的公文，由发文机关加盖印章。印章包括公章和领导人名章。印章要求上不压正文，下要骑年盖月。领导人名章一般盖在职务之后，成文日期上方。当联合行文需加盖两个公章时，应将成文日期拉开，两个公章平行排列，上不压正文，下压成文日期，主办机关印章在左侧。只盖两个公章的，可不再署上发文机关名称。当联合行文需盖3个以上公章时，为防止出现空白印章，应署上发文机关名称，主办机关名称排列在前，公章则应盖在机关名称上。成文日期在最后一排公章之下空一行位置，右空两个字。尤其要注意，务必使印章与正文同处一页，不得采取标识"此页无正文"的方法解决。

7）发文时间

凡正式文件都必须写有日期，日期表明文件发出或生效的时间。发文时间一般应以签发日期为准，几个机关联合发出的文件，以最后签发机关签署的日期为准；凡属会议通过的文件，应当以会议通过日期为准，也要注明实际发出日期；法规性文件应以批准日期为准，其中某些法规文件，除发布日期外，还应在正文最后专列条文规定生效和开始实行的日期。成文日期应用汉字的小写写明年月日，也可以以签注的形式注明发文的时间，即在标题的下方加圆括号注明文件通过的时间。

8）主题词

主题词是对公文类别、内容的高度精减概括，是现代化管理和计算机信息技术在公文处理领域运用的客观要求和必然事物。公文设置主题词，国家有专门的规范性规定。主题词一般不应少于3个，多于7个，而且必须注明文件的文种。

9)抄送单位

抄送单位指除主送机关外需要执行或知晓公文的其他机关,应当使用全称或者规范化简称、统称。抄送单位包括机关组织和个人。抄送机关标注在主题词下一行,在抄送机关上下各画一条相互平行的横线。"抄送"两个字居左空一个字,"抄送"后标冒号,再排印抄送机关名称,抄送机关名称回行时与上一行抄送机关名称对齐,右侧空一个字;各抄送机关名称之间用顿号隔开,最后一个抄送机关名称之后用句号。抄送机关名称应按一定顺序排列。

10)附注

附注是在正文中不宜说明的事项,如"此件可公开发布""此件不得翻印"等。"请示"标注联系人的姓名和电话也标于此。"附注"位置,居左空两字、成文日期下两行,附注的内容要用圆括号括起来。

5.2.3　公文标记

公文标记包括文件的秘密等级、缓急程度、发文机关标识、发文文号、签发人、阅读范围、制发单位等。它表明文件的不同性质与要求,以便于文件处理。

1)秘密等级

秘密等级是指文件机密程度的等级,涉及国家秘密的公文应当标明密级和保密期限。密级分为"秘密""机密""绝密",与"保密期限"一起标注在公文首页版心右上角第一行。其中,"绝密""机密"级公文还应当标明份数序号"密级"和"保密期限"之间用五星隔开。密级公文如不标注保密期限,应按照《国家秘密保密期限的规定》(国家保密局 1990 年第 2 号令)第九条执行,即"凡未标明或者未通知保密期限的国家秘密事项,其保密期限按照绝密级事项三十年、机密级事项二十年、秘密级事项十年认定"。

2)缓急程度

缓急程度是对公文送达和办理的时间要求,一般可分为平件、急件、特急件三种。注明缓急程度是为了确保公文时效,使紧急事项得到及时处理。一般平件不需标明;急件以上的,标明何种等级,由文件签发人确定。缓急程度的标记一般放在标题的右上方密级的位置的下方。

3)发文机关标识

发文机关标识就是人们通常所称的"红头文件",它是由发文机关全称或规范化简称套红色加"文件"二字组成。各级地方政府的"发文机关标识"的字号要小于国务院文件的"发文机关标识"的字号。发文机关标识应当使用发文机关全称或者规范化简称;行政联合行文,主办机关排列在前(党政机关联合行文,按惯例仍按党、政顺序排列)。行政机关联合行文,按主办、承办、协办单位的顺序排序。

4)发文字号

发文字号即文件的编号,又称文号。它标明发出文件的数量和次序,以便查询,为收文和发文提供方便。公文编号的方法是:先写发文机关代字,接着写年份(在六角括号),最后写顺序号。如"国发〔2016〕16号",几个机关联合发文,须标明主办机关公文编号。

5)签发人

签发人是代表机关核准并签发文稿的领导人。上行公文应当注明签发人、会签人姓名。其中,"请示"应当在附注处注明联系人的姓名和电话。会签人包括联合上行文的各部门的签发人和会签部门签发公文的负责人。"签发人姓名"标注在发文字号右侧,"签发人"后标冒号,冒号后标签发人的姓名。凡标注签发人的公文,发文字号不再居中,与签发人在同一行,移至左侧。"联系人"应当是熟悉文稿的具体负责人,以省政府向国务院报送"请示"为例,联系人应是负责审核该"请示"的业务处室的负责人,标注在附注处,用圆括号括起来。

6)阅读范围

阅读范围是指限定文件的发送范围和规定阅读的对象。它是根据工作需要和保障机密安全两个方面确定的。阅读范围通常注明于文件发文日期之下,主题词之上,并加括号,如"(此件发至县、团级)"。

7）印制机关

在文件最后一页最下端设两线,其中注明印制机关名称、印刷日期。

5.3　公文的种类和语言

5.3.1　公文种类

公文的种类简称文种。根据国务院 2000 年 8 月 24 日发布,2001 年 1 月 1 日起施行的《国家行政机关公文处理办法》规定,公文种类主要包括:命令（令）、决定、公告、通告、通知、通报、议案、报告、请示、批复、意见、函、会议纪要等 13 种。这 13 个文种是现今我国行政机关的通用公文种类,也就是说,在一般情况下,只有这 13 个文种才可以在行政机关的发文中直接使用;这 13 个文种之外的其他文种,如有需要,只能作为附属公文与这 13 个文种配合使用,而不能单独直接使用。正确选择和使用公文种类,是草拟和审核公文的基本功,也是保证公文规范和提高公文质量的基本要求。一般说来,正确选择和使用行政机关的公文种类,应注意掌握以下几个问题:

《国家行政机关公文处理办法》第二十五条中指出,"公文的文种应当根据行文目的、发文机关的职权和与主送机关的行文关系确定"。这是选择使用文种的总原则。也就是说,文种使用不得超越发文机关的职权,应与公文内容相符合,应与行文方向相一致,正确体现发文机关与主送机关的行文关系。

从行文方向上看,13 个文种可分为上行文、下行文、平行文三类。其中:报告、请示 2 个文种属上行文;命令（令）、决定、公告、通告、通知、通报、批复、意见、会议纪要等 9 个文种属下行文;函、议案属于平行文。"意见"文种比较特殊,其主要适用范围属于下行文,但有时也适用于上行文和平行文。把握 13 个文种的原则分类,在选择和使用文种时可以避免在行文方向上发生错误。

从公文格式上看,分为一般格式和特定格式两种。二者的"发文机关标识"不同。一般格式的"发文机关标识"由发文机关全称或规范化简称加"文件"二字组成。特定格式又分为信函格式、命令格式、会议纪要格式。信函格式的"发文机关标识"只标识发文机关名称而不加"文件"二字；命令格式的"发文机关标识"，由发文机关全称加"命令"或"令"组成；会议纪要格式的"发文机关标识"，由会议名称加"纪要"二字组成。一定的文种使用相应的公文格式，也可以保证公文种类使用规范。

从发文机关职权上看，文种的使用不得超越发文机关的职权。这13个文种是行政机关的通用公文文种，并非所有行政机关都可以使用。例如："命令（令）"，《办法》规定，"适用于依照有关法律公布行政法规和规章"。而公布行政法规只适用于国务院，因为《宪法》规定，只有国务院才有权制定公布行政法规；公布规章，只适用于有规章制定公布权的行政机关（国务院直属工作部门、省级政府、省级政府所在地的市政府、国务院批准的较大市政府）。除此之外，其他行政机关无权使用"命令（令）"发布行政法规和规章。又如："议案"，《办法》规定，"适用于各级人民政府按照法律程序向同级人民代表大会或人民代表大会常务委员会提请审议事项。"这一规定，只适用于各级人民政府，其他行政机关无权使用"议案"这一文种。

从发文机关与主送机关的关系上看，由于隶属关系不同，选择使用文种也应有所不同。例如，同是请求批准，主送机关是发文机关的上级机关的，用"请示"；主送机关和发文机关是不相隶属机关的，用"函"。同是答复审批事项，主送机关是发文机关的下级机关的，用"批复"；主送机关和发文机关是不相隶属机关的，用"函"。目前，在行政机关中，不相隶属机关之间请求批准用"请示"（如政府向上级政府的工作部门请求批准用"请示"）、答复审批事项用"批复"（如政府的工作部门向下一级政府答复审批事项用"批复"）的现象还相当普遍，这是不规范的，也是违背选择使用文种的原则的。

公文作为传达和贯彻党和国家的方针政策、联系和处理各级机关公务的工具，体现着组织的意志，表达着组织的主张，显现着组织活动的行为目的。因此，公文的种类和体式取决于公文的性质和公务活动的内容与方式。不同的文种反映着公文不同的内容与作用。各机关在拟制公文时，必须从实际需要出发，根据本机关的职权范围、所处地位与发文目的，正确使用文种。

5.3.2　公文的分类

公文按其行文方向可分为上行文、下行文、平行文。上行文是指下级机关向上级机关报送的公文。下行文是指上级机关向所属下级机关的行文。平行文指同级机关或不同隶属机关之间的行文。

公文按其时限要求可分为特急、急件、平件。

公文按其机密程度可分为绝密、机密、秘密、普通公文。

5.3.3　公文的语言特点

公文的语言特点是准确、简明、庄重、通俗、得体。

准确。准确是对公文的语言的第一要求。公文起草人要注意在精确辨析词义及感情色彩的基础上精选中心词,用准修辞语,从而做到用词准确无误,避免产生歧义。另外造句要合乎语法与逻辑。

简明。简明即言简意赅,意思表达清楚而无多余的话,删除一切套话、空话、意思重复的话;注意语句的提炼,杜绝堆砌修饰语现象;适当使用缩略语、成语;多用短句;不用生僻词语等。

庄重。庄重是由公文的严肃性和法定的权威与效力所决定的。公文语言的庄重应采用规范的书面语,适当用浅近而富有表现力的文言词语,尽量不用或少用口语,注意语言的典雅精练,避免俚俗冗赘。

通俗。由于公文的阅读的对象是各种各样的人,文化程度有高有低。因此,公文行文一定要考虑各个层面的读者、各种不同的阅读对象。

得体。得体是指公文的用词、语气、语体风格与行文目的、使用文种、接受对象、用语使用场合等相适应,其基本要求是:一是符合文种要求;二是注意行义主体、客体关系,觉得好分寸,三是尽可能多用公文专用词语。

公文语言使用不规范,将直接影响公文表达的准确性。常见的问题有:大量使用文学性的语言,堆砌和滥用修辞,追求华丽的词藻;采用大量的模糊语言,缺少数字表达,难以准确全面地反映客观事物;使用长句,容易造成语法错误;使用描绘、烘托、夸张、抒情等表达方式,造成不得体的情况。

公文语言属于应用语体的范畴,它与文艺语体、科学语体或者政论语体具有区别,与新闻报道、通讯、报告文学、小说、散文等文体的语言也是不同的。因为文艺语体里包含着大量的模糊因素,甚至有时表达的是一种意境,可以这样理解,也可以那样理解。公文属于应用语体,不能使用文学性的语言。

公文语言还要注意选词。选词一要根据所反映的客观实际需要;二要符合明晰、确切、简练的标准;三要根据具体的语言环境,为避免上下文重复而选择不同的词语,注意文中所涉及对象和阅读对象。另外要多用书面语和文书用语,需要特别提出公文结构用语。一是开头用语,用来表示行文目的、依据、原因,伴随情况等,如为(了)、关于、由于、对于、根据、按(遵、依)照、据、查、奉、兹等。二是结尾用语,如为要(荷、盼)、是荷、特此通知等。三是过渡用语,如为(对、因、据)此、鉴于、总之、综上所述等。四是经办用语,如经、已经、业经、现经、办理、责成、试行、执行、贯彻执行、研究执行、切实执行等。五是称谓用语,有第一人称:我、本;第二人称:你、贵;第三人称:该。

5.4 公文的写作

5.4.1 命令(令)

1)命令(令)含义

命令(令)是依照有关法律规定发布行政法规和规章,宣布施行重大强制性行政措施,奖惩有关人员时所使用的公文。

命令(令)是国家权力机关及其负责人颁布的,具有强制执行性质的领导性、指挥性的下行公文。

2)命令(令)特点

命令(令)与其他的公文文种相比较,具有以下几个特点。

①内容的严肃性。命令(令)所涉及的事项,有的是发布行政法规和规章,有强制性。如果是一般性的表彰先进或批评错误,就不用命令而用通报等公文文种。

②法定的权威性。根据《中华人民共和国宪法》的规定,只有中华人民共和国主席、国务院总理、国务院各部部长、各委员会主任以及县以上各级地方人民政府才可以依据法律规定的权限发布命令,其他任何单位和个人均不得发布命令。在实际工作中,各级地方政府都很少使用命令这一文种,国家高级领导机关和主要领导人才较多使用。因此,命令具有很强的权威性。

③执行的强制性。命令具有明显的强制性,上级机关发布了命令,下级机关不管是否同意,不管有什么困难或问题,都必须坚决地无条件地执行,令出必行。在所有国家机关行政公文中,命令是最具有强制性的。

3) 命令(令)种类

命令的主要种类有:颁布令、行政令、嘉奖令、撤销令、惩戒令、任免令等。

①颁布令。颁布令就是用于颁布行政法规和规章的文件,由令文及附件组成。附件即应公布的法规或制度、规章。

颁布令的标题有两种:一是由颁布机关领导人职务加上文种(令);二是颁布机关加上文种(令)。常见的如《中华人民共和国主席令》《中华人民共和国国务院令》。颁布令的发文字号往往采用流水号,即该届政府的主席或总理在任期间所发的命令(令)的顺序号,也有用一般文号的。颁布令的正文一般包括几个内容:一是颁布的对象,即颁布的是哪一个行政法规或规章;二是颁布的依据,即由哪一级组织或哪一次会议在什么时候通过了本法规或规章;三是执行要求,即由什么时候起施行本法规或规章。

②行政令。行政令就是用于宣布施行重大强制性行政措施的命令。

行政令的标题由发文机关加上事由(如"关于……")和文种(命令)组成。行政令的正文一般包括三个部分:一是发令原由,即施行重大强制性行政措施的原因、目的或依据。二是命令事项,即施行的行政措施的具体内容。三是施行要求。

③嘉奖令。嘉奖令就是用于嘉奖有关人员的命令,一般也称为通令。嘉奖令的标题与行政令相同。正文一般包括三大部分:一是嘉奖原由,即简介被嘉奖集体或个人的先进模范事迹和分析其性质;二是嘉奖事项;三是提出希望。

④任免令。任免令即用于任免重要行政官员的决定的命令。任免令的标题与行政令相同。任免令的正文一般包括两个部分:一是发令的原因,即说明任免有关行政官员的决定的依据;二是发令的事项,即明确任免有关行政官员。

实例 1:

中华人民共和国主席令

第五十一号

《全国人民代表大会常务委员会关于修改〈中华人民共和国居民身份证

法〉的决定》已由中华人民共和国第十一届全国人民代表大会常务委员会第二十三次会议于 2011 年 10 月 29 日通过,现予公布,自 2012 年 1 月 1 日起施行。

中华人民共和国主席 胡锦涛
二〇一一年十月二十九日

简析点评:

这是一份国家主席的颁布令。正文分三个部分,引据说明缘由,主体告知令的内容。结尾省掉。全文思路清晰、事项明确、言简意赅。

实例 2:

中华人民共和国国务院令

第 616 号

依照《中华人民共和国香港特别行政区基本法》的有关规定,根据香港特别行政区行政长官选举委员会选举产生的人选,任命梁振英为中华人民共和国香港特别行政区第四任行政长官,于 2012 年 7 月 1 日就职。

总 理 温家宝
二〇一二年三月二十八日

简析点评:

这是一份国务院总理的任免令。正文分 3 个部分,引据介绍行文的依据,主体告知发令的内容。结尾省掉。全文行文简洁、说明清楚、事项明确、言简意赅。

5.4.2 决 定

1)决定的含义

决定是各级国家机关对重要事项和重大行动作出安排和部署。

2）决定的特点

决定作为各级国家机关普遍使用的一种具有权威性和约束力的公文文种，具有如下两方面的特点：

一是制约性。因为决定比较集中地体现发文机关对重要事项或重大行动的指挥和处置意图，要求下级机关无条件执行。决定的制约性和强制性虽然没有命令那么严格，但比其他公文都要强，有些决定还有法规作用，在某些方面，决定往往是法规的延伸和补充，具有较大的强制性和行政约束力。

二是指挥性和指导性。因为决定是对重要事项或重大行动作出安排，这对下级机关就有指挥性和指导性。

3）决定的种类

决定可用于公布或批准文件、部署工作、建立或撤销机构、任免或奖惩人员等方面。

根据内容和发文机关的意图，决定可分为两类：周知性决定和指挥性决定。周知性决定是发文机关就某个问题作出安排，使受文单位知晓即可的决定，因此内容比较单一，文字简短。指挥性决定具有规定性和指示性，一般内容较多，篇幅较长，有较强的约束力。

4）决定的写作格式与要求

决定一般由标题、正文、发文机关、发文日期等部分组成。

（1）标题

决定的标题要求写明发文机关、事由、文种，这三部分一般不能随意省略。

（2）正文

由于决定的类型不同，其正文的内容侧重点就有不同，写法也有不同。对某项工作或重大行动作出安排的决定由于具有很强的规定性和指挥效能，既要提出工作任务或重大行动，又要阐述完成工作任务或重大行动的政策规定、方法措施等，内容丰富，行文较复杂。正文通常由决定原由和决定事项两部分构成。

决定的缘由是指对某项工作或重大行动作出安排的依据。行文要求简明扼要，依据要恰当充分，令人信服。

决定事项是全文的主体内容,主要包括开展工作的有关政策原则、执行的事项及有关规定要求等。涉及材料较多的,一般采用分条式或分题式表述,行文要眉目清楚,用语要确切明了,易于有关人员把握和执行。

(3)写作注意事项

①不能滥用决定行文。决定的内容要与"决定"文种相符,不能滥发决定。有些单位以为用决定才能引起注意,把该用"通知"行文的内容,用"决定"行文。这种滥用决定的情况应当尽量避免。

②决定缘由要充分、准确、合理。决定的缘由是决定事项的依据、理由。要注意交待清楚,做到既简明扼要,又有理有据,令人信服。

③决定事项要具体、明确、清楚。决定事项是决定的主要内容,有关机关据此贯彻执行。因此,决定事项要求具体、明确,明明白白地讲清应当如何贯彻执行。内容比较复杂的决定,事项部分要分条列项表述,把主要的、重要的放在前面,次要的放在后面。结构要合理,层次要分明,内容要合乎逻辑。

实例:

国务院关于表彰全国两基工作先进单位和先进个人的决定

各省、自治区、直辖市人民政府,国务院各部委、各直属机构:

1986 年义务教育法和 1988 年《扫除文盲工作条例》施行以来,在党中央、国务院正确领导下,各地区、各部门高度重视、真抓实干,社会各界积极参与、齐心协力,我国"两基"(基本普及九年义务教育、基本扫除青壮年文盲)工作取得重大成就,2011 年全面实现九年义务教育,青壮年文盲率下降到1.08%,改变了中国教育的基本面貌,实现了教育发展的历史性跨越。在实施"两基"巩固提高和"两基"攻坚过程中,涌现出一大批先进单位和个人。为表彰先进,激励和动员全社会进一步重视、关心、支持教育事业,推动教育改革发展,国务院决定,授予北京市朝阳区教育委员会等 300 个单位"全国'两基'工作先进单位"称号,授予徐万厚等 500 人"全国'两基'工作先进个人"称号。

希望受到表彰的先进单位和先进个人珍惜荣誉,再接再厉,为义务教育工作再上新台阶作出新的更大贡献。各地区、各部门以及关心支持教育事业的社会各界要向受到表彰的先进单位和先进个人学习,深入贯彻落实《国家中长期教育改革和发展规划纲要(2010—2020 年)》,坚持把教育摆在优先发展位置,巩固义务教育普及成果,促进义务教育均衡发展,推动教育事业在新的历史起点上科学发展,为建设教育强国和人力资源强国、实现中华民族伟大复兴而努力奋斗。

附件:1. 全国"两基"工作先进单位名单
　　　2. 全国"两基"工作先进个人名单

国务院(章)
二〇一二年三月二十八日

简析点评:

这是一份工作部署的决定。标题由发文机关、事由、文种构成,拟订标题的要素完整。决定的引据、说明的缘由清楚、完整,主体的决定事项明确、清楚,结尾符合该类决定的要求。

5.4.3　公　告

1)公告的含义

公告是用于向国内外宣布重要事项或者法定事项的公文。

2)公告的特点

行政机关公文中的公告具有如下特点:

①内容重要。公告宣布的内容是重要事项或法定事项,如公布宪法;宣布我国将向太平洋发射运载火箭试验。专业性公告不具有这种特点。

②受众广泛。一般公文发送对象都是特定的地区、单位或个人,而公告的对象则是国内外,一般通过媒体(电视、广播、报纸等)和张贴来对外发布信息。

③规格较高。公告一般是由较高级别的国家领导机关,或者授权新华社制发的。基层单位不能滥用公告。

3)公告的种类

公告主要有两种,一是宣布重要事项,如最近我国将在东海进行地对地导弹发射训练;二是宣布法定事项,如宣布某项法规或规章,宣布国家领导人选举结果。

有一类公告是属于专业性的或向特定对象发布的,如经济上的招标公告;按国家专利法规定公布申请专利的公告,这些都不属行政机关公文。

4)公告的写作格式与要求

公告要求内容单一,篇幅较短,或篇段合一,或分条列点,表达直截了当,语言简洁明快。

①标题。公告标题有两种:一是完全式标题,包括发文机关、事由和文种;二是省去事由,只写发文机关和文种。

②正文。公告的正文一般由依据、事项和结语组成。开头要简明扼要地写出公告的依据。告知性公告,事项简单,用篇段合一写出;规定性公告,事项较多,可分条列点写出。公告的结尾一般用"现予公告""特此公告"作结语,也可以提出要求作结尾。也可不写结语。

③日期。公告日期有的注在标题下方,也可注在正文末尾落款处。

实例:

中国人民银行公告

第 11 号

中国人民银行定于 2012 年 10 月 18 日发行华夏银行成立 20 周年熊猫加字金银纪念币一套。该套纪念币共 2 枚,其中金币 1 枚,银币 1 枚,均为中华人民共和国法定货币。

一、纪念币图案

(一)正面图案

该套金银纪念币正面图案均为北京天坛祈年殿,并刊国名、年号及"华夏银行成立 20 周年纪念"中文字样。

(二)背面图案

1/4 盎司圆形金质纪念币背面图案为母子熊猫图,并刊"1/4oz Au. 999"字样、"华夏银行成立 20 周年纪念"英文字样及面额。

1 盎司圆形银质纪念币背面图案为母子熊猫图,并刊"1oz Ag. 999"字样、

"华夏银行成立 20 周年纪念"英文字样及面额。

二、纪念币规格和发行量

1/4 盎司圆形金质纪念币为普制币,含纯金 1/4 盎司,直径 22 毫米,面额 100 元,成色 99.9%,最大发行量 1 万枚。

1 盎司圆形银质纪念币为普制币,含纯银 1 盎司,直径 40 毫米,面额 10 元,成色 99.9%,最大发行量 5 万枚。

三、该套金银纪念币由深圳国宝造币有限公司铸造,中国金币总公司总经销。

中国人民银行(章)

二〇一二年九月二十六日

简析点评:

这是中国人民银行发布的一则重大事项的告知性公告。开头先简明扼要地写出公告的缘由,接着明确指出公告依据,最后宣布公告事项。这则公告虽然事项简单,篇幅较小,但缘由、依据、事项和结语等却相当完备。

5.4.4　通　告

1)通告的含义

通告是国家机关在一定范围内公布应当遵守或者周知的事项时使用的下行公文,使用范围较广泛。

2)通告的特点

①法规性。通告通常就某些事项作出规定限制,或者向人民群众宣布需要遵守的事项,对人们的行为具有法规约束作用。如《关于打击盗掘和走私文物活动的通告》,具有强制执行的效用。

②知照性。通告适用于公布社会各有关方面应当遵守或者周知的事项,具有广泛告知的特点,因而具有知照性。

3)通告的种类

通告从内容上分类,一类为法规性通告,该类通告发布的内容都是一些法律和法规;一类为事项性通告,该类通告所发布多于内容是一些必须执行的事项。

4)通告的写作格式与要求

通告由标题、正文、发文机关和落款等部分组成。

①标题。标题由发文机关、事由、文种构成。根据具体情况,也可使用发文机关加文种

②正文。正文由引据(缘由、目的、依据)和主体(通告事项分组成)以及结尾构成。引据末可用"特通告如下"自然进入主体。事项为须知和遵守的内容,通告事项是面对大众的,应简洁明了,叙述清楚,通俗易懂,便于掌握。结尾部分一般用"特此通告"作结。有时也可不写,形式比较灵活。

③落款。签署发布通告的机关名称和日期。

实例:

成都市工商行政管理局
成都市公安局交通管理局
关于进一步规范机动车代驾服务行为的通告

为了进一步规范我市机动车代驾服务行为,促进代驾行业规范、有序的发展,根据《中华人民共和国道路交通安全法》《中华人民共和国公司法》《中华人民共和国合同法》等法律规定,特通告如下:

一、任何企业或个人需从事代驾服务业务的,应在工商行政管理机关依法办理登记注册,并核定"提供驾驶员劳务服务"或"代驾服务"经营范围后方可开展代驾服务经营活动。公安机关交通管理部门在查处交通违法和处理交通事故中,一旦发现未经核准擅自从事代驾服务行为的企业和个人,将依法移交工商部门进行处理。

二、代驾经营者需严格按照《中华人民共和国合同法》《中华人民共和国侵权责任法》等法律法规定和要求制订规范、合理的《代驾服务协议》,并在提供代驾服务前,由其代驾与车主签订《代驾服务协议》。

三、代驾人员需持有公安机关交通管理部门核发的驾驶证照,具备高度的责任心和服务意识,以及驾驶准驾车型和丰富经验。代驾服务过程中,要

严格遵守《中华人民共和国道路交通安全法》等相关法律法规,确保代驾安全。若发生交通事故,应及时报警并协助交警调查及保险理赔。

四、餐饮、酒店、娱乐等企业在为消费者推荐代驾服务时,需事先向消费者告知相关代驾事宜,不得选择无证无照的代驾企业和人员为消费者提供代驾服务。

五、广大消费者(车主)在有代驾服务需求时,应选择正规合法的代驾企业及两年以上驾龄的人员提供服务,并就代驾的服务内容、收费标准以及方式、双方责任和义务等内容形成相关服务协议,以确保自身合法权益和人生财产安全不受侵害。

六、本《通告》自发布之日起执行。

特此通告

成都市工商行政管理局(章)

成都市公安局交通管理局(章)

二〇一二年十月十五日

简析点评:

这是一篇法规类通告,针对酒后驾驶治理的一项管理规定。

全文作出了 6 条规定,对象明确、要求具体、措施清楚、语言通俗。引据、主体、结尾的格式合规,写作规范,中心突出。

5.4.5　通　知

1)通知的含义

通知是用于批转下级机关公文,转发上级机关和不相隶属机关的公文,发布规章,传达要求下级机关办理和有关单位需要周知或者共同执行的事项,以及用来任免和聘用干部的事宜公文。

2)通知的特点

在众多的公文文种中,通知是一种使用范围最广、使用频率最高的公文。它具有以下几个特点:

①广泛性。通知的广泛性主要表现在以下三个方面:一是受文机关的广泛性。通知不受发文机关级别高低的限制,所有的党政机关、社会团体、企事业单位等都可以使用这一文种。二是行文内容的广泛性。通知的内容不受限制,大到全国性的重大活动安排,批转文件,小到机关单位内部处理日常事务,告知一般事项。

②政策性。通知的首要功能是告知,即告知受文对象有关事项,并提出要求,让受文对象在知晓通知内容后,按要求去办。告知的内容往往上级机关的安排部署,具有鲜明的政策性。

3)通知的种类

通知作为一种使用范围最广、使用频率最高的公文,又包括以下几种类型:

①批转、转发性通知。批转、转发性通知用于批转下级机关,转发上级机关、同级机关和不相隶属机关的公文以及发布某些行政法规等。上级领导部门批转下属单位的来文,如建议性的报告、请示、批转性的请求、建设性的意见等所用的通知称为批转性通知。

②指示性通知。上级机关对下级机关某一项工作作出指示和安排,而根据公文内容又不必用"命令"或"指示"时,可使用这类通知。这种通知带有指令性,必须有根据、有目的、有任务、有要求。

③事务性通知。事务性通知用于上级机关对下级就某一具体事项布置工作,交待任务。

④任免、聘用通知。任免、聘用通知用于任免或聘用国家机关工作人员职务等。

⑤会议通知。会议通知以极其简短的文字,写明会议名称、目的、内容(日期、时间、地点、出席对象以及对出席者的要求等)。

4)通知的写作格式及要求

通知的写作形式多样、方法灵活,不同类型的通知使用不同的写作方法。

①批转、转发性通知的写法。这类通知的标题由发文机关、被批转、转发的公文标题和文种组成,也可省去发文机关名称。正文需把握三点:对批转、转发的文件提出意见,表明态度,如"同意""原则同意""要认真贯彻执行""望遵照执行""参照执行"等;写明所批转、转发文件的目的和意义;提出希

望和要求。最后写明发文日期。

②指示性通知的写法。这类通知的标题由发文机关、事由和文种组成。正文由缘由、主体、结尾等部分组成。缘由要简洁明了，说理充分；主体要具体明确、条理清楚、详略得当，充分体现指示性通知的政策性、权威性、原则性。要求要切实可行，便于受文单位具体操作；结尾可要也可不要。

③事务性通知的写法。事务性通知通常由发文缘由、具体任务、执行要求等组成。会议通知也属事务性通知的一种，但写法又与一般事务性通知有所不同。会议通知的内容一般应写明召开会议的原因、目的、名称，通知对象，会议的时间、地点，需准备的材料等。

④任免通知的写法。任免通知一般先写任后写免再写兼。任、免、兼的职务也要清楚写出。

实例1：

国务院办公厅转发
教育部等部门关于进一步加强学校体育工作
若干意见的通知

各省、自治区、直辖市人民政府，国务院各部委、各直属机构：

教育部、发展改革委、财政部、体育总局《关于进一步加强学校体育工作的若干意见》（教×〔2012〕×号）已经国务院同意，现转发给你们，请认真贯彻执行。

国务院办公厅（章）
二〇一二年十月二十二日

简析点评：

这是一则转发性通知。国务院（国办发〔2012〕53号）同意教育部等4部委的意见向全国各地方政府和国务院各部委提出要求。行文简洁、部署明确、要求清楚、格式完整。

实例 2：

国务院关于批转促进就业规划(2011—2015年)的通知

各省、自治区、直辖市人民政府，国务院各部委、各直属机构：

国务院同意人力资源社会保障部、发展改革委、教育部、工业和信息化部、财政部、农业部、商务部制定的《促进就业规划(2011—2015年)》，现转发给你们，请认真贯彻执行。

国务院(章)

二〇一二年十月二十四日

简析点评：

这是一则批转性通知。国务院(国发〔2012〕6号)同意人力资源社会保障部、发展改革委、教育部、工业和信息化部、财政部、农业部、商务部制定的《促进就业规划(2011—2015年)》。全文简洁、要求明确、格式完整。

5.4.6 通 报

1)通报的含义

通报是表彰先进、批评错误、传达重要精神或者情况时所使用的一种公文。通报属下行公文。

2)通报的特点

通报的行文目的是为了传达工作中的情况，总结经验、教训，以正反两个方面的典型事例教育广大群众。其主要特点是：

①典型性。通报的内容应当是工作中的典型事件和典型人物，或是具有普遍意义的重要情况，发布通报是以典型的事例教育大多数群众，指导各方面的工作。

②真实性。通报的内容，无论是表彰还是批评，或者是重要的情况通报，

都必须是真实的,在写作时要认真核实情况,不能有任何艺术的加工,应做到通报事例准确无误。否则,可能影响发文机关的威信,不能发挥通报应有的现实作用。

③倾向性。通报不仅要把事实清楚地表述出来,而且要表明发文机关的态度。表彰通报,要表扬激励先进,号召学习先进;批评通报,要严肃批评错误,告诫人们吸取教训,引以为戒。

3)通报的种类

①表彰性通报。表彰性通报主要用来表彰先进,介绍单位或个人成功的经验、做法,以学习先进,见贤思齐,改进与推动工作。

②批评性通报。批评性通报用来批评后进,纠正错误,打击歪风,指出有关单位或个人存在的错误事实,提出解决办法或处理意见。

4)通报的写作格式和要求

通报由标题、主送单位、正文、发文机关和日期组成。

标题。由发文机关、事由、文种或事由、文种构成。如《国务院关于一份国务院文件周转情况的通报》《关于人大建议政协提案办理情况的通报》等。

正文。表彰性通报和批评性通报一般分为三部分:①引据为主要事实。表彰性通报要突出主要先进事迹,批评性通报要抓住主要错误事实。②主体为分析指出事例的教育意义。表彰性通报,有在阐述先进事迹的基础上,提炼出主要经验、意义和值得学习与发扬的精神。批评性通报要分析错误的性质、危害,产生的根源和责任,指出应吸取的主要教训等。③结尾为希望、号召。表彰性和批评性的通报,应写明组织结论与予以表彰或处理的决定,同时提出对表彰或批评对象与读者的希望、号召。为了防范和杜绝类似错误发生,批评性通报的结尾处,通常要有针对性地提出防范的措施或规定。传达性通报一般不写决定要求。传达性通报的正文有两种形式:一种只对有关事实做客观叙述;另一种还对有关情况加以分析说明,有时还针对具体问题提出应采取何种对策的指导性意见。

落款。在正文右下方标明发文机关名称,加盖印章,写明发文日期。

实例:

教育部办公厅关于
山东湖南黑龙江三起中小学生溺亡事故的紧急通报

各省、自治区、直辖市教育厅(教委),新疆生产建设兵团教育局:

2012年6月9日,山东省莱芜市莱城区杨庄中学7名初三学生结伴在莱芜汇河下游游泳时溺水身亡;湖南省邵阳市隆回县桃洪镇文昌村5名小学生在桃洪镇竹塘村向家山塘游泳时溺水身亡;黑龙江省哈尔滨市呼兰区方台镇7名学生在松花江边游玩时,4人溺水身亡。同一天中16名学生溺水死亡,令人十分痛心。

需要注意的是:今年以来的中小学生溺水死亡事故,多发生在周末、节假日或放学后;多发生在农村地区;多发生在无人看管的江河、池塘等野外水域;多发生在学生自行结伴游玩的过程中,有的是结伴下水游泳溺亡,有的是为救落水同伴致多人溺亡;多发生在小学生和初中生中,男生居多。

学生生命安全高于一切。各地各校要认真贯彻落实《教育部办公厅关于预防学生溺水事故切实做好学生安全工作的通知》(教基一厅〔2012〕7号)要求,全面而有针对性地做好防止学生溺水的各项工作。针对当前问题,现补充要求如下:

一、立即召开专门会议。通报近期中小学生溺水事件,对进一步作好防止学生溺水工作进行部署。省级教育行政部门召开会议要覆盖所有地市、区县和每一所中小学校;每一所学校要开会传达会议精神到每一个老师、每一名学生及其家长。

二、立即组织印发《致家长的一封信》。各级教育部门要组织、指导、督促每一所中小学校给每一名学生家长印发《致家长的一封信》,通报最近发生的中小学生溺水事件,告知家长必须承担起监护人责任,切实增强家长的安全意识和监护意识。特别要提醒、督促家长在暑期、节假日、周末和放学后加强对学生的安全教育和监管,坚决避免溺水等安全事故的发生。

三、立即开展全面排查。各地要就贯彻落实教基一厅(教基一厅〔2012〕7号)文件的情况立即部署开展检查。要细化检查内容,突出检查重点,及时整改隐患。通过检查,要达到强化安全意识,落实防范措施,消除安全隐患,防止溺水事故的目的。请于 6 月 20 日前将贯彻落实和检查整改的情况报我部。

教育部办公厅（章）

二〇一二年六月十日

简析点评：

这是一则批评性通报。教育部办公厅针对中小学学生的安全状况在教育系统内给予了通报，对出现的安全状况敲响了警钟，并且提出了整改要求。正文引据对缘由的叙述清楚、完整。主体的要求和部署可行、具体、得当。结尾结合事情的具体情况省掉，全文显得简明扼要、干净利落。

5.4.7　议　案

1）议案的含义

所谓议案是按照法定程序，政府向国家的立法机关提出需要审议、通过的重大事项。作为行政公文文种的议案，指各级人民政府按照法律程序，向同级人民代表大会或人民代表大会常务委员会提请审议的属于本级人大范围内的重大事项。

2）议案的特点

议案一般涉及重大问题，具有如下特点：

①政治性。国家机关提出的议案都是建立在国家的根本政治制度基础之上的。国家行政机关都是通过人民代表大会产生，并对它负责，受它监督。这些提出的议案正是对权力机关负责，并受其监督的重要表现。

②可行性。议案的内容不但应是本级人民代表大会职权范围内的重大事项，而且也应是近期能够办到的。显而易见，超越本级人民代表大会职权范围的议案是没有可行性的。

③民主性。议案的审查、审议和表决是通过人民代表大会的民主程序进行的，表决通过后的议案是民主决策的体现。

④权威性。议案一经表决通过，就具有法律强制力和约束力，有关部门、单位和个人都必须遵照执行。

3）议案的种类

议案按照不同标准划分，有以下种类：

按照议案内容和性质来划分，有立法议案、事项议案、机构设立议案、任免议案、条约议案。

①立法议案。立法议案是各级政府制定适合本地区法律的重要途径，也是人大或者人大常委会具体履行自己的职权的体现。

②事项议案。这里的事项是指在本行政区影响重大的事项，一般都是关系到本地区大局和本地区稳定的事项。

③机构设立议案。政府机构的设立、合并和撤销必须通过同级人大或者人大常委会的审议和批准。

④任免议案。国家机关重要的公职人员职务任免，必须经过人大或者人大常委会的审议和批准。

⑤条约议案。政府签署的各种条约、议定书、公约的草案必须提交人大或者人大常委会审议和批准。

4）议案的写作格式与要求

国家机关提出的议案，必备的构成项目有发文机关、发文字号、标题、主送机关、正文、发文机关、印章、成文时间，必要时带有附件。其中标题的写法是"发文机关名称＋案由＋文种"。个人提出的应该审议的事项，应该选择提案而不是议案，其必备的构成项目有标题、主送机关；正文、落款署名、成文时间，必要时带有附件。其中标题的写法是"发文机关＋事由＋文种"构成。

议案正文包括案由、案据和方案三个要素。

①案由。案由即事由，就是这个议案里需要审议的是什么事，什么问题。案由的写法一般有三种情况：一是简单具体的案由。标题中已作了完全概括的，正文开始重提一下即可；如果标题中对案由概括得不够周密，正文开始要简要地写明确；二是较为复杂的事由。正文一开始就要抓住关键和重点简明扼要地写出来；三是所涉及的范围很广泛的案由。正文一开始就要概括出几个方面或几个问题，提纲挈领地写出来。

②案据。案据也包括交代提出本议案的原因、目的，主要的还是要写明提出本议案的依据。可资作为案据的，或是国家方针、政策精神，或是法律、法规、规章的规定，或是改革开放的要求，或是社会主义市场经济的发展需

要,或是存在的严重问题,或是已发生的严重事实,或是广大人民群众的殷切愿望和强烈要求等。这一部分是议案立案的凭证,所依据的事实必须与政策、法律相吻合,写得既要全面又要概括,切不可事无巨细兼容并蓄,又不可因主要事实复杂而评述。如遇有复杂或需要详述的事实,可作为有关材料附后。

③方案。方案是指具体意见、办法、措施、规划。这部分要写得明确肯定,如果需要提出成套的方案,不必在正文中一一列出,而应将该方案的草案附于文后。

5)几种议案正文的具体写法

(1)立法案、法律修正案和废止案

①立法案。立法案的正文一开始要提出案由,点明立什么法。接着写案据,主要说明制定本法律、法规、规章的理由和依据。依据要切实,理由要充分,要充分说明制定本法的必要性。最后是方案部分,一般要说明本法的主体框架,由哪些部分组成,有多少条款等。正文之后应当附有本法的草案。

②修正案。法律修正案的案由、案据的写法与立法案的写法相同。最后方案部分要写明主要修正什么地方。对于重要而又重大的修正,也应简要说明修正的理由,但不能长篇大论。至于如何具体修正,文后应当附有法律修正草案。

③废止案。法律废止案,正文开头直接点明案由,写明提议废止何法。接下去写案据,申明废止的理由。理由是多种多样的,或因法律过时,已不适用;或因有悖于国家新制定公布施行的某个法律等。最后在方案部分提出意见,或提请立即废止并建议组织制定相应的新的法律、法规、规章;或提出因为什么从稍晚什么时候废止;或提出本法废止后,涉及原法相关事项如何办理等。

(2)任免案

这类议案的正文,首先就写明任免的对象,即案由。接下去写明任免的案据。任免的理由:因工作变化、因工作严重失误、因玩忽职守、因办事不公、因违犯法纪等,直接提请任免的事项。

实例：

<h2 style="text-align:center">国务院关于提请审议批准
《中华人民共和国和俄罗斯联邦关于中俄国界西段
的协定》的议案</h2>

全国人民代表大会常务委员会：

《中华人民共和国和俄罗斯联邦关于中俄国界西段的协定》已由国务院副总理兼外交部长钱其琛和俄罗斯外交部长科济列夫于 1994 年 9 月 3 日在莫斯科分别代表本国签署。

《中华人民共和国和俄罗斯联邦关于中俄国界西段的协定》是中俄双方以目前有关中俄边界的条约为基础，本着平等协商、互谅互让的精神，经过谈判达成一致的。经审核，该协定的各项条款是公平合理的，符合中俄边界的实际情况。该协定的签订，有利于中俄边界的稳定并将进一步促进两国关系的正常发展。

国务院同意《中华人民共和国和俄罗斯联邦关于中俄国界西段的协定》。现提请审议，并请做出批准的决定。

国务院总理　李　鹏
一九九四年十二月五日

简析点评：

这是一则简明、规范的立法议案。全文 300 余字就把案由、案据、方案交代得一清二楚。

5.4.8　报　告

1）报告的含义

报告是下级机关向上级机关汇报工作、反映情况、提出的意见或者建议，以及答复上级机关询问，以求得上级的指导和帮助的陈述性公文。报告属上行文，一般产生于事前、事后和事中。

报告应用相当广泛，它可以用于定期或不定期地向上级机关汇报工作，反映本部门、本单位贯彻执行各项方针、政策、批示的情况，反映实际工作中遇到的问题，为上级机关制定方针、政策或者作出决策、发指示提供依据；也可以用来向上级机关陈述意见、提出建议，针对本地区、本单位、本部门带有普遍意义或倾向性的问题，提示解决的途径，为上级机关当好参谋；还可以用于答复上级机关的询问，使上级机关在全面掌握情况的基础上，准确、有效地指导工作。

在日常公务活动中，一些行政机关单位尤其是企事业基层单位，往往把"报告"与"请示"相混淆。它们的区别在于：

①性质不同。报告是陈报性公文；请示是呈批性公文。

②行文目的不同。报告的目的在于汇报工作，反映情况，提出意见和建议，回答上级机关询问，以便上级机关了解本单位情况，从而有针对性地予以指导；而请示的目的是为解决某一问题，就某一问题求得上级机关指导、帮助或批准。

③行文时间不同。报告可在工作的事前、事中和事后行文；而请示则必须在事前行文，不得先斩后奏。

④事项的多少不同。报告的事项可以是一件，如专题报告，也可以是多件，如综合报告；而请示的内容必须遵循"一文一事"的原则。

⑤答复的形式不同。报告不要求上级机关回复；而请示则要求上级机关及时答复，其答复的形式为批复。

2) 报告的特点

①行文的单向性。报告是下级机关向上级机关行文，旨在为上级机关提供情况，不需要受文单位批复，属单向行文。

②表达的陈述性。报告用于汇报工作、反映情况，具体地陈述本部门、本单位贯彻执行各项方针、政策的情况，某一阶段做了哪些工作，怎样开展的，取得了哪些成绩，存在什么问题，表达手法是叙述还是说明。

3) 报告的分类

根据性质的不同，报告可分为综合报告和专题报告两种；根据时间期限的不同，可分为定期报告和不定期报告两种；根据内容不同，可分为工作报告、情况报告、建议报告、答复报告和递送报告等。

需要说明的是，有些专业部门使用的报告文书，例如"调查报告""审计报告""咨询报告""立案报告""评估报告"等,虽然标题也有"报告"二字,但其概念、性质和写作要求与行政公文中的报告不同,不属于行政公文范畴,不应与之混淆。

按内容划分的几种报告:

①工作报告。工作报告是向上级机关或重要会议汇报工作情况的报告,它主要用于总结工作,反映某一阶段、某个方面贯彻落实政策、法令、批示的情况。

②情况报告。情况报告是用于向上级反映工作中的重大情况、特殊情况和新动态等的报告。这种报告便于上级机关根据所报告的情况及时采取措施,指导工作。

③建议报告。建议报告是指根据工作中的情况动向和存在问题向上级机关提出具体建议、办法、方案,是一种让相关单位贯彻、执行的方案。

④答复报告。答复报告是针对上级机关向下级机关提出询问或要求,经过调查研究后所作的陈述情况或者回答问题的报告。

4)报告的写作格式与要求

报告一般由标题、主送机关、正文和落款组成,其各部分的格式、内容和写法要求如下:

①标题。报告的标题常见的形式有两种,一种是由发文机关、事由和文种构成,如《××部关于××抗灾救灾工作情况的报告》;另一种是由事由和文种构成,如《政府工作报告》。

②主送机关。报告的主送机关一般是一个,如果是多个单位需要呈送,可以用抄送的形式处理。

③正文。报告正文的结构一般由引据、主体和结尾等部分组成。

引据。引据主要交代报告的缘由,概括说明报告的目的、意义或根据,然后用"现将××情况报告如下:"一语转入主体。

主体。主体是报告的核心部分,用来说明报告事项,它一般包括两方面内容:一是工作情况及问题;二是进一步开展工作的意见。

在不同类型的报告中,正文中报告事项的内容可以有所侧重。工作报告在总结情况的基础上,重点提出下一步工作安排意见,大多都采用序号、小标题区分层次。建议报告的重点应放在建议的内容上,也可以采用标序列述的方法。答复报告则根据真实、全面的情况,按照上级机关的询问和要求回答问题,陈述理由。递送报告,只需要写清楚报送的材料(文件、物件)的名称、数量即可。

结尾。根据报告种类的不同一般都有不同的程式化用语,应另起段来写。工作报告和情况报告的结束语常用"特此报告";建议报告常用"以上报告,如无不妥,请批转各地执行";答复报告多用"专此报告";递送报告则用"请审阅""请收阅"等。

④落款。落款一般包括署名和成文时间两项内容。

一般情况下,要求在右下方署上机关单位,在其下写明年、月、日并加盖单位公章。

5)撰写报告应注意的问题

①严格使用文种,尤其应当注意不要与请求混用。报告事项不得夹带请示事项,否则会因"报告"不需批复而影响请示事项的处理和解决。切忌将报告提出的建议或意见当作请示,要求上级指示或批准。

②材料要真实。向上级机关汇报工作应该本着实事求是的态度,如实汇报。无论是成绩还是失误,都应该全面、真实地反映,不能只报喜不报忧,也不能夸大和虚构。上报的公文应该在调查研究、全面掌握本单位情况的基础上撰写。

③主旨鲜明。报告的内容一般涉及的面宽而且复杂,很容易写得篇幅较长而又重点不够突出,形成泛泛而谈。这就要求在撰写时,力求写得观点鲜明,条理清楚、简洁、深刻。写综合报告应注意抓住重点,突出主要矛盾和矛盾的主要方面,在此基础上列出若干观点,分层次阐述。说明观点的材料要详略得当,以观点统领材料。专题报告,要一事一报,体现其专一性,切忌在同一专题报告中反映几件各不相干的事项和问题。

实例:

卫生部关于开展强化免疫活动消灭脊髓灰质炎的报告

国务院:

脊髓灰质炎俗称小儿麻痹,是一种不能有效治疗,却可用疫苗彻底预防的急性传染病。为实现《九十年代中国儿童发展规划纲要》规定的××年消灭脊髓灰质炎的目标,国家决定开展强化免疫活动。现将有关情况报告如下:

一、自我国开展计划免疫工作以来,脊髓灰质炎疫苗接种率提高,发病率显著下降,取得了可喜的战绩。

二、在冬季,脊髓灰质炎病毒传播能力最弱。

为此,决定从现在起至××年一月期间,每年的十二月五日和一月五日,对全国四岁以下儿童各加服一次疫苗。

以上意见如无不妥,请批转各地区、各部门执行。

卫生部

××年×月×日

简析点评:

这是一则建议报告。报告正文首先简要阐明了问题的重要性,目前取得的成绩,并提出了两项具体建议。报告建议逐条列出,详细具体,确切明了。该类结尾必须以"以上报告如无不妥,请批转各地。"收束全文,让上级机关知晓行文者的诉求。该文行文简洁,思路周密。

5.4.9 请 示

1)请示的含义

请示是下级机关向上级机关请求指示和批准的公文文种。请示主要用于:在实际工作中,遇到缺乏明确政策规定的情况需要处理;工作中遇到需要上级批准才能办理的事情;超出本部门职权之外,涉及多个部门和地区的事情,请示上级予以指示。

2)请示的特点

请示和报告既有相同之处,又有区别。请示是会得到答复的公文。

3)请示的种类

请示按目的可分为批准性请示和呈转性请示两类。

①批准性请示。批准性请示内容比较简单、具体,往往是对一些实际事项的请求。请示被批准后,执行机关范围也比较小,常常就是请示单位自己。

②呈转性请示。呈转性请示,请示事项较为重大复杂,不但需要上级批

准,还需要上级批转。

呈转性请示和呈转性报告的区别主要有两点:呈转性请示不但要求上级批转,而且一定要有复文;呈转性报告虽也要求上级批转,但不要求上级复文;呈转性请示里要求批转的意见往往是较具体的作法、措施;呈转性报告里要求批转的意见往往是较原则、较概括的政策性意见。

批准性请示和呈转性请示也有较大区别,不仅是要求目的上的区别,而且在执行范围上也有区别。批准性请示执行范围较窄,一般就是请示单位自己;呈转性请示执行范围较宽泛,往往不仅是请示者的本单位,而且还要包括其他很多有关单位共同执行。

4)请示的写作格式与要求

(1)批准性请示的写作格式与要求

批准性请示的正文一般由三部分组成:请示缘由、请示主体、请示结尾。

请示缘由是文章的开头部分,常是导语式的,要扼要地讲明请示的背景和根据。因为是要得到上级机关的批准,所以,请示一定要把请示的理由写充分,否则不会得到上级机关的批准。一般来说,应该围绕问题的重要性、紧迫性、必要性来写。

请示内容是请示的主体部分,要写得具体,条理清楚,说服力强。请示内容包括提出请示事项和要求。提出请示事项要详细,要求要清楚,不能含混不清。只有这样才能使有关领导心中有数,易下决心。

请示的结尾部分一般是另起一行空两格书写,请示结尾语气要谦恭。请示结尾的通常写法是:"特此请示,请审批""以上意见当否,请指示""特此请示,请批复"等。

(2)呈转性请示的写作格式与要求

呈转性请示的正文一般由三部分组成:请示引据、请示主体、请示结尾。

请示引据和批准性请示的写法基本相同,只不过有时语气较批准性请示更为庄重一些,由于这种请示批准转发后带有指导性,所以有时理由交代得要较详细,以期更加引起领导重视。

请示主体一般都是请示单位的设想和建议。主体提出请示事项和阐述说明道理这两条,缺一不可。阐释道理时,可采取引用理论根据或摆明事实根据两种写法。呈转性请示内容部分在书写时要更注意条理分明、方案要可行。

请示结尾,呈转性请示结语也要另起一行空两格书写,写法与批准性请示结尾略有不同,通常写法是:"以上请示,如无不妥,请批转各地贯彻执行"。

在写请示时,应当注意以下一些事项:要坚持一文一事;请示事项必须明确、具体、可行;不要搞多头请示,其他确需了解请示事项的领导机关或领导人,采取抄报形式处理。如是受双重领导的机关,也应根据请示内容,择送一处领导机关,由主送机关答复请示的问题,对另一领导机关采取抄报形式;一般不得越级请示。请示不要直接送领导者个人,也不得在上报请示的同时抄送平级和下级机关。

实例:

宁波市江东区规划局关于追加有关工作经费的请示

宁波市江东区人民政府:

随着宁波市"六个加快"战略的实施和海洋经济的加快发展,我局今年新增工作任务较多,考察调研、会议等费用有所增加,由于年初没有这些工作经费的预算,因此目前2014年度工作经费出现了一定缺口。拟申请追加工作经费35万元(含"六个加快"领导小组办公室工作经费、海洋经济发展工作经费、2014年经济社会发展思路调研工作经费、《现代化核心城区指标体系研究》课题经费以及年度专家咨询会会议和活动经费等)。特请区政府批准,并同意该项资金的拨付。

妥否,请批复。

二〇一四年十一月九日(章)

简析点评:

这是一则批准性请示。本则请示首先简要说明了请示该项资金的必要性、紧迫性、重要性,并对该项资金用途、范围作了具体的说明。最后用请示的专用语结尾。全文简短、层次分明,理由较充分,格式合规。

5.4.10 批 复

1）批复的含义

批复是答复下级机关请示事项时所使用的公文,是领导机关对下属部门请示的重大事项的答复,是与请示相对应的公文。批复的主送机关就是请示的发文机关。

2）批复的特点

①权威性。批复发自上级机关,代表着上级机关的权力和意志,对请示事项的单位有约束力,特别是那些关于重要事项或问题的批复,常常具有明显的法规作用。

②针对性。凡是批复,必须是针对下级机关请示事项而发,内容单纯,针对性强。

③指示性。批复的目的是指导下级机关的工作,因此批复在表明态度以后,还应当概括地说明方针、政策以及执行中的注意事项。

④被动性。批复是针对下级机关的请示而发的公文,只有接到请示才能使用批复,不能主动发文,因而具有被动性。

⑤原则性。批复下级机关请示事项应当简明扼要,只作原则性的批示,不作详细的、具体的阐述。

3）批复的种类

按内容涉及的范围,批复可分为:工作问题的批复、政策问题的批复;按内容性质,批复又可分为:解释政策的批复、批准请示事项的批复。

4）批复的写作格式与要求

（1）标题

批复的标题一般由发文机关、发文事由、发文文种三部分构成。例如:《国务院关于同意开放××航空口岸的批复》。

（2）正文

批复的正文一般由三个部分组成:

　　①引据。批复的引据与其他文种不一样,它往往是"请示的标题+请示的发文字号(用括号括起来)+收悉"构成。其原则是:先引标题再引发文字号,不能颠倒。一般不能只引述请示的来文日期或者请示发文字号或者请示的标题。

　　②主体。这部分应针对下级机关请示的事项,表示同意与否的态度。如果不同意请示的要求,批复一定要简单说明不同意的理由。答复请示事项针对性要强,答复要明确具体,简明扼要,表达要准确无误。

　　③结尾。结尾是批复正文的最后部分,它的写法有三种:第一种是提行写"此复"或"特此批复";第二种是写希望和要求,给执行请求事项的答复指明方向;第三种是秃尾,就是请示事项答复完毕就告结束,此种结尾方法使用的频率越来越高。

　　要写好批复还应注意以下几点:第一,要核实请示缘由的真实性,研究请示所提意见或建议的可行性,有些情况应先作调查研究;第二,凡请示事项涉及其他部门或地区的问题,批复前都要与其协商,取得一致意见;第三,及时批复,以免贻误工作。对不按行文的正常渠道办理或一文多头的请示,应予以纠正,以免误事。

实例:

教育部关于同意设立
北京工业大学北京—都柏林国际学院的批复

北京工业大学:

　　你校于 2012 年 3 月经北京市人民政府报来与爱尔兰国立都柏林大学合作设立北京工业大学北京—都柏林国际学院的请示文件收悉。

　　根据《中外合作办学条例》及其实施办法的有关规定,经研究,现就有关事项批复如下:

　　一、批准设立北京工业大学北京—都柏林国际学院,其英文译名为Beijing-Dublin International College at BJUT。

　　二、合作设立北京工业大学北京—都柏林国际学院的中外合作办学者为你校和爱尔兰国立都柏林大学。办学地址为北京市朝阳区平乐园 100 号。

　　三、北京工业大学北京—都柏林国际学院为不具有法人资格的中外合作办学机构,由你校依法进行管理,并依法开展教育教学活动。

四、北京工业大学北京—都柏林国际学院的发展规模为 4 400 人。

五、北京工业大学北京—都柏林国际学院主要实施本科高等学历教育。招收学生应当纳入全国普通高等学校招生计划,在你校年度招生规模内统筹安排,自 2012 至 2016 年每年招生一期,每期 1 100 人,参加国家规定的统一入学考试,按照国家有关规定录取,根据本科学制进行培养,并根据国家有关规定颁发相应的学历证书,学制 4 年。北京工业大学北京—都柏林国际学院招收境外学生,按照国家有关规定办理。

六、你校应当依照国家有关规定,为北京工业大学北京—都柏林国际学院毕业生颁发中国相应的学位证书。满足相关学术标准的学生,可由爱尔兰国立都柏林大学授予相应学位。

七、北京工业大学北京—都柏林国际学院应当充分借鉴爱尔兰软件工程、物联网工程、金融学、统计学等学科先进的教育方法以及人才培养的模式和经验,努力培养上述领域的实用型专业人才。

八、北京工业大学北京—都柏林国际学院的收费项目和标准,依照国家有关政府定价的规定确定。

九、你校应当指导和监督北京工业大学北京—都柏林国际学院规范办学,努力完善学院内部治理结构和规章制度,并依法履行信息公开、财务社会审计、年度报告、备案核准以及接受评估等法律义务。尤其要明确北京工业大学北京—都柏林国际学院作为北京工业大学二级学院的属性,充分发挥管理委员会领导下的院长负责制在内部管理中的作用。

十、你校应当加强对北京工业大学北京—都柏林国际学院资产中国有资产的监督和管理。

十一、北京工业大学北京—都柏林国际学院的《中外合作办学机构许可证》编号为 MOE11IEA02DNR20121285N,有效期至 2020 年 12 月 31 日。所有办学活动应在此有效期限内完成,办学周期不得跨越此限,如需延期,应于招生有效期满前另行申报。

附件:1. 中外合作办学机构信息表(1285N)
　　　2. 中外合作办学机构许可证(正本和副本各一份)

中华人民共和国教育部(章)
二〇一二年七月二十日

简析点评：

中华人民共和国教育部针对北京工业大学筹建"北京工业大学北京—都柏林国际学院"的请示从行业的角度对建立该校的名称、校址、办学资质、招生人数、招生计划、学历证书、学制年限、学位授予、收费标准、开设专业、国有资产管理等方面予以了答复。全文针对性强、态度明确、答复具体、详略得当。批复的格式和表述符合国家机关行文的要求。

5.4.11 意 见

1）意见的含义

意见是用以对重要问题提出见解和处理办法的一种公文，一般是对某个重要问题研究和思考，进而提出改进措施和建设性意见而写成的一种书面文字材料，对下级机关（包括制定者自身）有约束力。近年来，各级机关不断运用它对下级指导工作、布置任务，受到了很好的效果。

意见，可以是下行文，也可以是上行文，还可以是平行文。下行文，如《国务院关于进一步做好退耕还林还草试点工作的若干意见》。上行文，部门或部门联合向政府上报意见请求政府批转执行的情况比较常见，一般与"请示"结合起来使用。平行文，使用的比较少，一般与"函"结合起来使用，例如《关于对××条例（草案）修改意见的复函》。

2）意见的特点

意见从目前的成文来看，概括起来有这样几个特点：

①建议性。意见是解决某些问题的建议、设想，有一定的预想性，并不是已成事实。它只能供领导机关讨论决定，因此，意见应有足够的事实依据，应有一定的理论根据，应注意言之成理，这样才有可能被采纳。

②可行性。意见建议必须建立在切实可行的基础上，应是当前主客观条件下有可能实现的，否则，意见本身看起来很好，但目前不具备实现的条件，没有可行性，这种意见也不会被采纳。

③现实性。现实性即它是现实工作中迫切需要解决的问题。作者经过调查研究，对某些问题提出解决的办法，有一定的指导意义，可以以书面形式写出来。

3）意见的种类

意见有多种。从呈送方向上分,有呈报上级机关的意见、给同级的意见和给下级的意见;从内容上分有综合性意见和专题性的意见。

4）意见的写作格式与要求

意见是由标题、正文、落款三部分组成。

标题。意见的标题可只写事由和文种。例如《关于 2003 年新产品开发工作的意见》;也可是发文机关+事由+文种。例如《安徽省人民政府关于加强公共卫生工作的意见》。

正文。正文由引据、主体结尾三部份组成。

引据一般说明提出意见的目的、依据或者针对具体的问题以缘由的形式说明部署该工作的意义、影响。

主体则明确地提出工作的任务、目标、原则、措施、办法和步骤。以小标题的形式还是以条款式形式写出则视具体情况来定。

结尾一般是提出希望、要求来结尾。

落款。落款一般是署名和发文年月日,写于正文右下方。

意见一般是根据现实工作、生活、学习中存在的重要问题而写的。要想写好意见,执笔人必须具有较高的政策理论水平,对问题的实质有一个深刻的认识和准确的把握,这样制定出的意见才既能上下保持一致,又能具有理论深度,对工作的开展、问题的解决具有较强的针对性和指导性。

实例:

四川省人民政府
关于进一步加强道路交通安全工作的实施意见

各市(州)、县(市、区)人民政府,省政府各部门、各直属机构:

为认真贯彻落实《国务院关于加强道路交通安全工作的意见》(国发〔2012〕30 号)精神,结合我省实际,现就进一步加强和改善全省道路交通安全工作提出以下实施意见。

一、强化道路运输企业安全管理

(一)道路运输企业准入管理。交通运输部门要围绕"三关一监督"安全工作职责,加强源头管理,严格市场准入,建立和完善道路运输市场准入和退出机制。严格审查新申请的运输经营业户和企业的安全生产管理制度及安全生产条件,对达不到要求的,坚决不予许可进入运输市场。

(二)推行规范化客货运组织方式。鼓励道路旅客运输企业实行规模化、公司化经营和管理,鼓励道路运输货运企业兼并重组,推进以甩挂运输为重点的先进货运组织方式,积极培育集约化、网络化经营的货运龙头企业,逐步减少货运个体经营者,改变货运市场经营主体散、小、弱的状况。严禁道路运输客运车辆、危险货物运输车辆挂靠或变相挂靠经营。

(三)积极推进道路运输企业安全生产管理体系和服务质量信誉考核建设。要将服务质量信誉考核、安全生产状况评估考核结果与客运线路经营许可(含客运线路招投标)、运力投放等挂钩,与保险费率挂钩,与银行信贷挂钩,不断完善企业安全管理的激励约束机制,加强行业互助,提高企业抗风险能力。

二、落实运输企业安全生产主体责任

(四)落实运输企业安全生产主体责任。运输企业是安全生产的责任主体,运输企业法人代表、主要负责人和实际控制人是安全生产第一责任人,运输企业必须严格遵守和执行安全生产法律法规、规章制度及技术标准,加强安全生产,加大安全投入,健全安全管理机构,加强车辆、驾驶员管理,夯实安全基础。

(五)加强安全生产标准化建设。……

三、加强客运安全管理

(六)严格长途客运安全管理。……

(七)加强旅游包车安全管理。……

(八)严格客运站源头管理。……

四、加强和改进机动车驾驶人培训管理工作

(九)严格驾驶人培训考试。进一步完善机动车、拖拉机驾驶人培训大纲和考试标准,严格考试程序,推广应用科技评判和监控手段,强化驾驶人安全、法制、文明意识和实际道路驾驶技能考试。机动车驾驶人培训机构要加强对大中型客货车驾驶人在夜间驾驶、低能见度气象条件下驾驶的培训,配备的驾驶模拟器等设施设备应适合大中型客货车驾驶人进行模拟高速公路、连续急弯路、临水临崖、雨天、冰雪或者湿滑路、突发情况处置等方面的培训要求。公安部门要按要求确定有山区、隧道、陡坡、模拟高速公路等道路的驾驶培训和考试路线。交通运输、公安和教育部门要积极探索将大中型客车驾驶人培训纳入国家职业教育体系的有效方式,开展对大中型客车驾驶人集中进行培训和考试的试点,鼓励利用社会化资源,在有条件的地区建立考试中心和经营性驾驶教练场地,对大中型客车、牵引车驾驶人集中进行培训和考试。实行交通事故驾驶人培训质量、考试发证责任倒查制度。

（十）严格驾驶人培训机构监管。……

（十一）加强客货运驾驶人安全管理。……

五、加强车辆安全监管

（十二）加强机动车安全管理。……

（十三）加强危险货物运输安全管理。……

（十四）加强车辆动态监管。公安、交通运输部门要督促道路运输企业运用卫星定位装置加强车辆运行监管,推进客运车辆运行监控的分段限速管理工作。重型载货汽车和半挂牵引经营业户应按规定安装使用具有行驶记录功能的卫星定位装置,并接入公共监管平台。交通运输部门要积极探索重型载货汽车和半挂牵引车的卫星定位系统监控方式,强化车辆的动态监控。公安、交通运输部门要依托四川省物流公共信息平台,实现货运车辆信息的实时互换和充分共享,形成监控监管的合力。贯彻落实《校车安全管理条例》,按照部门分工落实校车安装和使用具有行驶记录功能的卫星定位装置,进一步加强校车安全管理工作。

（十五）强化拖拉机安全监管。……

（十六）强化电动自行车安全监管。……

（十七）积极开展"安全带—生命带"专项行动。公安、交通运输部门要积极开展"安全带—生命带"专项行动,督促客运企业对通行高速公路的客运车辆安全带配置情况进行全面检查,对未按规定安装座椅安全带的客运车辆,要及时进行安装改造,2012 年底前,对通行高速公路的客运车辆应全部改造安装完毕。要在客运站和客运车辆上粘贴宣传画册,积极引导旅客在客车行驶过程中自觉佩戴安全带。客运站要对客运车辆乘客佩戴安全带的情况进行全面督查,确保乘客佩戴安全带出站。

六、提高道路安全保障水平

（十八）加强道路交通安全设施建设。……

（十九）推行重大道路交通安全隐患排查治理挂牌督办制度。……

七、加强农村道路交通安全管理力度

（二十）强化农村道路交通安全基础建设。……

（二十一）加强农村道路交通安全监管。……

八、强化道路交通安全执法

（二十二）严厉整治道路交通违法行为。……

（二十三）切实提升道路交通安全执法效能。……

（二十四）整合道路交通管理力量和资源，建立部门、区域联勤联动机制，实现监控信息等资源共享。……

九、深化道路交通安全宣传教育

（二十五）……

十、严格道路交通事故责任追究

（二十六）建立道路交通事故奖惩制度。……

（二十七）……

（二十八）……

十一、强化道路交通安全组织保障

（二十九）加强道路交通安全组织领导。……

（三十）落实部门管理和监督职责。……

（三十一）完善道路交通安全保障机制。强化政府投资对道路交通安全投入的引导和带动作用，建立健全各级人民政府、企业和社会共同承担的道路交通安全长效投入机制，不断拓展道路交通安全资金保障来源。公安、交通运输部门要根据道路里程、机动车增长等情况，相应加强道路交通安全管理、交通行政执法力量建设，建立适应交通安全管理和交通行政执法的人员配置、装备、业务经费等警务保障机制。

（三十二）完善道路交通事故应急救援机制。各级人民政府要进一步加强道路交通事故应急救援体系建设，完善应急救援机制，健全公安消防、卫生等部门联动的省、市、县三级交通事故紧急救援机制，依法加快道路交通事故社会救助基金制度建设。

四川省人民政府（章）

二〇一三年一月二十五日

简析点评：

四川省人民政府（川府发〔2013〕8 号）关于交通安全的实施意见是一份在全省加强交通安全工作的指导性文件。意见以条款式的形式从十一条三十二款分别阐述了加强全省的交通安全意义、重要性、要求、实施原则等。全文语言得体、条理清楚，主旨明确。

5.4.12 函

1)函的含义

函是隶属和不相隶属机关之间相互商洽工作、询问和答复问题所拟写的平行公文。这些机关包括隶属的上级、下级、平级之间的行文,也包括不相隶属的上级、下级、平级之间的行文。

函的使用范围广泛,涉及各方面的公务联系。不相隶属机关之间商洽工作:如《关于请支持和协助长影拍摄新片的函》(吉林省政府办公厅致函天津市政府办公厅);询问问题:如《国务院法制局关于征求对〈森林法(修改草案)〉修改意见的函》;答复问题:如《吉林省人民政府办公厅关于报送〈森林法(修改草案)〉修改意见的复函》;请求批准:如《吉林省人民政府关于申请向日本出口稻草的函》(主送国家出入境检验检疫局);答复审批事项:如《国务院办公厅关于香港特别行政区政府在北京设立办事处的复函》。"函"适用于答复审批事项是这次发布的《办法》新增加的。

2)函的特点

函属于商洽性公文,它在行政管理工作中虽不具有指挥、指导和传达作用,但它可以用来陈述情况、告知事项,因而具有桥梁、纽带和凭证作用。因此,它在公务活动中有着其他文种不可替代的作用。函具有以下几项特点:

①内容的针对性。无论是去函还是复函,其内容都具有极强的针对性。去函必须以所要问的或要求对方解决的问题作为主要内容,有针对性地函请对方予以答复或帮助解决。而复函更要针对来函提出的问题或事项给予明确答复。

②行文的多向性。一般公文只有一个行文方向,或上行,或下行,或平行。而函既可以为上行文,报上级机关;也可以为下行文,发给下级机关;还可以为平行文,送给平级机关或者不相隶属的机关。

3)函的种类

函的类型很多,根据不同的标准,可以划分出不同类型的函。这里主要介绍两种不同标准的分类法:

（1）根据函的格式之不同分为公函和便函两种

①公函用于机关单位之间较为正式的公务活动往来。比如相互之间商洽、询问、答复工作中较为重要的问题，或请求主管部门批准某些事项，均应用公函。公函具有较完整的公文格式，属于正式公文，一般采用带文头的正式公文用纸并编排文号。

②便函则多用于处理一般事务性工作，它不属于正式公文，不编文号，不列标题，用机关信笺直接书写并加盖公章即可发出。

（2）根据行文方向之不同分为去函和复函两种

①去函是为商洽工作、询问事项，主动给其他机关发函。受文机关往往将这种函称为来函。

②复函则是答复对方来函中有关事项的函，为被动行文。

另外，根据函的内容和用途之不同，还可以将函分为商洽函、询问函、告知函、催办函、请求批准函、答复事宜函、委托代办函、报送材料函，等等。

4）公函的写作格式与要求

公函包括标题、主送机关、正文、发文机关、日期等。

标题。标题一般由发文机关、事由、文种或事由、文种组成。一般发函为《关于××（事由）的函》；复函为《关于××（答复事项）的复函》。

正文。正文一般区分是来函还是复函，如是来函则应在引据部分说明来函的缘由或者目的和依据；如是复函则直接以"×年×月×日来函收悉"形式说明。主体部分则根据是去函还是复函直接告知对方要求事项或者答复事项。结尾是去函则用"特此商洽""特此函告""敬请大力支持为盼"等结尾语，是复函则使用"特此函告""特此复函""特此函达"作为结尾语。

公函在写作是要求一函一事，切忌一函数事。公函写作要体现平等坦诚的精神，文字恳切得体、简洁朴实，用语谦和有礼，切不可盛气凌人。

实例1：

卫生部关于通报食用燕窝亚硝酸盐临时管理限量值的函

工业和信息化部、农业部、商务部、工商总局、质检总局，食品药品监管局，国务院食品安全办：

为确保燕窝食用安全,根据《食品安全法》及其实施条例,我部组织开展了食用燕窝亚硝酸盐风险评估,制定了食用燕窝亚硝酸盐的临时管理限量值,现通报如下:

食用燕窝亚硝酸盐临时管理限量值为 30 毫克/千克,自即日起实施。

中华人民共和国卫生部(章)

二〇一二年二月二十八日

简析点评:

这是一则卫生部《关于通报食用燕窝亚硝酸盐临时管理限量值的函》(卫监督函〔2012〕62 号)的来函。正文引据说明行文告知内容的根据,主体直截了当地告知实施标准和实施时间。行文得体,表意明确。

实例 2:

卫生部办公厅关于蛋清粉使用问题的复函

中国食品工业协会:

你协会《关于蛋清粉作为澄清剂在葡萄酒生产中使用是否属于食品添加剂管理范畴的请示》(中食协〔2012〕36 号)收悉。经研究,现答复如下:

蛋清粉(蛋清蛋白粉,鸡蛋白粉)属于普通食品,可以在葡萄酒及果酒生产中使用,不作为食品添加剂管理。

专此函复

二〇一二年三月十二日(章)

简析点评:

这是一则卫生部对中国食品工业协会的复函。正文的引据规范、具体,主体的答复明确、清楚、简洁,结尾合规得体。

5.4.13 会议纪要

1）会议纪要的含义

会议纪要是根据会议记录和其他有关会议材料加工整理而成的,供与会单位、部门贯彻、遵守、执行、记载的书面公文。

2）会议纪要的特点

①概括性。会议纪要是在对会议中各种材料、与会人员的发言以及会议简报等,进行综合分析和概括提炼基础上形成的,它具有整理和概括的基本特点。

②指导性。指导性包含两层含义:一是会议本身的权威性;二是会议纪要集中反映了会议的主要精神和决定事项。因而纪要一经下发,将对有关单位和人员产生约束力,起着类似于指示、决定或决议等指挥性公文的作用。会议纪要还可以作为与会同志向单位领导汇报、向群众传达的文字依据。

③资料性。一些会议纪要主要不是为了贯彻执行,而是向上汇报或向下通报情况,必要时可作查阅之用。

3）会议纪要的种类

按照会议性质来分,会议纪要大致有办公会议纪要、专题会议纪要、联席(协调)会议纪要、座谈会议纪要等。

其中,专题会议纪要是专门记述座谈会讨论、研究的情况与成果的一种会议纪要。其主要特点是主题的集中性与观点意见的分呈性相结合,既要归纳比较集中、统一的认识,又要将各种不同观点和倾向性意见都归纳表达出来。

4）会议纪要的写作格式与要求

会议纪要一般分两大部分。标题和正文部分。

标题一般为:会议名称+文种或拟文机构+事由+文种。

正文的引据部分一般是概述会议情况:包括会议召开的时间、地点、出席人、列席人、主持人、缺席人、记录人以及到会人员的职务和议题、会议议程情况。

主体则是会议达成的共识，一般以"会议同意""会议认为""会议要求"或者以条款式形式列出来。

正文的结尾一般没有。

落款，如果不以文件的形式下发则没有落款，但是要签上记录人、主持人的名和成文时间；如果以文件的形式下发则要署名、盖公章、署成文日期。

会议纪要写作必须做到：

①真实可信。会议纪要应忠实于会议的基本精神，准确地反映会议的宗旨，真实地记载会议的实际情况。既不能主观臆测，随意添枝加叶，更不能胡编乱造，歪曲会议精神。

②集中概括。会议纪要应真正做到纪其"大要"，行文时就必须善于概括和提炼，善于分析与归纳，善于区分主与次，善于处理详与略。只有根据会议宗旨和总的情况进行集中概括，才能突出会议的重点，反映出会议的精神。如果不加概括，不加取舍，必然像记流水账一样，主次不分，拉杂琐碎，使人不得要领。

③条理清楚。会议纪要应有条有理，眉目清楚，让人一目了然。尤其是陈述会议要点或议决事项，更应分清层次，有条不紊；必要时可分条列项行文，以便于理解和执行。

实例：

××省财政厅第九次办公会议纪要

2015年3月2日，在省财政厅第一会议室召开第九次办公会议。与会者有×××厅长、×××副厅长、×××行政处长、×××办公室主任及各直属单位主要负责人。会议由×××厅长主持。

会上，由×××厅长传达了省政府《关于压缩行政经费的通知》精神。接着会议就如何按照《通知》精神，抓好行政费用的合理开支问题进行了热烈讨论。会议一致认为，既要切实做到勤俭节约，又不要影响正常行政开支及其他有关必要活动的开展。会议达成以下四点共识：

一、各处、各直属单位在本周内用两个半天时间，组织有关人员集中传达、学习《通知》精神，提高认识，统一思想。

二、各处、各直属单位利用下周政治学习时间向群众传达、宣讲，对全局机关工作人员普遍开展一次勤俭节约、艰苦朴素的传统教育。

三、各处、各分局责成有关人员根据《通知》的经费压缩指标,重新审查和修订本年度行政经费的开支预算,并于两周内报局长办公室。

四、各处、各分局的财务部门必须从严控制出差经费。

记录人:×××

主持人:×××

二〇一五年三月三日

简析点评:

这是一篇值得学习和借鉴的办公会议纪要,主要记载和反映了××省财政厅第九次办公会议的情况和有关议决事项。通篇而言,除结构完整、体式规范外,还具有以下两大特点:

一、介绍会议概况简明扼要,重点突出。交代了会议的时间、地点,以及会议的参加人员和主持者。然后用"会议达成以下四点共识"过渡语转入主体部分。并用"会议一致认为"这样的领起句,提示并明确了这篇纪要的主旨,以统摄下文。

二、陈述议决事项集中凝练,条理清楚。这篇纪要的主体部分所陈述的四点决议都是经作者高度概括、集中凝练而成的。它们不仅反映了会议的宗旨和内容,而且集中了与会者的一致意见,表述清楚,极有层次,极有条理,便于受文者一目了然和据以执行。

[本章小结]

通过本章学习,了解行政公文的概念、文体、特点、格式、种类和语言等有关基础知识,掌握 13 种行政公文的含义、特点、分类,较熟练地掌握常用公文的写作。

[基本概念]

版头　签发人　主送机关　发文字号　附件　引据　附注　抄送机关
呈转性公文　呈报性公文　转发　批转　平行文　上行文　下行文

[思考与练习]

1. 分析和修改下列公文在起草中存在的问题

①××市交通局关于购买"交通执法车"报告的请示；

②××市税务局关于转发《国家税务总局关于国有企业固定资产出租收入》的报告；

③川府发（2016）第 18 号；（2016）税字第 8 号；京发〔15〕第 6 号；

2. 理解下列材料，选公文的文种并拟文

①以××省授予赵玉明同志为全省劳动模范一事拟文。

②以××市工商行政管理局发布进行 200×年营业执照年检一事拟文。

③以××市人民政府人民防空办公室将进行"防空演习警报"演练一事拟文。

④以××市人民政府同意市卫生局启动"控制传染性疾病紧急预案"一事拟文。

⑤以××市人民政府告知下属各部门听传达"××会议精神"一事拟文。

⑥以成都电讯工程学院欲更名为"电子科技大学"校名向四川省教育厅行文，且四川省教育厅同意一事为由拟文。

3. 我国行政机关的公文有哪些格式要求？

4. 通告与公告的异同是什么？

5. 通知与通报的异同是什么？

6. 请示和报告的异同是什么？

7. 什么是批转、转发型的通知？

8. 命令、批复、意见、会议纪要、函的特点、要求有哪些？

第6章
经济应用文

【学习目标】

经济应用文是以经济活动、商务活动为反映对象的应用文体,它直接为生产和经营管理服务。本章从经济合同、市场调查报告、经济预测报告、经济活动分析报告、商函、商品广告、商品说明书、经济新闻等八类较为常见的财经文书作了提纲挈领的介绍。

学习这一章,除了要掌握各种经济应用文的概念、特点,格式外,还必须掌握各种经济应用文的写法,以及各种文体在写法及内容上的细微差别。这是本章学习的重点和难点所在。

6.1　经济合同

6.1.1　经济合同的含义和作用

1）经济合同的概念

合同亦称"契约""协议书"，广义的合同泛指发生一定权利义务关系的协议。经济合同是指"平等民事主体的法人、自然人、其他经济组织、个体工商户、农村承包经营户相互之间为实现一定的经济目的，明确相互权利义务关系而订立的书面文件"。

这一概念包括以下几个方面的内容：

第一，经济合同是为实现一定的经济目的而订立的协议。双方的权利和义务以及违约责任，都是以经济利益来体现。

第二，经济合同是为明确相互的权利义务关系而订立的协议。它所调整的是具有商品货币、等价有偿性质的财务关系。

第三，签订经济合同是一种法律行为。经济合同一旦依法成立，就具有法律约束力，当事人双方必须全面履行合同所规定的权利和义务，任何一方擅自变更或解除合同，都要承担由此引起的法律责任。

第四，经济合同是双方或多方当事人意志表示一致的法律行为，当事人在合同关系中的地位是平等的。任何一方不得把自己的意志强加给对方，任何单位和个人不得非法干预。订立经济合同，必须经过要约和承诺的法律程序，以贯彻平等、协商原则。所谓"要约"，指当事人一方向他方提出订立合同的要求或建议。所谓"承诺"，指当事人一方对他方提出的订立合同的要求或建议表示完全同意。

2）经济合同的作用

经济合同是商品经济的产物，是随着商品经济的产生而产生，随着商品经济的发展而发展的一种经济文体。随着我国社会主义市场经济体制的确立和加入世贸组织，经济合同必将在社会经济生活中发挥越来越重要的作用。经济合同的作用主要体现在以下几个方面：

①有利于当事人实现经济目的。当事人订立经济合同,都是为了实现特定的经济目的,为了保证某一项经济活动的顺利完成,为了取得一定的经济效益。经济合同履行的过程也就是经济目的得以实现的过程。

②有利于保护当事人的合法权益。当事人订立的经济合同具有法律约束力。在经济活动中,如果当事人间发生纠纷,可把合同作为法律依据,对照合同条款进行交涉,甚至诉诸法律,请求仲裁机构或司法部门,依法进行裁决。

③有利于维护社会经济秩序。经济合同的实施和实现是促进社会经济繁荣、维护社会经济秩序的重要手段,经济合同把社会经济的各个部门、行业、组织及各生产经营环节紧密衔接起来,确保经济活动在经济规律的引导下,正常、有秩序地进行。

6.1.2　经济合同的种类

经济活动多样性和复杂性决定了经济合同的多样性。如果按当事人的国际关系划分、分为国内合同和涉外合同;按有效期限划分,分为长期合同、中期合同和短期合同等。目前,用得比较多的分类方法,是按照业务性质的不同进行分类,把常用的经济合同分为以下几类:

1)买卖合同

"买卖合同是出卖人转移标的物的所有权于买受人,买受人支付价款的合同。"

双方以产品为标的,为了进行产品买卖而明确相互间的权利和义务而达成协议。买卖合同的种类繁多,可分为产销合同、供应合同、代销合同等。这类合同要对产品数量、产品质量、包装质量、产品价格、交货期限等作详细的规定。

2)建设工程合同

建设工程合同是建设单位和建筑单位为了完成商定的建设工程项目,明确双方权利、义务而签订的合同。

建设工程合同可分为勘察合同、设计合同、建筑合同、安装合同等。在勘察、设计合同中,应规定双方提交勘察、设计基础资料、设计文件的时间,设计的质量要求以及其他协作条款。在建筑、安装工程合同中,工程范围、建设工期、中间交工工程、开竣工时间、工程质量、工程造价、技术资料交付时间、材料和设备供应责任、拨款和结算、交工验收等，都是必须写明的条款。

3）货运合同

货运合同是承运人和托运人之间关于承运人将货物从起运地点运输到约定地点，托运人或者收货人支付运输费用的合同。

由于交通工具和运输方式不同，货运合同可分为铁路货运合同、公路货运合同、水上货运合同、空中货运合同、管道运输合同、货物联运合同等。此类合同应对货物的包装、安全等特殊事项作专门规定，凡涉及联运的，应写明双方或多方的责任和交接方法。

4）加工承揽合同

加工承揽合同是加工承揽人按照委托人的要求完成工作，交付工作成果，委托人支付报酬的合同。

这类合同中对承揽任务的转让权，原材料和零件的数量、质量，委托方的检查监督权和保密要求要做具体规定。

5）借款合同

借款合同是借款人向贷款人借款，到期返还借款并支付利息的合同。

这类合同中应明确规定贷款的数额、用途、期限、利率结算办法和违约责任等条款。

6）仓储保管合同

仓储保管合同是存货方和保管方为加快货物流通，妥善保存货物，提高经济效益而明确相互权利义务关系而签订的合同。

合同中应明确规定储存货物的品名、规格、数量和保管方法，验收项目和验收方法，入库和出库手续，损耗标准和损耗的处理，费用负担和结算方法，违约责任等条款。

7）租赁合同

租赁合同是出租人将租赁物交付承租人使用、收益，承租人支付租金的合同。

租赁合同主要分为房屋租赁、融资租赁、服务租赁等。这类合同应写明租赁物的名称、数量、用途、租赁期限、租金和租金交纳期限、租赁期间租赁物维修保养的责任、违约责任等条款。

8）赠与合同

赠与合同是赠与人将自己的财产无偿给予受赠人,受赠人表示接受赠与的合同。赠与合同是一种无偿地转移财产所有权的合同。赠与合同应分条列项写出赠与财产的数量、质量、种类、交付地点、交付时间及所附义务等条款。

9）劳动合同

劳动合同是劳动者与用人单位为了明确相互间的权利与义务而订立的合同。

劳动合同应列明合同期限、试用期限、工种、工作时间、劳动报酬、福利待遇、生产条件、培训教育、劳动纪律、劳动合同的变更、解除和违约责任等条款。

10）技术合同

技术合同是当事人就技术开发、转让、咨询或者服务订立的确立相互之间权利和义务的合同。

技术合同可分为技术开发合同、技术转让合同、技术服务合同等。

6.1.3　经济合同的基本内容

经济合同的基本内容也就是当事人之间达成一致意见的各项条款。尽管经济合同的种类很多,但都有着共同的基本条款。它是决定合同是否合法和有效的条件之一,是要求当事人履行权利和义务、承担法律责任的依据。基本条款如下:

1）标的

标的是指经济合同当事人权利义务所指的对象。凡货物、货币、工程、劳务或智力成果等都可作为经济合同的标的。任何没有标的或标的不明的经济合同都是没有实际意义的,也是和合同法规相悖的。

2）数量和质量

数量是衡量标的的指标,也是确立权利和义务大小的尺度,它由数字和计量单位组成。在订立经济合同时,必须把计量单位和数字标示清楚明确,有些合同还要写清标的的数量的正负差。质量是区别这一标的与另一标的的具体特征。具体表现为产品的品种、型号、规格、等级、技术要求等。这些都必须以产品质量法作为依据,并按国家质量标准、行业质量标准签约和履行。若是双方商定的质量标准,还必须另附质量协议书或提交样品。

3）价款或酬金

这是指取得合同标的的一方向对方所支付的代价和报酬。它是经济合同价值的货币表现。在拟订这一条款时注意:一要写清标的价款或酬金的计算标准及总金额等;二是在签订涉外合同时,要特别写明用何种货币计价和结算。必须写明价款或酬金的计算方式、单价、总价、支付时间、地点、形式,等等。

4）履行的期限、地点和方式

履行的期限指合同当事人履行义务和享受权利的时限。有时经济合同的履行期限与有效期限并不完全相等。拟订经济合同时应明确写出合同的履行期限,包括具体的年、月、日,绝对不能含糊。否则,就意味着允许义务人无限期地拖延合同的履行,而不允许合同一方去追究责任。这样,也就使合同失去了意义。

履行的地点是当事人行使权利、履行义务的场所,如交、提货地点等。履行的方式是指当事人履行义务的方式,一般包括对标的的履行或对价款、酬金的履行,如交货方式、付款方法等。

5）违约责任

这是对不按经济合同规定履行义务的制裁措施。可以使当事人一方在对方因过错致使合同不能履行或不能完全履行时,要求对方支付违约金或赔偿经济损失,以保障自己的合法经济权益。撰写经济合同时,对违约责任这一条款应逐项写明几点:①当事人各方未能履行合同应付的具体责任;②罚金的支付结算办法、地点、方式和金额;③对意外事故的处理等。

以上属经济合同的基本条款,也是必备条款。除此之外,经济合同还应有普通条款,如合同标的物的保管、包装、外观方式等,这些都应根据合同标的的需要而选定。

6.1.4　经济合同的写作格式与要求

1)经济合同的写作格式

不论哪类经济合同,一般都包括以下四个部分:

(1)标题

标题主要用以明确合同的业务性质,即写明这是哪一类合同,如"借款合同"、"粮食订购合同"等。

(2)当事人

当事人也叫立合同人。在此部分中,应写明订立合同的当事人名称,有的合同还应写上各方负责人的姓名。名称应按营业执照上核准的全称来写,不能写简称,更不能写外人不了解的代称或代号。为了正文部分行文方便和准确,可在正文前分别注明当事人或在正文的开头的括号中注明一方为"甲方",另一方为"乙方",如果有第三方,可称"丙方"。在对外贸易合同中,有的称一方为"卖方",另一方为"买方"。无论哪一类合同,都不能将当事人称为"我方"和"你方"。

(3)正文

正文通常由开头、主体、结尾几个部分构成。

①开头。开头简单说明签订合同的目的或依据及态度。

②主体。主体是反映合同的主要内容的核心部分,在此要写明双方议定的各项条款。按照《中华人民共和国经济合同法》的规定,经济合同应具备的主要条款如下:

A.标的。标的是合同双方的权利和义务所共同指向的对象。它可以是某种实物或货币,也可以是某项工程、劳务、科技成果或专利权等。没有标的或标的不明确,当事人的权利和义务就失去了指向和依据,因此,经济合同也就不能成立。

B.数量和质量。数量是衡量标的的尺度,是确定双方的权利和义务大小的标准,是履行经济合同的具体条件之一。数量的规定要准确,法定计量单位要明确。有些产品还要写清合理的量差和正负尾数;质量是标的的性质和特征,也是履行经济合同的具体条件之一。在合同中详细标的质量的技术要求和标准等,对于保证和检验标的的质量有着重要的意义。

C. 价款或者酬金。价款或者酬金又称标的的价金,是指取得对方产品或者接受对方劳务等所支付的代价,通常以货币的数量来表示。

D. 履行的期限、地点和方式。履行的期限、地点和方式是合同当事人的权利、义务和责任的有机组成部分,必须认真写清。履行的期限要写具体日期,履行的地点和方式中应包括包装要求、费用负担、运输方式等内容。

E. 违约责任。由于当事人一方的过错,造成经济合同不能完全履行,要由有过错的一方承担违约责任;如属双方的过错,应根据实际情况,由双方分别承担各自应负的违约责任。在此,要将制裁措施和违约金、赔偿金的数额写清。

除以上条款外,根据法律规定的或按经济合同的性质必须具备的条款,以及当事人一方要求必须规定的条款,也是经济合同的主要条款。此外,有些内容可作为普通条款写明。经济活动千差万别,合同内容也是各有特点,究竟一份合同应有哪些条款,应在满足合同的基本条款的前提下,具体情况具体处理。

③结尾。这个部分主要写明合同的份数、报送的主管机关、附件及如有争议应由哪个机构仲裁等问题。如果这些内容已作为条款列出,就不需要单设一个结尾部分了。

(4)落款

在落款处主要有以下一些内容:当事人的盖章、代表签字、邮编、地址、传真、银行账号、开户行和签订经济合同的时间。

2)经济合同的写作要求

经济合同关系到签约人的法律责任和经济利益,所以,在写作时应特别慎重、严谨。一般来讲,签订经济合同有以下几点要求:

(1)签订经济合同时应遵守的原则

①遵守国家法律和政策的原则。经济合同的内容要求具有合法性。只有当事人双方订立经济合同的行为合乎法律要求,方能得到应有的权利,并受到法律的保护。否则,将属于无效合同,不但得不到法律的保护,严重的还要依法追究其责任。订立的经济合同还应符合国家的法律法规和政策,不能

损害国家利益和公众利益。

②审查对方主体资格的原则。在签订经济合同之前,首先要审查对方的主体资格。因为,签订合同的当事人必须是法人或自然人。

③平等互利、协商一致的原则。经济合同要在平等协商、取得一致意见的基础上确定各项条款。合同内容应是当事人意愿的共同体现。《经济合同法》规定:"订立经济合同应当遵循平等互利、协商一致的原则,任何一方都不得把自己的意志强加给对方。任何单位和个人不得非法干预。"采取欺诈、胁迫等手段所签订的经济合同视为无效合同。

(2)签订经济合同的一些文面要求

①书写要工整,字迹要清晰。尽量不在合同上作修改,如有修改,应在修改处另盖双方印章,以表认可。为了防止伪造条款或添加页数,可在一式几份的合同上做一个相同的记号,如在骑缝处加盖公章,编上页码等。

②金额要大写,如果有总有分,至少总数应大写。如果用表格合同,不用的空格要划去,以示不必而不是缺漏,同时,也可避免在空格处做手脚的可能。

③合同层次。表示合同层次时,第一层用"一";第二层用"(一)";第三层用"1.";第四层用"(1)"。

④标点符号要规范,至少应每句圈断。因为句读用错或位置点错而造成巨大损失的例子并不少见。

⑤非统一文本的要求。签订非统一文本,即当事人自行草拟、自行书写的合同,用纸也要注意,宜选择质地坚韧耐久、又不易涂改挖补、适宜长久保存的纸张。

实例1:

合同编号:_____

建设工程合同

发包方:××市×公司

承包方:××市第×建筑工程公司

发包方与承包方就建设工程项目协商同意签订本合同,共同信守。

一、工程名称:××市××公司宿舍工程。

二、工程地点:××市××区××街××号。

三、工程面积:共计____平方米(包括土建工程、水暖工程、电器工程)。

四、承包内容:包工、包料、包定额。

五、建筑安装工程造价:共计人民币＿＿＿＿＿＿＿元。

六、工程价款和费用的结算依据和付款方法:

1. 执行基本建设委员会颁发的"建设安装工程统一规定"中有关收费规定及省、市有关规定。

2. 工程付款办法按中央和省市有关规定办理。

七、工程开工日期:＿＿年＿＿月＿＿日。

八、工程竣工日期:＿＿年＿＿月＿＿日。

九、工程质量:以施工图纸及说明书、国家颁发的施工验收规范和质量检验标准为依据。

十、材料供应:所有物资和材料均由承包方负责。

十一、工程技术资料供应:土建、水暖、电气施工图(包括说明书、设计概算)在开工前30天内由发包方交给承包方各10份。

十二、违约责任:

(一)发包方由于资金不足或其他原因延付工程价款时,每逾期一天,则应按照应付总款额＿＿＿‰计算违约金,并于＿＿＿年＿＿月＿＿日在＿＿处以现金的形式支付。

(二)承包方除遇有特殊原因外,不得顺延工程日期。如检验不合格,竣工日期应按最后验收合格的日期为准。

(三)工程竣工后保修期一年。采暖工程保修期为一个采暖期。在保修期内,属承包方施工责任造成的如屋内漏雨、暖气不热、管道漏水等,承包方负责免费修理。属发包方或设计责任造成的由甲方自理。

十三、本合同附件:共××份。

十四、合同有效期:本合同经双方盖章后生效,至工程竣工办理交工验收和款项结清时为止。但保修一条除外。

十五、本合同正本两份,双方各执一份。副本15份,承包方7份,发包方7份,由发包方送建设银行1份。

发包方:(公章)　　　　　　　承包方:(公章)
代表方:(签字)　　　　　　　代表人:(公章)
邮　编:　　　　　　　　　　邮　编:
传　真:　　　　　　　　　　传　真:
地　址:　　　　　　　　　　地　址:

开户行：　　　　　　　　　　　　开户行：

账　号：　　　　　　　　　　　　账　号：

××年×月×日

简析点评：

该建设工程合同条款完备、具体，尤其是主要条款比较全面、严谨，而且符合国家的法律、政策。在表达上，文字精练、准确、规范。

实例2：

货运合同

托运方＿＿＿＿＿＿＿＿

承运方＿＿＿＿＿＿＿＿

收货方＿＿＿＿＿＿＿＿

托运方详细地址＿＿＿＿＿＿＿＿＿＿＿

承运方详细地址＿＿＿＿＿＿＿＿＿＿＿

收货方详细地址＿＿＿＿＿＿＿＿＿＿＿

根据国家有关运输规定，经过双方充分协商，特订立本合同，以便双方共同遵守。

第一条　货物名称、规格、数量、价款

货物编号	品　名	规格	单位	单价	数量	金额(元)

第二条　包装要求托运方必须按照国家主管机关规定的标准包装；没有统一规定包装标准的，应根据保证货物运输安全的原则进行包装，否则承运方有权拒绝承运。

第三条　货物起运地点＿＿＿＿＿＿＿＿＿＿＿＿＿＿＿＿＿＿

　　　　货物到达地点＿＿＿＿＿＿＿＿＿＿＿＿＿＿＿＿＿＿

第四条　货物承运日期＿＿＿＿＿＿＿＿＿＿＿＿＿＿＿＿＿＿

　　　　货物运到期限＿＿＿＿＿＿＿＿＿＿＿＿＿＿＿＿＿＿

第五条　运输质量及安全要求_____

第六条　货物装卸责任和方法_____

第七条　收货人领取货物及验收办法_____

第八条　运输费用、结算方式_____

第九条　各方的权利义务

一、托运方的权利义务

(一)托运方的权利:要求承运方按照合同规定的时间、地点,把货物运输到目的地。货物托运后,托运方需要变更到货地点或收货人,或者取消托运时,有权向承运方提出变更合同的内容或解除合同的要求。但必须在货物未运到目的地之前通知承运方,并于_____年____月____日在____处以现金的形式支付承运方所需费用。

(二)托运方的义务:按约定向承运方交付运杂费。否则,承运方有权停止运输,并要求对方支付违约金。托运方对托运的货物,应按照规定的标准进行包装,遵守有关危险品运输的规定,按照合同中规定的时间和数量交付托运货物。

二、承运方的权利义务

(一)承运方的权利:向托运方、收货方收取运杂费用。如果收货方不交或不按时交纳规定的各种运杂费用,承运方对其货物有扣压权,查不到收货人或收货人拒绝提取货物,承运方应及时与托运方联系,在规定期限内负责保管并有权收取保管费用,对于超过规定期限仍无法交付的货物,承运方有权按有关规定予以处理。

(二)承运方的义务:在合同规定的期限内,将货物运到指定的地点,按时向收货人发出货物到达的通知。对托运的货物要负责安全,保证货物无短缺、无损坏、无人为的变质。如有上述问题,应承担赔偿义务。在货物到达以后,按规定的期限负责保管。

三、收货人的权利义务

(一)收货人的权利:在货物运到指定地点后有以凭证领取货物的权利。必要时,收货人有权向到站或中途货物所在站提出变更到站或变更收货人的要求,签订变更协议。

(二)收货人的义务:在接到提货通知书后,按时提取货物,缴清应付费用。超过规定提货时间,并于_____年____月____日在____处以现金的形式支付向承运人交付保管费。

第十条　违约责任

一、托运方责任

（一）未按合同规定的时间和要求提供托运的货物,托运方应按其价值的_____％偿付给承运方违约金,并于_____年____月____日在____处以现金的形式支付。

（二）由于在普通货物中夹带、匿报危险货物,错报笨重货物重量等而招致吊具断裂、货物摔损、吊机倾翻、爆炸、腐蚀等事故,托运方应承担赔偿责任。

（三）由于货物包装缺陷产生破损,致使其他货物或运输工具、机械设备被污染腐蚀、损坏,造成人身伤亡的,托运方应承担赔偿责任。

（四）在托运方专用线或在港、站公用线,专用铁道自装的货物,在到站卸货时,发现货物损坏、缺少,在车辆施封完好或无异状的情况下,托运方应赔偿收货人的损失。

（五）罐车发运货物,因未随车附带规格质量证明或化验报告,造成收货方无法卸货时,托运方应偿付承运方卸车等费用及违约金,并于_____年____月____日在____处以现金的形式支付。

二、承运方责任

（一）不按合同规定的时间和要求配车(船)发运的承运方,应向托运方支付其违约行为违约金_____元,并于_____年____月____日在____处以现金的形式支付。

（二）承运方如将货物错运到货地点或接货人,应无偿运至合同规定的到货地点或接货人。如果货物逾期到达,承运方应偿付逾期交货的违约金。

（三）运输过程中货物灭失、短少、变质、污染、损坏,承运方应按货物的实际损失(包括包装费、运杂费)赔偿托运方。

（四）联运的货物发生灭失、短少、变质、污染、损坏,应由承运方承担赔偿责任的,由终点阶段的承运方向负有责任的其他承运方追偿。

（五）在符合法律和合同规定条件下的运输,由于下列原因造成货物灭失、短少、变质、污染、损坏的,承运方不承担违约责任。

1. 不可抗力。

2. 货物本身的自然属性。

3. 货物的合理损耗。

4. 托运方或收货方本身的过错。

本合同正本一式两份,合同双方各执一份,合同副本一式_____份,送_____等单位各留一份。

托 运 方_____　　承 运 方_____　　收 货 方_____
代 表 人_____　　代 表 人_____　　代 表 人_____
地　　址_____　　地　　址_____　　地　　址_____
电　　话_____　　电　　话_____　　电　　话_____
开 户 银 行_____　　开 户 银 行_____　　开 户 银 行_____
账　　号_____　　账　　号_____　　账　　号_____

签订日期　××年×月×日

简析点评：

　　货运合同涉及三方：收货方、承运方、发货方，应明确当事三方的权利和义务。

　　该合同文本格式规范，条款清晰，各当事人各方的权利、义务规定得十分清楚、表达精练、准确。

6.2　市场调查报告

6.2.1　市场调查报告的含义及作用

1）市场调查报告的含义

　　市场调查报告是企业以产品或者商品为中心，对产品或者商品生产和流通过程中的各种因素所做的调查、研究、分析所写的指导性很强的文书。

　　它运用科学的方法，将获得的材料进行梳理、筛选、分析、研究，对其历史、现状及趋势做调查和科学的评判，从而为市场的变化和企业的决策提供客观的依据。

2）市场调查报告的作用

　　在不断发展和完善的市场经济中，进行市场调查，写出市场调查报告，其作用和意义十分重要。主要体现为：

一是为了解市场供需矛盾提供科学依据。市场调查是及时了解市场供需情况的重要手段。市场经济的供与求，始终都存在着矛盾。供求失衡将不利于企业的正常发展和社会需求稳定。运用市场调查报告，可以准确而及时地掌握国内外市场供求矛盾，为解决市场供求矛盾提供科学依据。

二是为预测市场提供科学依据。如果没有正确而科学的市场调查，预测市场就会失去基础，难免步入歧途，导致预测失误。在预测失误情况下，给企业带来损失是在所难免的。

三是为有关企业制订生产计划、做出经营决策提供重要参考。如果没有正确而科学的市场调查，就不会有正确而科学的市场预测，进而企业经营者的决策就会失去重要依据，导致决策的失误，造成重大经济损失。

6.2.2 市场调查报告的种类

按内容分，可分为关于产品情况的市场调查报告、关于消费者情况的调查报告、关于销售情况的市场调查报告、关于供需情况的市场调查报告。

按调查地域分，可分为全国性市场调查报告、地区性市场调查报告。

按阅读对象分，可分为供营销人员研读的调查报告、供领导决策参考的调查报告。

6.2.3 市场调查报告的基本内容及调查的方法

1）市场调查的基本内容

市场调查的基本内容应包括如下几个方面：

①用户情况。用户情况包括用户的对象、数量、分布地区、经济状况、生活习惯、购买动机、购买次数、购买数量、购买习惯及时间、地点等。

②产品情况。产品情况包括经销单位或消费者对产品的质量、性能、价格及交货日期、技术服务等方面的意见，产品的包装及装潢是否安全、轻便、美观等。

③销售情况。销售情况包括产品在市场上占有的比率是上升还是下降，影响销售的因素有哪些，现有销售渠道是否畅通、合理，仓储、运输状况如何，以及品种、价格、产量、质量、商标和广告的效果如何等。

④市场需求情况。市场需求情况包括市场潜在的需求量,市场的变化情况及发展趋势,如何扩大市场等。

⑤购买者的心理及变化。

2)市场调查的方法

市场调查的方法很多,其基本方法有普查、抽样调查、典型调查等几种。市场调查除了采用一般调查方法外,由于其专业特征,还常使用一些专门调查法。

①现场观察法。这种调查法是调查人员深入市场,不露痕迹地直接观察了解消费者的消费行为,倾听他们的消费评价和议论,据以从消费者购买能力以及产品的价格、质量、花色品种等方面来把握产品的销售潜力和竞争能力,以便作出合理的生产经营决策。

②样品征询法。样品征询法也称为实验法。即将产品样品通过展销会、试销会、看样定货会等形式,让产销、产需双方直接见面,直接洽谈,既征询意见,又推销产品,还可以融洽关系,以利长期合作。

6.2.4 市场调查报告的写作格式与要求

1)市场调查报告的写作格式

市场调查报告的常见结构形式包括标题、正文、署名和日期。

(1)标题

标题一般有单标题和双标题两种形式。

①单标题。单标题又分为准公文式标题和新闻式标题两种。

A. 准公文式标题。准公文式标题即由撰文单位名称、调查内容、范围和文种构成,如《××省××厂关于××牌轿车在国内市场产销情况的调查》。

B. 新闻式标题。新闻式标题即由调查内容等要素构成的标题,如《丝织品出口情况的令人担忧》。另外,为了醒目或增加吸引力,也可将平板的陈述语气改为疑问语气,如《商品房价格上涨:北京市民当前承受力怎样?》。

②双标题。双标题也称为正副标题式。这种形式的标题也很常见,正题通常用生动、概括的语言来点明文章的中心内容,副标题则要点明调查的对

象、主体、文种等内容。如《治一治市场"发烧病"——××省专业批发市场的调查报告》。

（2）正文

正文一般包括开头、主体、结尾3个部分。

①开头主要交代调查的目的、原因、背景、时间、地点、对象、内容、范围及所采用的调查方法（最好用对比的方法，并有数据支撑）等，也可简略介绍调查结论。这些内容不一定全都写上，它的选择取舍得紧扣主题，符合调查报告主体的需要。其写法灵活多样，归纳起来主要有两种形式。

A. 概括式。概括式开头一般是在调查报告的开头部分概括地介绍调查的基本情况，如时间、地点、对象、调查者、目的、方法以及成绩或问题等，使读者对调查报告的内容有一个大概的了解。

B. 提问式。提问式开头是在调查报告的开头部分用提问的方式，提出一个发人深省的问题，以引起读者的注意。

调查报告的开头用什么样的形式，要根据调查报告的基本观点的需要而定，但都要做到开门见山，言之有物。

②主体。主体一般包括3个部分：陈述部分、结论部分、建议和对策部分。

A. 陈述部分。陈述部分主要以陈述、说明的方式写明通过调查所获得的基本情况。一般情况可用简洁的说明和叙述的语言加以介绍，在介绍具体情况时要具体、清楚、完整，应该提供数据来说明，也可以图表等形式加以说明。

B. 结论部分。结论部分紧承"具体情况"部分所陈述的基本事实和有关资料，对其进行科学的分析、研究、推断后，应下一个结论，明确指出市场发展演变的主要趋势。这部分主要运用议论的表达方式和结论性的语言，但是应尽量少写或不写论证。

C. 建议和对策部分。这部分应紧承"结论部分"的意脉，明确地提出相应的建议或具体的措施。这种建议既要有很强的针对性，又要切实可行。这也是写调查报告的出发点和归宿点。

③结尾。结尾是全文的终结，通常与开头相对应。在这里可以重申观点，或是加深认识；或是提出希望，展望未来。有的市场调查报告在正文之后单独有结尾段，也可放在正文的后面随正文内容一起结束，不再另设结尾段。

(3)署名和日期

一般供发表的市场调查报告,作者的名字居中署在标题下一行,不另写日期。内部使用的市场调查报告,则在全文结束后的右下方署上作者姓名和写作日期。

2)市场调查报告的写作要求

①要用事实说话。要保证市场调查报告的科学性和实用价值,其内容就必须建立在可靠而典型的事实材料基础上,其所分析研究出的有关规律、所提出的有关建议或措施才有科学性和实际指导性。所以,撰写市场调查报告,必须先进行深入细致的实际调查,掌握充分的有关事实材料。

②观点与材料的统一。只见材料不见观点或观点和材料不统一,是撰写市场调查报告常见的毛病。其原因在于撰文者对有关材料缺乏深入科学的分析研究。任何事物都有其独特规律,商品经济活动也不例外。因此,撰文者必须运用科学思维方式,深入细致地分析、推导和判定,做到观点明确、材料和观点相统一。

③要有针对性。市场调查报告要抓住人们经济生活中普遍关注的问题以及影响企业经济效益和发展前途的关键因素,做到有的放矢,使人们从中得到启发,提高认识,看到过去,设计未来。

实例1:

商品房售出后管理工作应跟上

××市城市调查队

住房问题是人们普遍关心的一件大事。随着住房制度改革的进展,住房商品化这个观念已逐步被人们接受。××市作为全国房改试点城市之一,在住房商品化方面作了不少有益的尝试。

然而,商品房售出后,随之而来的售后管理问题成为居民们强烈反映的焦点。因为它不仅仅关系到居民的生活,也直接影响到住房制度改革的成败。带着疑问,我们调查了已售出一年多的商品房——××公寓。

垃圾成堆、污水横流——卫生脏、乱、差

××公寓高十层,蔚然壮观,但公寓大院内垃圾成堆、污水横流。居民们

反映,夏天一到,蚊蝇成群,臭气熏人,行人掩鼻挥手而过;逢到雨雪天,更是苦不堪言。我们在实地调查中看到,公寓大院内北面一至四单元的楼梯道已被堆成"山"似的垃圾堵塞得难以行走,四个单元的垃圾通道已被填满,居民们只好天天端着垃圾下楼,住户们纷纷诉说:自从公寓作为商品房出售后,这里的垃圾已有一年多无人清理,成了一个名副其实的脏、乱、差的卫生死角。公寓的居民反映了一年,报上也曾为此作过报道,可并未引起有关部门的重视,管理部门互相推诿扯皮,环卫部门也仅仅是只将公寓大门通道的垃圾在堆得难以过路时才将其拉走(按照设计,这里是整个大楼上百户居民进出的通道,是不能作为垃圾场地的),而公寓大院内的垃圾堆照样是无人清理,日复一日,垃圾越堆越多,臭气弥漫公寓。在调查中我们听到了居民们这样的反映:"卫生、卫生,只注重'脸面卫生',爱国卫生月活动请多注重些居民生活中实际存在的脏、乱、差。"

楼房质量差、维修难

××公寓大楼质量很差,商品楼售出后,就有七、八户厕所下水道不通,有的厕所里的水能浸透到卧室;许多住户墙壁上条条裂痕,仅一年中,粪便横溢达十多次。自来水管道也时常堵塞,水如瀑布顺楼而下,自来水公司曾因此而断过水源,而维修却投诉无门,因为是商品房无处接管,有关部门互相推托,或是偶尔来了一次,过几天,依旧是老样子。居民们强烈要求:"商品房售出后,维修如此难,有关部门该管管。"

消防设施失窃,车铃不翼而飞——"治安死区"应改变

身居商品房,脏乱差已足以让人难以承受,而治安问题更使居民忧心忡忡。就在调查期间,有一对新婚夫妇在新婚之日,家中被盗。为了安全,已有8户居民家庭另外配上了铁门。据调查,在短短的三个月内,公寓住户的自行车已丢失了六、七辆,80%的自行车没了车铃。有天晚上停电后,一夜之间,一个单元里的十几辆自行车铃全部被盗,还有一辆自行车竟莫名其妙地被扔到了楼东面的环城河内。在调查中我们还发现,公寓大楼各单元每层都配备有消防器材,全楼共39套,但其中消防铝制水龙枪喷头约有一半已丢失,另外有11套消防器材整套被盗。试想,一旦出现火灾,消防器材不能"消火",何以防灾?这难道不应引起有关部门和领导的重视吗?

××公寓之所以出现如此多的问题,主要是缺乏一个综合配套的管理工作。初建商品楼,管理不配套,以致垃圾无人清运,卫生无人打扫,水电无人维修,治安无人管理,久而久之会给商品住房罩上阴影,使人们对住房制度改革产生抵触情绪,直接影响到我市今后住房改革的全面展开。改革住房制

度,实行住宅商品化是项复杂的系统工程,从房子的修建、出售到管理、维修等各个方面都应统筹考虑,进行配套改革,少了哪个环节,都会影响整个住房制度改革的顺利进行。房改不仅是房屋开发部门的事,更需要全社会的共同关注。

为此,我们建议:有关部门应尽快采取措施,在××公寓建立居民委员会和治安联保委员会。以后凡售出商品房,都应该建立一个居民服务、治安、卫生长期综合的管理组织。

××年×月×日

简析点评:

这篇调查报告抓着房改后商品房市场出现的轻视售后服务与管理的热点问题,运用典型材料,分三个方面作了说明,每个方面都加上了简洁明了的小标题,使反映的问题清楚明白,富有条理。

既有整体情况的说明,又有典型材料的分析,点面结合,材料翔实;既有问题说明,又有原因分析,还有合理建议,充分体现了市场调查报告的作用。

语言朴实、简练。

实例2:

塑料薄膜充气玩具市场销售的调查报告

×××

塑料薄膜充气玩具是目前市场上比较热销的品种。据××商场玩具组统计,今年每月平均销售两万只,最多的一天销售了近1 500只。

为什么充气玩具如此受到欢迎呢? 主要原因是:

1. 色彩鲜艳,造型生动,形象逼真,品种较多。充气玩具有娃娃、金鱼、卡通猫、长颈鹿、白天鹅、小花狗等,既受到小朋友喜爱,又可点缀家庭气氛。充气塑料游泳圈及各式各色的运动球,既可供幼儿游泳锻炼,也可做玩具,具有一定的实用价值。

2. 价格适中。一个普通玩具娃娃要10元左右;一辆惯性玩具汽车,小的要16元多,大一点的要30元左右。而充气玩具小的只有5元,平均价格10

元左右。

3. 安全卫生。目前市场上的儿童玩具多用铁皮、木材制作，小朋友容易碰破手指，也不易洗刷消毒。而充气玩具，既安全又卫生。损坏了只要粘合一下即可继续使用。

由于上述三大优点，近年来充气玩具的销售量不断上升。建议生产厂家不仅要增加充气玩具的新品种，而且要从中得到启示，为儿童多设计和生产一些价廉物美的玩具。

××××年×月×日

简析点评：

这篇市场调查报告条理清晰，表述简洁。通篇用事实和数字说话，虽短，但内容比较完备，有分析，有预测，有建议，还有启示。

6.3 经济预测报告

6.3.1 经济预测报告的含义和作用

1) 经济预测报告的含义

经济预测报告是运用科学方法对经济活动的历史和现状进行定性和定量的分析，揭示经济活动的客观规律、经济发展的方向和趋势的经济应用文。

经济预测是根据对经济活动调查研究所掌握的资料，运用科学的测算方法，推知经济活动未来的发展趋势，并提出相应对策，以达到按客观经济规律办事、有效地提高经济效益的一种科学管理方法。所以，经济预测报告除了企业使用外，一些国家的职能部门如计委、经委、工商、研究所也要使用。它对决策、立项、计划、管理都有重大的指导作用，在社会经济活动中占有着非常重要的位置。

2) 经济预测报告的作用

经济预测，古已有之。在春秋后期，越王勾践的重臣范蠡弃政从商后，并大获成功。他成功的一个重要原因就是善于对市场进行预测,据史书记载,他曾提出"水则资车,旱则资舟"的观点。意思是:发大水时,无人用车,这时车价比较便宜,可以低价购进,大水退后,车辆必将紧俏,到时高价卖出。天旱买船也是同样道理。

市场经济一体化的今天,世界各国出于竞争的需要,都非常重视经济预测工作,尤其是欧美国家,广泛开展经济预测工作,对宏观经济活动和微观经济活动进行深入预测,并为此成立了众多的预测机构,运用多种手段进行预测,对本国的经济发展起到了重要作用。

我国在建立社会主义市场经济体制的过程中和加入世界贸易组织后,也越来越意识到预测活动的重要性,经济预测成果在经济的发展中起着越来越重要的作用。

经济预测报告在经济活动中的作用是多方面的,归纳起来,有以下几点:

①是国家制订经济政策和制订经济计划的基础。经济预测报告所提供的信息作为认识未来的重要资料,是我们编制计划的基础。国家制订国民经济发展计划和进行宏观调控,离不开科学的经济预测,建立在科学预测基础上的计划,可以有效地规划和控制生产,从而大大减少或避免生产的盲目性和比例失调。

②是领导者制订科学决策的前提。没有预测作为依据的决策往往是盲目的。在市场经济中,领导者必须对生产和经营作出科学的决策,而进行科学决策的前提就是经济预测,离开了科学预测这一关键环节,所谓决策只能是一种主观武断,根本无法引导企业走向成功,反而会直接危及企业的生存。

③是企业进行科学管理的依据。市场经济对于企业内部的科学管理提出了严格的高标准的要求。因为市场经济就其本质来说,是优胜劣汰的经济。企业的经济不能实行科学预测,就必然被市场经济无情地淘汰。而要搞好生产和销售,就必须立足于科学的经济预测。

④是企业增强竞争力的重要保证。市场经济给企业带来的竞争越来越大,为了提高自身的竞争能力,企业必须对市场需求、商品销售、产品质量、花色品种、价格水准、商品信誉、售后服务等情况进行超前预测,以求产销适路,真正保证自己的产品在市场上是"人无我有,人有我优,人优我特,人特我转",否则,提高市场竞争力只能是一句空话。

⑤有利于引导社会公众消费。由于人们在消费中往往有从众心理,以及因生活水平的日益提高而产生的追求时髦倾向,这就使得经济预测报告对大众消费产生一种导向的作用。其对一种产品的市场需求趋势的说明,能够引

导人们按照预测的方向定向、科学地消费。

6.3.2　经济预测报告的种类

经济预测报告的种类很多,而且从不同的角度可以对其进行不同的分类。一般有如下几种分类方法:

按预测的对象范畴分,可分为宏观经济预测报告和微观经济预测报告。宏观经济预测报告是指对整个国民经济或一个地区、一个行业的经济活动发展进行预测后写出的报告;微观经济预测报告是指对一个企业的经济活动或一种商品、一类商品的市场需求前景进行预测后写出的报告。

按预测的时间分,可分为短期、中期和长期经济预测报告。短期经济预测报告通常是指预测未来 1 年的经济活动的报告;中期经济预测报告通常是指预测未来 2~5 年的经济发展情况的报告;长期经济预测报告,又称远期经济预测报告,是指预测 5 年以上经济形势变化和发展趋势的报告。

按预测的内容分,可分为专题经济预测报告和综合经济预测报告。专题经济预测报告是指对经济活动中某一因素或某一方面进行预测后写出的报告;综合经济预测报告是指对经济活动中多种因素或几个方面进行综合预测之后写出的报告。还有把经济预测报告按其具体的内容分为居民生活水平预测报告、财政收入预测报告、社会购买力预测报告、银行信贷预测报告等多种。

按预测方法分,可分为定量经济预测报告和定性经济预测报告。定量经济预测报告是指用统计方法和数学模型研究经济活动诸因素之间的关系及其内在联系和规律,从而对经济活动的发展作出预测后写成的报告;定性经济预测报告是指主要靠理论分析、经验总结和调查研究方法对经济活动的发展作出预测后写出的报告。

6.3.3　经济预测报告的写作格式与要求

1)经济预测报告的写作格式

经济预测报告一般由标题、正文、署名和日期三部分组成。

(1)标题

经济预测报告的标题常见的写法有以下两种:

①准公文式标题。这类标题一般包括预测时限、预测地域、预测对象、文种等四个完整的要素。如《2003 年全国储蓄存款趋势预测》《高档家电产品市场需求预测》。

②新闻式标题。这种标题通常概括全文的要点，虽不标示文种，却明确显示预测之意，如《农产品市场中期发展前景广阔》。

（2）正文

经济预测报告的正文分前言和主体两大部分。

①前言。前言是经济预测报告的开头部分，一般从三个方面组织内容，一是概述预测工作的基本情况，选定预测对象的缘由、预测的时间、范围、采取的方法；二是概述预测对象的有关情况，即预测对象经济价值、发展历史、变化情况等；三是提出报告内容，点明预测结论，在陈述中用数据加以说明。

②主体。经济预测报告的主体部分包括三个内容：历史和现状、分析和预测、对策和建议。

A. 历史和现状。运用调查获得的大量资料和数据，说明预测对象的历史和现状，作为预测的基础。通过掌握其过去的发展规律来预测其未来的发展趋势。该部分运用的资料和数据必须真实可靠，典型具体。对历史和现状掌握得越准确、全面，预测就越客观、越科学。

B. 分析和预测。该部分是全文的核心。运用一定的分析方法，根据一定经济理论，在充分地分析历史资料和现实情况的基础上，针对前文摆出的情况进行综合分析并提出科学预测。

C. 对策和建议。针对上面的预测和判断，提出相应的措施和建议。对策和建议是经济预测报告的目的所在。陈述历史和现状、分析材料和数据、对未来作出预测都不是目的，预测是为了计划或者规划服务的，是为了经济主管部门进行正确决策服务的，而这些提出的对策和建议为领导或管理机构的决策提供重要的参考和依据。建议是否切实可行，直接关系到经济预测报告价值的大小。

（3）署名和日期

经济预测报告如果公开发表，撰写单位名称或个人姓名则应署在标题之下，写作日期可省略，也可写在正文末右下方。如果仅供内部参考，署名和日期都置于正文末右下方。

2）经济预测报告的写作要求

①占有充分的材料。经济预测报告必须忠于客观实际,忠于科学预测的结果,要避免主观臆断,保证预测的科学性。这就要求对经济活动的历史和现状进行深入科学的分析,而要深入分析,就必须拥有灵敏的信息源与充分的数据资料。而要获得丰富而真实的资料,就必须下大功夫深入调查研究,争取掌握第一手资料。资料到手后,还要进行选择、甄别,去伪存真。

②要有预见性。经济预测报告是专门对经济活动的未来趋势作出分析和判断的一种文体,可以说预见性是这种文体的灵魂。而且经济预测都是为决策提供依据、提供服务的,所以,一定要在有关部门提出决策前写出并送上预测报告,以避免"马后炮",使预测真正起到实践指南的作用。

③语言要朴实、简明。经济预测报告要摆出事实,讲明道理,推出的结论才令人信服。这就要求它的语言既要朴实而简明,又要言之有据。

实例：

主要金融指标创新低　经济景气水平下滑

——2014 年一季度中国经济运行监测报告

余根钱

一、经济景气水平下滑

自 2010 年下半年开始,我国经济进入下降通道,2011—2012 年的景气水平明显走低,2013 年在下滑与回升的搏击中低位企稳,2014 年一季度再次走低。2014 年一季度的经济走势呈现如下三大特征。

1. 主要宏观经济指标全面走低

2014 年一季度,我国经济景气水平明显走低。3 月份,中国经济运行指数为 30.1,景气分值比 2013 年四季度回落 5.8 个点,降至浅蓝灯区,处于明显偏低状态(见图 1)。

①经济增长速度降低。2014 年一季度,国内生产总值同比增长 7.4%,增速比 2013 年四季度回落 0.3 个百分点,创本轮回调以来的新低。自 2002 年以来,低于这一增速的情况仅在非典时期和全球金融危机时期发生过。从

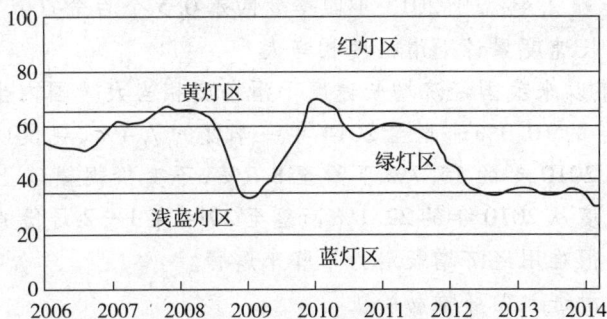

图 1　中国经济运行指数走势图

工业产出等指标看,经济回落幅度则更大。一季度,规模以上工业增加值同比增长 8.7%,增速与偏冷的 2001 年下半年相当,比 2013 年四季度回落 1.3个百分点。2014 年 1—2 月份,按可比价计算的规模以上工业主营业务收入同比增长 9.9%,增速比 2013 年四季度回落 3.5 个百分点。一季度,中央企业和 36 个地区(省、自治区、直辖市、计划单列市)国有及国有控股企业营业总收入同比增长仅 3.7%,增速比 2013 年四季度回落 4.1 个百分点,比 2013年三季度回落 7.9 个百分点。

②用电量和货运量增速回落。2014 年 1—2 月份,全社会货运量同比增长 7.5%,增速比 2013 年四季度回落 3.2 个百分点,货物周转量同比增长 4.4%,增速比 2013 年四季度回落 5.4 个百分点;一季度,全社会用电量同比增长 5.4%,增速比 2013 年四季度回落 3 个百分点,工业用电量同比增长 5.2%,第三产业用电量同比增长 6.6%,增速分别比 2013 年四季度回落 3.1和 1.9 个百分点;发电量增长 5.8%,增速比 2013 年四季度回落 2 个百分点,比 2013 年三季度回落 4.1 个百分点。

③基础原材料增速大幅回落。2014 年一季度,钢材产量同比增长 5.3%,十种有色金属产量增长 6.7%,水泥产量增长 4%,化学纤维产量增长 4.8%,增速比 2013 年四季度分别回落 5.6、2.8、5.9 和 4.2 个百分点。

④内需状况下滑。2014 年一季度,社会消费品零售额同比增长 12%,比 2013 年四季度回落 1.5 个百分点。不含农户的固定资产投资同比增长 17.6%,创 2002 年以来的新低,增速比 2013 年同期回落 3.3 个百分点。

⑤工业购销价格降幅增大。工业购销价格在 2013 年下半年呈现止降走势,价格水平连续 6 个月基本稳定,同比降幅逐渐缩小,但 2014 年一季度再次转降,3 月份,出厂价格同比下降 2.3%,购进价格同比下降 2.5%,两者降幅分别比 2013 年四季度增大 0.9 和 1 个百分点。居民消费价格涨幅同步回

落,3 月同比上涨 2.4%,比 2013 年四季度回落 0.5 个百分点。

2. 经济增长速度累计下滑幅度相当大

自 2010 年以来我国经济增长速度下滑幅度相当大。国内生产总值增长速度从 2010 年的 10.3% 下滑至 2014 年一季度的 7.4%,规模以上工业增加值增长速度从 2010 年的 15.7% 下滑至 8.7%,不变价规模以上工业主营业务收入增长速度从 2010 年的 22.1% 回落至 2014 年 1—2 月份的 9.9%;如此大的下滑幅度很难用经济增长潜力下降来解释。

3. 经济下滑进入循环推动阶段

乘数和加速数原理揭示了经济上升和下滑都会自我加速,也就是说需求不足会在乘数和加速数的作用下变得更加严重。我国目前的经济下滑已经进入这一阶段,主要循环推动方式有两种,具体作用过程如下:

需求不足→经济下滑、价格下跌→企业效益下降→投资意愿下降→需求不足更加严重

需求不足→企业扩张意愿下降→资金需求减少→流动性充裕和利率下行→央行收回流动性并维持利率在目标水平→货币政策加剧紧缩→需求更弱

要打破以上循环,单纯依靠市场力量不仅需要很长时间并且代价很大,因此总量调控措施必不可少。

二、经济再次下滑的原因分析

造成经济再次下滑的主要原因是货币政策过紧、房地产市场下行、汽车市场增速减缓以及地方政府对经济发展的推动力下降。

1. 货币政策过紧

M1 增速在 2011 年 9 月份降至不到 15% 的水平(按可比口径计算),2011 年末降至 13.7%。2012 年,M1 增速低开后有所回升,年末增速估计在 13% 以上(比央行公布的数据高 7 个百分点),与 2011 年大体相当。2013 年,M1 增速再次走低,但 5 月份之前仍保持在将近 12% 的水平,6 月份,受流动性高度紧张的影响,增速降到 9%,虽然流动紧张很快得到缓解,但 M1 的增速没有恢复,一直在 10% 以下运行,货币政策进入偏紧状态。2014 年,M1 增速进一步走低,3 月末同比仅增长 5.4%,增速比 2013 年末回落 3.9 个百分点。M1 增速位于绝对低位,比 20 世纪 90 年代以来的任何一次低谷都要低,虽然货币电子化会使货币流通速度加快,流通速度下降引起的货币需求要比以前少一些,但 M1 增速已降至经济增长速度之下,因此无论如何也是明显偏低的,标志着货币政策已经由偏紧转变成过紧。现金流通量(M0)的

第6章　经济应用文

走势与 M1 相似,2014 年 3 月末同比增长 4.6%,增速比 2010 年末回落 12.1 个百分点,剔除受春节因素影响的 1、2 月份后,增速位于 1991 年以来最低水平。2014 年 3 月份,广义货币(M2)同比增长 12.1%,增速回落幅度相对较小,但与经济走势的关系远不如 M1 密切,因此重要性不如 M1。

货币政策过紧的另一个重要表现是利率水平上升。在经济回落过程中,利率水平理应趋于回落,从而起到内在稳定器的作用,但这一次却相反,由于受利率市场化和互联网金融快速发展等因素的影响,利率水平不降反升。央行正回购利率比 2013 年同期提高 1 个多百分点,财政定存招标利率大多超过 6%,债券市场现券收益率居高不下,同业拆借利率和质押式回购利率明显高于 2013 年同期水平。利率走高会对内生性投资产生负面影响,特别是在工业购销价格下跌的情况下,负面影响就会更大。由于受融资成本上升等因素影响,2013 年下半年以来,企业债券净融资大幅萎缩,7—12 月份的净融资额比 2013 年同期下降 59.2%,2014 年一季度比 2013 年同期下降 49.2%。

2. 房地产市场下行

房地产市场下行在 2013 年就已经有表现,2013 年以高增长开局,但回落很快,4 个季度的商品房销售面积同比增长率分别为 37.1%、23.5%、15.7% 和 7.7%,四季度已降至较低水平。2014 年一季度的情况更差,商品房销售面积同比下降 3.8%,销售额同比下降 5.2%,出现较为少见的销售额增速低于销售面积的现象。房地产市场下行原因有:货币政策偏紧、市场利率上升、经济增速较低以及工业生产者购销价格下降等。由于按揭贷款利率较低,因此受利率上升的冲击较大。银行普遍收紧了按揭贷款,按揭贷款的利率上调、审批期延长,获得按揭贷款的难度明显加大。目前,房地产已成为我国支柱产业,产业关联度很高,又是地方财政重要来源,因此房市下滑对经济走势有相当不利的影响。

3. 地方政府对经济发展的推动力减弱

地方政府历来对我国经济发展有很强的推动作用,但自 2013 年以来,这种推动力有所减弱。首先是地方政府融资平台的贷款被限制为总量不能增加,断了资金来源,推动能力自然下降;其次是激励机制发生变化,GDP 已不再是衡量地方政绩的唯一指标。

4. 汽车市场增速减缓

汽车市场在 2013 年保持较好走势,产销量均增长较快,汽车产量增长速度从一季度的 13.5% 上升至四季度的 24.6%,增速明显高于 2011 年和 2012 年,对经济稳定发挥了积极作用,但这种走势没能在 2014 年延续,增速从高位回落,一季度汽车产销量分别为 589 万辆和 592 万辆,比 2013 年同期均增长 9.2%。增速回落主要原因在于经济基本面无力支持汽车消费高增长。另外,公车改革和限购城市增多对汽车需求也有不利的影响。

三、对经济走势的展望

1. 经济下滑不会很快结束

当前经济下滑与 2013 年 5、6 月份的情况有明显不同。当时是受严查套利贸易和流动性高度紧张的影响,两个因素都是暂时,因此政府采取稳增长措施后可很快恢复稳定。但目前经济下滑的原因是可持续的,恢复稳定的难度要大很多。为保持经济稳定,我国已经采取一些稳增长措施。2014 年 3 月 19 日,国务院常务会议强调要抓紧出台已确定的扩内需、稳增长措施,加快重点投资项目前期工作和建设进度。2014 年 4 月 2 日,国务院常务会议研究确定了减税小微企业、加快棚户区改造、加快铁路建设三项具体措施。估计还会有更多措施出台,但出于防范风险考虑,首轮调控将以结构性措施为主,对投资扩张和总量扩张较为谨慎,调控政策力度将会比较温和。从近期货币政策操作情况看,正回购力度始终很大,远超 2013 年同期水平,尚未出现松动的迹象。截止到 2014 年 4 月 23 日,正回购余额高达 5 790 亿元,是 2013 年同期的 2 倍,回购利率比 2013 年同期提升 1.25 个百分点。正回购规模扩大和利率上升都是紧缩性的,将会削弱结构性保稳定政策的作用。由于目前经济下滑的根源在于总量政策过紧,并且已经进入循环推动阶段,因此在总量政策作出调整之前,下滑过程不会马上结束,结构性措施主要可起缓解下滑程度的作用。

首轮调控措施的政策效果至少需要观察 2~3 个月,因此第二轮调控措施要在 6 月份或更晚以后才会实施。估计第二轮调控措施的力度将会明显加大,总量政策将转变为温和扩张,地方政府投资将会受到一定鼓励,但具体效果要到那时才能分析。从 2008 年情况看,四季度政府密集出台大力度调控措施,经济回升在 2009 年 3 月份才开始,调控效果显现的滞后期超过 3 个月。这次经济下滑的动能要比 2008 年四季度小很多,并且还有首轮调控作铺垫,因此滞后期会更短些,乐观估计,政策效果在 8、9 月份会有所显现,四季度则会比较明显。

2. 对经济下滑程度的估计

为判断经济下滑程度,可以选择历史上 M1 增速较低的时期作为参照。通过深入考察,2001 年下半年,M1 平均增速在 12% 左右,整体经济走势向下,GDP 增速最低降到 6.8%,工业增加值的季度增速降到 8.5%。2013 年下半年,M1 的平均增速是 9.3%,由于 2001 年货币流通速度下降得比现在快,因此两者增速可看成比较接近。但是,如果 M1 增速在 2014 年一季度的水平延续下去,那么经济下滑幅度将会超过 2001 年下半年。

3.通货紧缩将再次降临

2014 年一季度,居民消费价格同比涨幅为 2.3%,尚未形成通货紧缩,但涨幅回落趋势明显。货币供应量 M1 始终是影响我国消费价格走势的主要因素,不论是消费价格涨幅上升还是回落,都是 M1 增长率变动在前。1996—2013 年,两者之间最大时差的相关系数高达 0.57,消费价格涨幅的平均滞后期约为 9 个月。2012 年,货币供应量 M1 平均增速略低于 13%,2013 年的 CPI 平均涨幅为 2.6%,可以作为测算的基准。2013 年 6~12 月的 M1 平均增速为 9.3%,2014 年 3 月份仅为 4.6%,从目前的央行操作看,M1 增速在短期内回升的可能性不大。M1 增速回落有一部分会被货币流通速度加快吸收,剩余部分就只能由经济增长速度回落和通货膨胀降低来吸收。在物价涨幅较低时,靠物价涨幅回落吸收的部分至少要占 1/3,据此推算,二、三季度的 CPI 涨幅将回落至 1% 以下,四季度将接近 0 或更低。

四、调控政策建议

1.货币政策应按稳增长和控通胀的阈值进行操作

货币政策的操作主要有两种方式:一种是直接对货币供应量和利率水平进行调节,前提是能准确把握货币供应量的适度增长;另一种是根据经济增长和通货膨胀水平进行相机抉择,适用于货币供应量适度增长难以把握的情况,虽然调控的滞后期较长,但可以避免系统性差错。当然,也可以两种方式结合起来使用。

从我国的历史数据看,货币供应量 M1 与经济增长和物价变动的关系要远比货币供应量 M2 密切,因此可以作为衡量货币政策的主要指标。2011 年 9 月份,M1 增长率回落至 15% 以下,9 个月后的 CPI 降至 3% 以下,2012 年,M1 的平均增速为 13% 左右,2013 年 CPI 的平均涨幅为 2.6%。从这些数据可以看出,M1 增速保持在 14% 左右就可以满足控通胀的要求。

经济增长速度的适度水平主要取决于潜在增长率。虽然我国潜在经济增长率有下降趋势,但短期内大幅下降的可能性不大。2011 年,货币供应量增长速度从 2010 年末的 21.2% 回落至 13.7%,回落幅度很大,但工业产出增长率回落很少,规模以上工业增加值增长 13.9%,仅比 2010 年回落 1.8 个百分点,且与 2010 年下半年基本持平。在总量调控政策收缩时,经济增长速度会降到潜在速度以下,因此规模以上工业增加值的适度增长率应不低于 14% , 与此相对应的 GDP 增速应在 8.5% 以上,作为货币政策的下限阈值。

根据稳增长和控通胀的阈值进行货币政策操作的基本规则是:当通货膨胀超出阈值时应采取收缩性政策,但只要通货膨胀回落至阈值之下,货币政策的收缩就应停止;当经济增长速度低于增长速度阈值且通货膨胀水平较低时,则应适当放松,目前的经济状况正好符合这一条件。

货币政策适当放松对于防范金融风险也是很有必要的。经济下行会使地方政务债务和银行贷款面临更大的违约风险,而货币政策适当放松则可以改善经济走势,从而提高地方政府和企业的偿债能力。

2. 保持必要的速度才能实现总供求平衡

只要实际经济增长速度低于潜在经济增长速度,全社会储蓄就不能全部转化投资,除非把富余的储蓄全部投向国外,否则就会造成总需求不足。实际增速低于潜在增速的幅度越大,总需求不足就会越严重。总需求不足必然会造成产能过剩,需求不足持续的时间越长,产能过剩就会越严重,产能利用率就会越来越低,产能过剩的行业就会越来越多。大范围产能过剩是每次经济低谷的共性,但所谓的过剩产能大多是今后需要的,而不是需要淘汰的落后产能,因此称为富余产能更为合适。1998 年曾发生过电力过剩,但到了经济回升的 2003 年,电力紧张再次拉响警报。要消除经济增速过低引发的总需求不足,必须把实际增速提高到潜在增速,离开这一前提,其他措施很难奏效。

3. 拓宽扩大内需的视野

通过与发达国家比较可知,我国落后的领域还很多,这些领域都可以作为扩大内需的备选对象。从目前的情况看,除已经出台的措施外,还应重点考虑的领域为:一是迅速加大对空气质量的治理力度,要在尽可能短的时间内使各种废气(如汽车尾气、烟尘等)的排放标准与发达国家一致;二是加大城市基础设施的改造力度,切实解决城市排涝能力不足、道路交通拥堵和停车设施不足等问题;三是加大大江大河整治力度,抗洪能力要达到 50 年一遇或更高的水平,从而逐渐缓解自然灾害频发的问题;四是对地震带的校舍按抗 8 级地震的标准进行全面改造,防止校舍在地震中垮塌的悲剧重演。由于中央财政的能力有限,因此扩大内需要充分发挥地方政府的作用,鼓励地方政府在融资方式等方面进行创新和探索。

4. 出口鼓励政策需谨慎

2014年一季度，我国商品进出口贸易顺差167亿美元，不到2013年同期的4成；按美元计价的出口额同比下降3.4%。但全年的出口并不一定会很差，一季度出口下降主要是2013年基数异常造成的。影响未来出口的因素以有利居多：一是外部环境比较有利，全球经济继续复苏，主要国际机构均预测全球贸易增速加快；二是我国出口潜力随经济发展而增加，近两年的出口增速不高，均为7.9%，为出口加快增长积累了一定潜能；三是内需状况较差和工业品出厂价格持续下降会迫使企业在出口方面作更多努力；四是2014年2月份以来的人民币贬值对出口有利，虽然全年是升是降还不好说，但至少升值速度会减缓。预计出口增速会在二季度转正并形成上升走势，全年贸易顺差有望超过2013年。在这样一种情况下，出台鼓励出口的政策虽然可以缓解内需不足的问题，但会加剧外部失衡，会使外汇储备过多的问题更加严重，因此需谨慎实施。

5. 要允许房地产市场适度调整

自2013年下半年以来，房地产市产场形成调整趋势，类似的调整在2008年也发生过，因此不会导致全局崩盘的后果。虽然部分地区出现房价过高的问题，但我国正处于加速城市化阶段，且经济发展速度依然相当快，因此房地产业的黄金发展期并没有结束。面对房地产业调整，有的城市已开始谋划维稳措施，但这样的做法并不十分可取。房市的适当波动对于房地产业健康发展极为重要，波动是最好的风险教育，没有波动就不可能打破房价只涨不跌的刚性预期，而只涨不跌的市场最终必然会导致严重泡沫并以崩盘收场。当然，作好应对房市过度下滑的充分准备也十分必要，因为房市是一个高度受预期影响的市场，悲观预期往往会导致更加悲观的结果，甚至形成蝴蝶效应。

表1　主要经济指标季度增长率　　　　　　单位:%

	年　份	一季度	二季度	三季度	四季度
国内生产总值 累计同比增长率,可比价	2012	8.1	7.8	7.7	7.8
	2013	7.7	7.6	7.7	7.7
	2014	7.4			
规模以上工业增加值 当季同比增长率,可比价	2012	1.60	9.5	9.1	10.0
	2013	9.5	9.1	10.1	10.0
	2014	8.7			

续表

	年　份	一季度	二季度	三季度	四季度
固定资产投资(不含农户) 当季同比增长率,现价	2012	20.9	20.2	20.6	20.8
	2013	20.9	19.7	20.3	18.2
	2014	17.6			
房地产开发投资 当季同比增长率,现价	2012	23.5	13.1	13.6	18.2
	2013	20.2	20.4	18.8	20.0
	2014	16.8			
社会消费品零售总额 当季同比增长率,现价	2012	14.8	13.9	13.5	14.9
	2013	12.4	13.0	13.3	13.5
	2014	12.0			
城镇居民人均消费支出 当季同比增长率,现价	2012	12.3	11.6	7.9	8.3
	2013	7.3	7.1	8.4	9.5
	2014	10.0			
城镇居民人均可支配收入 当季同比增长率,现价	2012	14.0	12.5	12.5	11.4
	2013	9.3	8.9	10.2	10.6
	2014	9.8			
规模以上工业产成品库存 期末同比增长	2012	18.3	12.9	10.1	7.2
	2013	7.5	7.1	6.0	6.6
	2014	10.2			
出口总额 当季同比增长率,美元现价	2012	7.6	10.5	4.5	9.4
	2013	18.4	3.7	3.9	7.4
	2014	-3.4			
进口总额 当季同比增长率,美元现价	2012	6.9	6.5	1.6	2.7
	2013	8.4	5.0	8.4	7.2
	2014	1.6			
货币流通量 M1 期末同比增长	2012	4.4	4.7	7.3	6.5
	2013	11.9	9.1	8.9	9.3
	2014	5.4			

续表

	年　份	一季度	二季度	三季度	四季度
货币流通量 M2 期末同比增长	2012	13.4	13.6	14.8	13.8
	2013	15.7	14.0	14.2	13.6
	2014	12.1			
金融机构贷款余额 期末同比增长	2012	15.7	16.0	16.3	15.0
	2013	14.9	14.2	14.3	14.1
	2014	13.9			
非金融企业存款余额 期末同比增长	2012	7.5	7.0	9.2	9.1
	2013	14.5	12.4	11.9	10.4
	2014	6.5			
居民储蓄存款余额 期末同比增长	2012	12.8	14.7	16.8	16.3
	2013	18.3	15.6	13.6	12.0
	2014	9.5			
居民消费价格 当季同比平均涨幅	2012	3.8	2.9	1.9	2.1
	2013	2.4	2.4	2.8	2.9
	2014	2.3			
工业生产者出厂价格 当季同比平均涨幅	2012	0.1	-1.4	-3.3	-2.3
	2013	-1.7	-2.7	-1.7	-1.4
	2014	-2.0			
工业生产者购进价格 当季同比平均涨幅	2012	1.0	-1.6	-3.9	-2.8
	2013	-1.9	-2.8	-1.8	-1.5
	2014	-2.1			

作者简介：

余根钱,1989 年毕业于中国社会科学院研究生院数量经济与技术经济研究所,高级统计师,现为国家统计局统计科学研究所数据质量研究室主任,国民经济研究所特约研究员。

（文章来源于:国家统计局 2014.06.12 资料检索）

简析点评:

该文结合 2014 年一季度,我国经济受货币政策持续紧缩等因素影响,就我国经济的运行态势、内需增长、经济增长速度、工业购销价格降幅增大、房地产市场转弱等经济指标呈全面下滑创新低的实际情况,提出了:总量政策过紧将会削弱结构性稳增长措施的作用,因此未来经济走势仍面临下滑风险的看法。

该文在层次的排序、开头和结尾有一定的缺陷,在文章的终极目的预测方面略显不足。

6.4   经济活动分析报告

6.4.1   经济活动分析报告的含义和作用

1)经济活动分析报告的含义

经济活动分析报告是根据会计核算、统计资料、有关原始记录、计划指标以及调查研究所掌握的情况,运用一定的分析方法,对某一地区、某一行业、某一单位、某一部门的全部或部分经济活动情况进行分析研究而写出的书面报告。

2)经济活动分析报告的作用

经济活动分析报告的作用主要体现为评价现状,总结经验,揭露矛盾,找出差距,查明原因,并提出改进措施和意见,以求获得更好的经济效益。经济活动分析是研究、评价经济活动的状况,认识经济活动规律的一种重要手段,是有关部门加强管理,提高经营水平的一种有效方法,它在社会经济生活特别是企业经营管理中,具有重要作用。具体地说,经济活动分析报告具有以下作用:

①它是总结企业经济活动的重要环节。由于经济规律的客观性使得人们对它的认识不可能一蹴而就,必须不断地通过实践提高认识,吸取失败的教训,总结成功经验。这种吸取教训和总结经验的过程,实际上也就是经济活动分析的过程。通过这种分析活动,人们对于客观的市场经济规律就会一

步步加深了解,不断自觉地改善自己的经营管理,经济活动分析报告无疑起到了总结过去的作用。

②它是编制企业计划的重要依据。企业管理的基本职能是对企业经济活动进行计划、组织与控制。计划是首要的职能,企业管理的其他职能都是为了完成规定的目标。企业管理工作的好坏,很大程度上取决于计划的科学性。企业生产经营计划的形成和产生,必须以企业自身的情况和对整个经济形势的研究分析为依据。正确的决策可以使企业兴旺发达,错误的决策可能导致企业的失败。经济活动分析报告所反映的经济活动现状,所提供的分析研究成果,正好为企业经营决策提供依据,从而确定企业的经营目标,制订企业的经营计划。

③它是企业提高经济效益的重要手段。通过经济活动分析,写出经济活动分析报告,可以使企业更全面地了解企业生产经营的状况及原因,它促使企业提高产品质量,降低产品成本,开发适销对路的新产品,减少生产和流通过程中的浪费和盲目性,挖掘各方面的潜力,采取有效的步骤和积极的措施,使企业的生产技术水平、产品质量、经营管理水平不断提高,以尽可能少的劳动消耗和物质消耗生产出更多的符合社会需要的产品来,以提高企业的经济效益。

④它是财政、金融、税收等部门更好地发挥职能作用的帮手。财税、银行部门工作的主要对象是企业。通过财税、银行本身对企业开展经济活动分析,经常写分析报告,可以了解企业的生产经营状况,以便支持和鼓励先进企业,扶持后进企业,制裁违法企业,从而更好地发挥财政、金融部门的职能作用。

6.4.2　经济活动分析报告的种类

根据不同的分类标准,可以将经济活动分析报告分为不同的类别:

1)按报告撰写的时间划分

可分为定期经济活动分析报告和不定期经济活动分析报告。定期活动分析报告包括年度经济活动分析报告、季度经济活动分析报告、月份经济活动分析报告等。不定期经济活动分析报告是指根据经济活动的需要,临时撰写的不定期的经济活动分析报告。

2)按报告内容所涉及的部门行业划分

可分为工业经济活动分析报告、农业经济活动分析报告、商业经济活动分析报告等。

3)按报告所涉及的对象划分

有生产方面、销售方面、成本方面、财务方面的经济活动分析报告等。

4)按经济活动所涉及内容和范围划分

可分为以下三种:

①综合经济活动分析报告。综合经济活动分析报告又称全面分析报告、系统分析报告,是把某一单位或某一部门一定时期内的经济活动作为一个整体,进行全面、系统的分析研究后写出的书面报告。它要求在全面、系统地分析各项经济指标的基础上,着重抓住该单位或该部门这一时期内经济活动的普遍性、关键性的问题,揭示经济活动的内在规律,并提出积极建议,找出解决问题尤其是突出问题的办法。

②专题经济活动分析报告。专题经济活动分析报告又称专项分析报告或单项分析报告,它是根据实际需要,对经济活动中某一突出问题、某项重大变化或某个薄弱环节进行专门的深入的调查分析后写出的书面报告。这种分析报告内容单一,中心明确,分析集中,反映情况及时,可以尽快地发现问题、研究问题,有利于及时采取措施,及时解决问题,所以,成为在经济工作中经常使用的文种之一。

6.4.3　经济活动分析的基本方法

经济活动分析报告在动笔写作之前,要作好足够的、充分的准备工作,通常从以下几个方面入手:

1)拟订分析计划,明确分析的目的和要求

这样做有利于有目的地搜集各种资料,有步骤地开展工作,避免盲目性。

2)搜集、整理有关资料

资料是经济活动分析的基础和依据,不掌握大量的材料,经济活动分析就无从谈起。应该搜集分析的资料有:反映经济活动各个方面计划指标的计划资料,反映实际经济活动情况的统计资料,反映本单位资金、成本、利润等情况的会计核算资料,以及有关定额资料、原始记录资料、历史资料、同类型先进单位资料等。

3)对所搜集的资料还要进行审核、甄别,并运用合理、有效的分析方法进行分析

常用的经济活动分析方法有如下几种:

(1)比较法

比较法也叫对比分析法,它是将可比数字资料进行比较,根据比较结果来研究经济活动的情况和原因,为设法提高和改进提供依据。进行比较分析一般从以下几个方面进行比较:

①比计划。即以本时期实际完成指标与计划指标相比,分析现象,找差距,说明计划的执行情况,总结计划是否完成之原因,为完成计划、挖掘潜力创造更好的条件。

②比历史。即以本时期实际指标与上期或上年实际指标相比,与本企业本单位最好水平相比,从而发现经济活动发展变化的规律,以便采取相应措施,提高经营管理水平。

③比先进。即以本时期实际指标与条件大致相同的同类型先进企业相比,找出差距,发现本企业在执行方针政策和经营管理中的问题及薄弱坏节,吸取先进经验,改进工作,促进自身的发展。

(2)因素分析法

因素分析法是揭示影响经济活动的若干因素及其影响程度的一种分析方法。影响经济活动的因素往往是多方面的,经过分析,要从中找出带有普遍性、关键性的因素。如果说比较法着重于数字、情况的比较,那么,因素法则侧重于事实说明、问题剖析,以达到分清责任、查明原因的目的。运用因素分析法,注意以下几点:

①既要注意客观因素,又要重视主观因素的分析,正确处理二者之间的关系。

②要抓着主要问题的主导因素作分析。任何问题的形成因素都是多种多样的,但这其中有关键的、非关键的,本质的、非本质的,只有在诸因素中抓着最关键、最本质的因素进行分析,才能更准确地说明经济活动特点,揭示经

济活动中问题产生的原因。因此,在分析时,要分清主次,抓住主要、关键的因素。

③要注意分析带有倾向性的因素。有些因素尽管在目前处于次要地位,但从发展趋势看,有可能上升为主要因素,所以,在分析时应作必要的强调。

(3)预测分析法

预测分析法又称动态分析法,是分析报告中较常用的一种方法。它是根据分析对象和目的,把有关经济指标或反映发展状况的动态指标,按时间顺序排成动态序列加以分析。它的作用在于预测经济发展趋势,并作出判断,以便借鉴历史经验教训,采取对策,促进企业发展。预测分析法有以下3种:

①统计分析法。即用过去的统计资料,预测其趋向性。

②经验预测法。即用以往经济活动中所取得的成效、经验、教训,对所遇到的新问题进行判断。

③指标预测法。即用所定计划指标及国民经济计划来预测经济发展动态。

事实上,经济活动报告的写作,往往不是采取一种分析方法,而是多种分析方法相结合,多角度、多侧面地剖析经济现象,发现经济规律,提出解决问题的方法和措施。

6.4.4 经济活动分析报告的写作格式与要求

1)经济活动分析报告的格式

撰写经济活动分析报告,一般采用总结性报告的写法。从总体上看,它通常包括标题、正文和落款三个部分。

(1)标题

经济活动分析报告的标题主要有两种:

①准公文式标题。这类标题主要由分析单位、分析时限、分析内容和文种等几个要素构成,如《××企业2000年经济效益分析报告》。这类标题还可以省略时间或文种,宏观经济活动报告通常是不写单位的。有的还要加上"关于"二字,使标题有一种公文色彩,也有的标题不写"分析"或"分析报告",而写"意见""建议""看法""说明"等。

②新闻式标题。它可以只反映分析报告的内容或意见、建议,省略了单

位名称、分析时间、文种等内容,这样有利于突出分析报告的主题,如《结算资金大量增加问题必须尽快解决》《加强商品购销中的经济核算》等。也可以用正副标题,这类标题一般正标题概括或揭示主题,副标题点明分析的时间、范围、文种等内容,如《深加工粮油产品前景广阔——××市粮油市场粮油深加工产品销售状况分析》。

(2)正文

正文是经济活动分析报告中的主要部分。经济活动分析报告的正文没有固定的格式,比较常见的写法是由开头部分、主体部分、结尾部分等三大部分组成。

①开头部分。开头部分又称前言或引言。这部分的写法多样,有的是以简练的语言介绍经济活动的背景;有的是说明分析对象的基本情况;有的是交代分析的原因和目的;有的是明确分析的范围和时间;有的直接提出分析的问题;有的揭示分析结论。也有许多经济活动分析报告省略了前言部分,开始便直截了当地表述中心内容。

②主体部分。主体部分又分为情况和分析两部分。

A.情况。这部分要详细写明经济活动的情况,包括主要经济指标完成的情况、技术或管理措施实施情况、业务活动开展情况等。写情况是为了总结经验,揭示问题,为下文的分析作好铺垫。为了把情况写得具体,通常应使用一些数字。

B.分析。经济活动分析报告以分析为主,而不能只是堆砌材料,罗列事实。而应对概括情况中所提及的问题,运用已掌握的有关资料,采用合理的分析方法,对影响经济效益的各项情况进行分析,从中总结经验,找出差距,查明原因。只有分析得当,才能对经济活动作出正确的评价,才有可能掌握经济活动的规律和本质。

有的经济活动分析报告是把"情况"和"分析"放在一起写的,即写完一方面的情况,接着便进行分析,然后再写另一个方面的情况,再对之进行分析。边写情况,边进行分析,边提出问题,边作出回答。

全面分析报告大多先分项,后抓住主要内容进行分析;简要分析报告多抓住几个或一两个重要问题进行分析;专题分析报告则针对某一问题进行分析。

③结尾部分。结尾部分一般写明作者的意见或建议。在这个部分中,一般是根据分析的结果,回答对今后的经济活动"该怎么办"或者应当"怎么

办"的问题。在不同的经济活动分析报告中,这部分内容的侧重点往往是有所不同的。如果报告以说明成绩、总结经验为主,这里则应着重写明推广经验、进一步提高经济效益的途径;如果报告以揭示问题、总结教训为主,则应着重写明解决问题、改进工作的措施;有的分析报告则着重对经济活动的前景和趋势作出预测。

分析问题是为了解决问题,"建议"是"分析"的归结点,所以,这一部分也是经济活动分析报告中比较重要的一部分。

(3)署名和日期

经济活动分析报告如果公开发表,撰写单位名称或个人姓名则应署在标题之下,写作日期可省略,也可写在正文末右下方。

2)经济活动分析报告的写作要求

撰写经济活动分析报告必须注意以下几点:

①要充分占有材料,全面地掌握材料。材料是进行分析的基础,所用的材料可靠、系统、充分是做好分析工作的基础,或者说分析的质量和效果在很大程度上取决于材料的准确性和完整性。材料不真不全,必然会导致分析不全面、表述不客观、指导性不强等缺点。因此,在深入调查研究时,要尽可能多地掌握。

"死材料"和"活材料"。死材料指的是来自计划、报表、凭证、账册等书面材料;活材料指的是来自对经济活动的实地调查研究所掌握的材料。

②要把宏观分析和微观分析有机结合起来。写经济活动分析报告不能只看一时的现象、一地的情况、一个部门的状态,必须树立全局观念,站在国家经济宏观管理的角度。从宏观经济着眼,从微观经济入手。既要看到国民经济的状况,又要分析部门、企业的情况,以达到对整个经济活动和各个经营单位经济情况的全面了解。

③要把发现主要矛盾和解决重点问题结合起来。经济问题是错综复杂的,分析经济问题必须找出关键性的问题,抓着主要矛盾,解决重点问题。在分析中,作者要依据特定的目的、重点、要点及有关法律、政策等,从错综复杂的已存与现存经济活动中,找出关键性问题,与此同时还要善于提出解决矛盾的方法、合理的建议和措施。这样,才能使分析有重点,解决问题有措施。

④要把统计数字和说明文字结合起来。经济活动分析报告要用大量的数字,所以,在使用数字时必须恰当、准确。

实例：

托收拒付的专题分析

为了挖掘资金潜力，减少不合理占压，最近我们对拒付问题作了一次专题分析。到 3 月 15 日为止，我站待决应收款未能处理的共 41 笔，金额××× ××元。这些悬账大部分是去年下半年和今年初发生的，但也有一部分是过去遗留未决的问题，归纳起来大体有几种类型：

一、到货不及时造成拒付 12 笔，金额××××元。到货不及时有多种因素，有开单问题和运输问题，比较突出的还是运输问题，特别是季节性商品和推销商品，错过时机将带来无可挽回的被动局面。例如，调××百货站冬令商品下半年合同，12 月分批开单不算违反合同，次年 1 月发运时，因今年春节提前，对方以合同过期为由拒付两笔货款及运费，经函询协商尚无结果。

二、变更运输路线拒付 5 笔，金额××××元。去年以来由于储运公司未按对方指定运输路线中转，造成拒付比较频繁。截至目前为止，未获解决的是：上年四季度合同调给××批发部××商品货款及运费××××元，调拨单上已注明由××中转，而储运公司整车发运至另一地商储公司中转，对方以未收到货拒付，以后两次附商储公司函件告知已转运并重办托收，均遭拒付，并来函提出退货或延期付款。

三、差错问题造成拒付 9 笔，金额×××元。例如，调××百货大楼商品，原合同两份，一份为某商品，一份为另一商品，由于开单时写成×商品而错发，对方拒付××元，虽经联系协商补调并将量发商品请对方代销，但未得到答复。

四、因其他扯皮问题无理拒付 15 笔，金额×××元，如根据合同条例规定："没有发运证明或自提证明可以拒付"。发往某地货款及运费两笔，金额××× ×元。港务局由于集中收货分批装船，运单均未注明船名航次，对方以"运单未填船名航次，视同商品未发运"为理由拒付……说明这些兄弟站店在执行合同条例方面不严肃。

通过以上情况的分析，我们建议：

一、各专业科对已发生的悬账要抓紧时间与有关部门联系清理，并吸取教训，严格执行合同。今后按照合同要求，将运输路线、到货日期等在调拨单上注明，以防止新的拒付发生。

二、要求储运部门配合各专业科做好调拨运输工作,特别是季节性品和推销的商品,要千方百计狠抓交货、开单、调运三及时,避免因过时令到货、合同注销而发生拒付。

三、建议储运公司根据我站调拨单注明的运输路线,合理组织运输。如有特殊情况需作变更时,应加强联系,以加速商品流通,节约费用,配合我站缩短商品待运时间。

×××百货站

××年×月×日

简析点评:

这是一篇简要的专题经济活动分析报告,采用简要式标题,突出了分析报告的内容。报告的开头非常简洁明了地介绍了写这个分析报告的目的及该问题的历史背景和现状,既与标题相呼应,又开门见山。主体部分把问题通过分析归纳为四种类型,并作了简要分析。最后,提出建议。分析有条有理,说服力较强。另外,表达简洁准确。

6.5 商品广告

6.5.1 商品广告的含义和作用

1)商品广告的含义

"广告"这个词来源于法语,意思是通知或报告。从字意解释,是广而告之的意思。商品广告是指借助于影视、报刊、广播等多种媒体,有目的地宣传商品和服务内容,以吸引购买、招揽业务、促进消费的一种宣传活动,同时也指这种宣传活动所使用的文书。现实的商品广告所使用的媒介并不限于语言文字,它也借助于声音、表演、线条、色彩等媒介在电视、电影、广播、报刊播发,甚至建筑物、交通工具、手提袋、雨伞等也经常成为商品广告的媒体,可以说商品广告已经利用了所有可能利用的媒介和手段,全方位地渗透进人们的生活。商品经济越繁荣,广告业就越发达。但大多数商品广告,无论借助什么媒体,也往往包含语言文字的因素,需要事先写好广告文稿。

《中华人民共和国广告法》第二条规定:"本法所称广告,是指商品经营者或服务提供者承担费用,通过一定媒介和形式直接或间接地介绍自己所推销的商品或者所提供的服务的商业广告。"

现在,人类已不知不觉地生活在无孔不入的广告世界里。据有关资料显示,全世界每年的广告费用已高达 1 000 多亿美元。我国广告业也经历了一个从复苏到发展的过程。我国的广告发生了三次变化:一是广告角色的变化。一般消费者的消费品占领广告舞台,一般消费者成为广告的主要对象。二是广告格调的变化。它面向一般消费者,强调的是个人情绪化的购买行为,着力点是"生活气息""艺术感受""以情动人"等,格调明显趋软。三是广告媒介的变化。广告面向一般消费者需要一个合适的传播媒介。所以,可以渗透到市民生活中的报纸、杂志、电视、网络等媒介成了广告主所倚重、青睐的对象。

2)商品广告的作用

我国《广告管理暂行条例》中说:"正确发挥广告在促进生产、扩大流通、指导消费、活跃经济、方便人民生活以及发展国际贸易等方面的媒介作用,更好地为建设社会主义物质文明和精神文明服务。"由此可见,广告的作用不外乎两大方面:

(1)经济作用

商品广告最直接、最终极的作用就是扩大销售,增加利润,同时也可以为企业赢得声誉、树立形象。因此,广告的主要作用就是活跃经济。

①指导消费,提高声誉。商品广告的目的就是宣传商品及商家的服务,提高厂家和商家的声誉,指导和刺激消费者的购买欲望,其指导消费、提高商家声誉的作用是不言而喻的。

②活跃经济,扩大流通。商品广告可以把关于劳务、产品方面的信息广为发布,从而使不同地域、不同需求的人们彼此沟通,各取所需,使库存的商品得以盘活,资金周转加快,人员合理流动,这也就促进了流通的发展。

③促进生产,丰富市场。商品广告由于直接刺激了消费,扩大了流通,当然也就促进了生产,产品多了,也就丰富了市场。

④发展外贸,拓展市场。广告可以使国外消费者和经营者加深对我国出口商品的了解,从而乐于使用和推销。我国一些出口创汇好的企业,其产品

之所以能跻身于国际市场,除产品自身质量因素之外,与广告的宣传是分不开的。

(2)社会作用

①普及常识。一则优秀的广告,不仅具有明显的经济效益,同时还可向广大消费者宣传产品的性能原理、用途功能、保养维修、使用方法等与商品有关的生活知识和科技常识。像邮电、银行、保险等部门的广告,就向人们宣传了一些电信、储蓄、保险等方面的生活常识。一些旅游部门的商业广告,会向人们宣传一些地理人文、风景习俗等方面的知识。

②美化环境。城市中五光十色的牌匾、灯箱、图片、橱窗、招贴画等各式各样的广告形成一道色彩斑斓的风景线。既可使消费者获得大量的商品信息,又可以使人们得到视觉上的愉悦和精神上的享受。

6.5.2 商品广告的种类

按照不同的目的与要求,商品广告可以划分为不同类型。

从内容上分,可分为产品广告、商业广告、信息广告、劳务广告等。

从广告所利用的媒介来分,可分为报刊广告、电视广告、广播广告、路牌广告、灯光广告、交通广告、橱窗广告、邮寄广告、招贴广告以及最新发展的露天电子屏幕广告等。

从广告传播的地区分,可分为全球性广告、全国性广告、区域性广告、地区性广告。

从性状分,可分为静态广告、动态广告。

从表述体式分,可分为陈述体、论证体、问答体、证书体、文艺体等广告。

在此,着重介绍几种常见的商品媒体广告:

1)电视广告

电视广告以视、听形象结合的方式,在短时间内传播大量的、生动的信息和情报,最富有表现力和吸引力。其优势是:

①影响巨大。任何广告媒介的吸引力、影响力都无法与电视广告相提并论。

②宣传广泛。我国电视观众众多,电视广告具有广阔的覆盖面。

③手段多样。电视广告以它灵活多样的艺术手段的综合运用,强化和创

造最佳宣传效果。

④深化印象。电视广告可以重复播放,有利于强化消费者的记忆,加深消费者印象。

其局限性是:消逝速度很快,不利于消费者查找和掌握细节。另外,作为各类节目的穿插成分,消费者缺乏预定性和选择性。广告费用支出较高。

2)广播广告

广播广告以电波传播声音的方式,诉诸消费者的听觉。近年来,又兼收并蓄诗歌、戏曲、音乐、曲艺、相声等艺术形式,具有特殊的宣传效果。其优势是:

①传播空间大。广播广告覆盖全国面积绝大部分的信息传播网,使无法阅读报纸或收看电视的地方也可以接收到广告信息。

②传播时效快。广播广告可以在最短的时间内把宣传内容传到城乡各地及千家万户。

③形式灵活。主要形式包括单播、对答、预录、现播、配乐、选时重复播放等。

④费用低廉。在电视、报纸等主要媒体中,广播广告的费用相对是较为低廉的。

其局限性是:广播声音消逝速度较快,广告内容不易记住、保持、查找;收听率不平衡,农村高于城市。

3)报纸广告

报纸广告以报纸为载体,进行信息的宣传。目前,我国报纸种类众多,是广告媒介的主体。其优势是:

①传播范围较广。报纸发行量大,读者多,这是其他广告媒体难以企及的。

②制作简便灵活。报纸制作工序简易、灵活,广告内容传播及时,流转迅速。

③印象深刻持久。它是以文字记载的明确诉求,便于保存和查阅。

其局限性是:日报有效时间短,不易对公众形成长期影响,报纸内容庞杂,广告版面不突出,容易影响读者对广告的注意力。

6.5.3　商品广告的基本内容

商品广告的基本内容主要包括广告标题和正文。正文中一般要包括三个方面的内容：一要扼要解说广告标题提出的问题；二要提供商品的细节；三要敦促人们采取购买行为。这部分的内容要写得详略得当，机动灵活。最后是结尾部分，主要写明厂家、商家的名称、地址、电报、电话、传真等。

在广告内容中应重视商标名称和广告口号。

商标是经注册而受法律保护的一种商品表面或包装上的标志、记号，它使该商品区别于同类其他商品。一件新产品问世，精明的商家总会首先在商标名称上做些文章，因为商标名称本身就是产品的第一广告，它直接体现着产品的形象。如"娃哈哈"这个商标：既具儿童特色，叫起来又响亮，还带有强烈的感情色彩，并隐含服用后的实际效果。美国的可口可乐公司，在把这种饮料推向中国市场时，为翻译这个商标，不惜人力财力，研究了大约四十万个汉字词组，最后才选定"可口可乐"四个字，这个商标含有喝这种饮料既可口又可乐的意味，美滋美味，非常有吸引力。

广告口号是广告内容中另一项重要内容。广告口号又叫广告标语，是运用简洁明白、鼓动性强的语句对商品或企业进行反复宣传的一种形式。广告口号大致有两类：一类是反映企业纲领、方针、宗旨，树立企业形象的。雷蒙·罗必科为斯夸布父子公司写过一句著名格言："任何产品的无价要素是这种产品生产者的诚实与正直。"可见，企业形象之重要。如一家电器企业的广告口号是："没有最好，只有更好。"非常清楚地强调了企业的经营理念。另一类是突出产品性能、特点、功用、树立商品形象的。如"不打不相识"（某打字机的广告）这个广告巧妙地运用了中国民间的一句俗语，出奇制胜地把打字机的功用和用后效果突出出来，非常贴切。

商标名称和广告口号本身所具有的潜在魅力和宣传效果是非同小可的，需要认真对待，只有创作出完美的商标名称和广告口号，才能真正把商品广告的巨大威力发挥出来。

6.5.4 商品广告的格式和写作要求

1)商品广告的格式

商品广告一般追求表现形式的新颖性和艺术性,所以,它的写法非常灵活多样,不拘一格。常见的商品广告的写法大致包括标题、正文、结尾三部分内容。

(1)标题

广告标题是广告的灵魂,美国广告界泰斗大卫·奥格尔维曾说过:"标题是大多数广告的最重要的组成部分。"标题通常是指整则广告的总标题或广告全文的标题。常见的广告标题的写法大致分为三种:

①直接标题。它直接显示商品名称、品牌、企业名称等,把广告内容直截了当地诉诸读者。此类标题常见的有:名称式,如"汇仁牌乌鸡白凤口服液";报道式,如"创维电视举行以旧换新活动";祈使式,如"欢迎选购美的空调";劝诱式,如"给您的餐具一个无菌的家——康宝消毒碗柜";反语式,如"杉杉西服,不要太潇洒";双关式,如"比卡丘旱冰鞋,溜之大吉"。

②间接标题。这类标题不直接介绍产品,而是通过一种富有暗示诱导的方式介绍其特点和功能。间接标题有以下几种形式:疑问式,如"不用节食可以减肥吗?";抒情式,如"献给母亲的爱";颂扬式,如"'超级'麦片的确与众不同";比拟式,如"天上彩虹,人间长虹";描写式,如"春光明媚,处处有芳草";悬念式,如有一家国外航空公司的广告标题是"自12月23日起,大西洋将缩小20%";寓意式,如一个太阳眼镜的广告标题"把太阳摘下来"。

③复合标题。这是将直接标题和间接标题组合起来使用的一种标题形式,它把两种标题的优势组合起来,充分发挥标题的效用,如"高贵典雅,卓尔不凡——杉杉西服,杉杉系列服饰产品"。

(2)正文

正文是广告的具体内容,是标题的具体化,可以突出商品一两个特性,也可以对商品进行有重点而又全面的介绍。

正文可长可短,形式多样,主要有以下几种形式:

陈述体。陈述体是用准确、简洁的语言介绍产品,突出产品的主要特点。

证书体。证书体介绍商品或企业获得的各种证书、奖章或质量认证、专家定评等,借此赢得消费者的信赖,从而达到推行产品的目的。

艺术体。艺术体用诗歌、儿歌、快板、戏曲、动画、相声、小品等形式,来宣传产品。

问答体。问答体是用一问一答的形式,激发人们的好奇心,达到宣传产品的目的。问答体有自问自答和设问客答两种形式。

自述体。自述体是借助拟人化的手法,让商品自我介绍的方法。

比较式。比较式采用将自己的产品与同类或不同类产品进行比较,以突出自己的长处,从而实现起经济目的的方法。

成语式。用成语宣传商品,或直接引用成语,或巧妙地利用成语的谐音、双关再创新意,使广告活泼新颖,更易深入人心。

尽管广告的正文很重要,但并不是每则广告都必须有正文。有些广告因受场所、媒介等条件的限制无法使用正文,如实物广告、霓虹灯广告等。

(3)结尾

这部分内容主要写明单位名称、地址、电话、电挂、传真、银行账户、联系人姓名等,也可以视情况全部省或部分省。由于这一部分不是广告中的中心论题,所以,应以不醒目的方式摆在次要的位置上,切忌喧宾夺主。但又要尽量写得详细清楚,以便于消费者查询、联系、购买。

2)商品广告的写作要求

(1)实事求是

广告要真实,这是广告文稿最基本的道德要求。真实的广告可以提高产品声誉,虚假广告不仅败坏产品声誉,还会影响企业形象。甚至实事求是地自道不足,反而更能抓着消费者的心理,从而达到促销的目的,如日本一家钟表公司的手表广告就如实介绍"这种手表走得不太准确,24小时会慢24秒,请君买时要深思"。这一广告公开承认自己的不足之处,结果,本来无人问津的手表,生意反而一下子兴隆起来。

广告的真实性主要体现在对事实的诉求和消费者的承诺上。正如纽约大学零售学校的查尔斯·爱德华博士所说:"讲的事实越多,销售得越多,一则广告成功的机会总是随着广告中所含的中肯的商品事实数据量的增加而增加。"

(2)趣味高雅

广告既是经济现象,也是一种意识现象。它除了服务于经济目的之外,对社会的意识形态也起着一定的作用。它会对人们的价值观、道德观念、健康观念、伦理观念、审美观念等产生潜移默化的导向作用,广告不能只追求新奇而忽视其社会效应。

(3)简明突出

简明突出是成功广告词的又一要求。广告词的简明性,首先要求广告主题单一鲜明,突出广告主题,才能给人留下鲜明、深刻的印象。其次,要求语言要精练简洁,把文字压缩到最少地步。如日本丰田公司的广告:"车到山前必有路,有路就有丰田车"它形象地告诉人们丰田车质量可靠、种类繁多且行销全球等信息,便于记忆。

(4)独具创意

它是指广告表现的独特艺术个性。一则广告要做到这一点,应该做到:

①定位要准。一定要根据商品特性而确定诉求对象,分析消费者的心理,这样,广告促销效果才好。

②形式要新。是指广告体式要新颖独到,别具一格,不能简单套用,也不能机械模仿。

③语言精妙。语言既要通俗易懂,又要简洁明了,生动有趣,不落俗套。

要做到这一点,需从以下几个方面去努力:

A.妙用修辞。如借用拟人、反复、对偶、比喻等修辞方式。如日本一家酸奶店的广告:"本店出售的酸奶有如初恋的滋味"。

B.借用成语、俗语。如一洗衣机的广告:"闲妻良母"。

C.激发读者联想。如日本《朝日新闻》刊登的房地产广告,画面上一只青蛙在吃力地躲避着大雨,广告词是"人和动物的区别就在于人有温暖的家"。让人通过联想产生买房的意向。

(5)不能诋毁竞争对手

一个厂家或商家可以利用广告与竞争对手竞争,但应遵循一定的准则,不允许利用广告宣传攻击对手,损害他人商品的声誉和企业信誉。我国《反不正当竞争法》把利用广告损害他人商品和形象的行为视为违法行为。

实例一：

把握世纪契机　作出英明抉择
毛泽东诞辰100周年纪念珍品
18K金　钻石围镶

　　毛泽东诞辰100周年纪念珍品经中国人民银行批准限额发行,全世界仅2万枚,×地区限额发售500枚。由18K黄金铸造,镶嵌44颗南非天然钻石,重28克。全套包括珍品一枚,珍品金卡、珍品证书、礼品盒保险单。每枚珍品均有编号。珍品证书由毛泽东直系亲属亲笔签署,是极珍贵的稀世珍品、传世之宝。

　　收藏该珍品同时拥有多项权益：

　　● 随珍品奉送两项保险,保额36 800元人民币。

　　● 可自愿加入"百年珍品收藏者联谊会",可自愿载入《收藏者名录》一书,从而获得结交海内外近2万社会名流的机会。

　　● 今后拟陆续发行周恩来、朱德、刘少奇诞辰纪念珍品,形成中国当代四大伟人纪念品组合,您有优先购买权。

　　● 应邀参加本公司举办的纪念活动。

　　据专家预测,在2 000年前,该珍品将至少升值10倍。

××省总代理:××企业发展公司
销售代理商:××市××号××大厦×楼
电话:×××××××
联系人:×××

简析点评：

　　该广告是一则产品广告。其广告标题是采用复合标题的形式,间接标题与直接标题互为补充,将毛泽东诞辰100周年发行的纪念珍品的极具收藏价值的特点突出出来。

　　其正文部分则抓住数字与事实,以受众最关心的事实——它的收藏价值及升值潜能作为诉求点,实实在在。最后,又把收藏该珍品同时拥有的多项权益作了介绍,很具吸引力。

结尾部分介绍了总代理、代理商联系方式等,便于消费者联系。

实例二:

不良品

这辆金龟车误了船期。

车身有个地方的镀铬脱落,造成缺点,必须更换。您也许不会注意到,但是我们的一位名叫 K·古格拉的质检员注意到了。

在金龟车制造厂有 3 389 名员工,他们只有一个工作:检查金龟车制造过程的每一步骤(我们每天生产 3 000 辆金龟车,质检员人数多于此数)。每一个避震器都要经过检查(我们不允许抽检),每一面挡风玻璃也都要经过检查。一辆金龟车会因为肉眼看不到的刮痕而被打回票。

最后的检查更严厉,质检员把每一辆金龟车从生产线开到测试场,通过 189 个检查项目,当开回自动煞车平台,50 辆中总有一辆被评为"不合格"。

这样细密的事前检查,使这辆 VW 车比其他车耐用,维修费也花得较少(二手车价比其他车高)。我们剔除不良品,使您获得高价品。

简析点评:

这则广告被称为最具有创意特色的福斯汽车的广告文案。其构思、写法别具一格。

它的标题采用反弹琵琶的写法,用"不良品"这样一个在广告中很少出现的词来吸引消费者的注意力,既新奇,又独特,给人以很深的现象。

汽车是大件耐用消费品,广告主体部分抓着消费者特别关心产品质量这一点,用金龟车严格质量把关的事实和数字作为诉求点,给消费者以实实在在的印象。广告用语不主观性地强加于人,没有用诸如"第一""最好的"等广告忌用语,给消费者留下自己思索的余地。

6.6　商品说明书

6.6.1　商品说明书的含义和作用

1）商品说明书的含义

商品说明书又叫产品说明书,是介绍产品的性质、性能、构造、用途、规格、使用方法、保养维修、有效时限及注意事项的一种文字材料,是使用范围很广的一种说明文。

2）商品说明书的作用

①介绍指导作用。任何产品作为一种物化劳动,其表面形式与实际内容之间是有差别的。面对琳琅满目的商品,仅从外表上是很难辨识其庐山真面目的。通过产品说明书,可以对某一商品的特点、性能、功用等方面有所了解,从而根据自己对产品的需求来选择产品,以保证正确消费。同时,也为使用产品创造便利条件。

②广告推销作用。产品说明书在详尽地介绍产品的同时,也在树立产品形象,努力使产品得到广大消费者和用户的认可与接纳,从而激发消费者的消费欲望。由此可见,产品说明书有着明显的广告推销作用。

③教育作用。有些产品说明书,侧重于普及某种知识和技术,使消费者从中有所收益。如电器说明书中涉及有关电器方面的许多专业知识;某集邮册的说明书则介绍了许多有关邮票的知识,从而使消费者从中获得知识,具有一定的教育作用。

6.6.2　商品说明书的种类

商品说明书按照不同的分类标准可以分成不同的种类。

按照商品说明书的内容分,可分为产品介绍说明书、产品使用说明书、产品保养说明书。

按照商品的性质分,可分为日用品说明书、中成药说明书、机械产品说明书、电子产品说明书。

按照说明方式分,可分为文字式说明书、文字图表式说明书。

按照结构形式分,可分为条款式说明书、条文式说明书。

6.6.3　商品说明书的写作格式与要求

1) 商品说明书的写作格式

商品说明书没有固定的写作格式,其结构大致由封面、目录、正文、封底组成。

①封面。商品说明书的封面上要载明商品名称、商标、型号、规格、生产厂家、厂址、电话等。

②目录。目录标明章节名称及页码。通常象汽车、计算机等大件商品,说明书内容复杂,有了目录,可以方便消费者及维修者。

③正文。商品说明书的正文通常介绍产品的基本情况,如产品的用途、性能、结构、技术指标以及商品的使用方法、保养维修知识、其他注意事项等。其写法和内容应根据不同的产品和写作目的来决定,也就是说不同类型的产品,这部分应着重说明不同的事项。

④封底。封底通常是指落款,即注明生产和经销企业的名称、地址、电话、电报挂号、商标、批准文号、有效期限、传真号等,以方便消费者购买和联系。

此外,现在越来越多的说明书还采用中外两种文字写作,便于产品打入国际市场。

2) 商品说明书的写作要求

①内容要真实可靠。写商品说明书,一定要对消费者负责,不能言过其实,更不能弄虚作假或内容错误,否则,会丧失信誉,害人害己。

②说明要有侧重点。商品说明书的撰写者要抓着消费者的心理,针对他们对商品最感兴趣、最看重、最希望了解的内容,有重点地详加说明。

③表述要深入浅出。商品说明书实质上就是某一产品的消费使用指南,所以,写作时要根据消费者的情况确定其写法。如果是日常消费商品,它的使用者是普通大众,说明书就要通俗易懂,深入浅出,以适合社会各阶层的需要;如果是专业化产品,它的使用者是专业技术人员,说明书既要有一定的专

业色彩,又要简单明了。只有这样,才能真正达到介绍商品、宣传商品,推销商品的目的。

实例:

<h1 style="text-align:center">金嗓子喉宝(含片)</h1>

[药品名称]

品名:金嗓子喉宝

汉语拼音:Jinsangzi Houbao

[性　　状]本品为黄棕色至棕色片;有特异的芳香气,微似樟脑,有凉喉感,味甜。

[主要成分]西青果、罗汉果、薄荷脑等。

[药理作用]药效学实验表明:本品体外对乙型链球菌、金黄色葡萄球菌、大肠杆菌、绿脓杆菌均有一定的抗菌作用。本品口咽部给药,对大鼠角叉菜胶性足肿及小鼠棉球肉芽肿增生具有明显抑制作用;对小鼠醋酸腹膜致痛及热致痛均有镇痛作用;对小鼠血清溶血素的生成有抑制作用。提示本品具有抗菌、消炎、镇痛、抑制体液免疫等作用。

[功能主治]疏风清热,解毒消肿,利咽止痛,芳香避秽。用于咽喉肿痛、声音嘶哑、口臭、急性咽炎、急性喉炎等症。

[用法用量]含服,每次一片,一日六次,七天为一个疗程。

[规　　格]每片 2 克

[储　　藏]密封,置阴凉干燥处。

[包　　装]5 片×4 袋,铝塑袋装。

[有 效 期]二年

[批准文号]桂卫药健字(1994)第 0046 号

[生产企业]广西金嗓子有限责任公司

电话:(0772)2825718

传真:(0772)2821456

地址:广西柳州市跃进路 28 号

邮编:545001

网址:www.goldenthroat.com

电子信箱:jinsanbz@163.net

简析点评：

　　这是一则药品的说明书。其格式符合说明书的基本要求，内容比较完备，诸如药品的主要成分、药理作用、功能主治、用法用量等主要内容都写得很清楚。

　　内容既有通俗性，又有一定的专业性。其中用了比较多的专业术语，保证了其内容的科学性。因为药品的使用人群既有普通消费者，又有比较专业的医生。这样表述在内容上既照顾普通消费者，又兼顾专业医生这两类消费群体。

6.7　经济新闻

6.7.1　经济新闻的含义和作用

1) 经济新闻的含义

　　新闻的含义，有广义和狭义之义。广义的新闻是泛指报刊、广播、电视以报道最近发生的事实为主要内容的文字体裁，它包括消息、通讯、新闻特写、调查报告、社会评论等；狭义的新闻则是单指"消息"而言。这里所说的新闻是指广义上的新闻。

　　经济新闻是新闻的一种特殊形式，是指报道经济活动、反映经济工作、评论经济现象和经济问题的新闻总称。

　　经济新闻是一种最讲时效的宣传形式，它具有时效性、真实性、知识性和典型性的特点。

　　①真实性。真实是经济新闻的第一生命。它所报道的事实必须是现实生活中新近、实际发生了的经济事实，不能弄虚作假，不能凭空臆测，更不能随意拔高。它的报道要有根有据，人物、地点、时间、数字、引语、细节都须准确无误。不仅要求所反映的内容绝对真实，而且要求所反映的事物变化趋势也真实。它反映的必须是趋势性新闻，而不是可能性新闻。

　　②时效性。时效性是经济新闻的第二生命。经济新闻是对稍纵即逝的经济现象的记录，最讲究反映时效。这些最快的反映，正是政府进行宏观调控、制订经济计划、进行科学决策并管理的重要依据之一。另外，它也是许多

企业获取信息的重要渠道,当今时代,信息就是财富,一篇及时准确的消息,可以使许多企业获得巨大的经济效益,反之,一篇迟缓的经济新闻,尽管其内容非常重要,但价值也是有限的。

③政策性。经济新闻在传播经济信息和介绍有关的经济知识的同时,还肩负着向社会大众传播国家和政府的方针政策。经济新闻的内容必须体现中央在经济方面的指导思想和原则立场,具有强烈的政策性。

④典型性。经济新闻是报道经济生活中最新发生的事实,但并非所有最新发生的事实都可以写入经济新闻,只有那些具有典型代表意义的经济新闻事实,才能作为其报道的对象。因为,只有典型的经济事实才最能反映经济活动的特征、本质和变化的规律。所以,写经济新闻,应努力捕捉那些具有典型意义的经济事实,这样,才能使经济新闻产生更大的经济效益和社会效应。

2) 经济新闻的作用

经济工作是社会主义现代化建设事业的一个重要组成部分,随着社会主义市场经济体制的建立,随着改革的深入和经济的进一步发展,经济新闻将会日益显示出它的重要作用。

①为政府进行宏观经济调控、提供重要依据。经济新闻是经济现象的即时记录,它通过各种新闻渠道(如报纸、电视、广播、网络)来反映经济工作中的方方面面,既报道经济工作中的成就和经验,又反映经济工作中存在的问题,揭露和批评经济活动中出现的不良现象。这为国家进行宏观经济调控提供了重要依据,同时,也可在改革过程中,随时总结经验教训,及时修正经济工作中的一些失误。

②为企业和经济组织的发展方向和计划制订、工作管理提供依据。21世纪是信息时代,信息就是财富,经济新闻在最短的时间内全面传播经济信息,让各企业和经济组织在确定企业的发展方向、制订工作发展计划时有据可依,不但能获得巨大的经济效益,也可减少工作中的失误。

③为国家的经济政策提供宣传的事实。经济新闻要及时宣传国家在现阶段经济工作的方针、政策,报道国民经济的发展状况,使民众能及时了解国家经济的方方面面。通过经济新闻了解相关的政策、方针以及经济知识,为贯彻和落实国家的经济政策提供强大的舆论支持。

6.7.2 经济新闻的种类

经济新闻涉及经济领域的方方面面,种类繁多,按不同的分类标准可以划分成不同的类别。

1)按传播媒介来分

可分为报纸新闻、电视新闻、电台新闻、网络新闻、图片新闻。

2)按报道的内容分

可分为工业新闻、农业新闻、财经新闻、科技新闻等。

3)按写作方法分

可分为报道类新闻和言论类新闻。

(1)报道类新闻

它是指以传播经济消息、报道新闻事实为主的经济新闻。它以"叙述"为主要表达方式,以"实"见长,包括消息、特写、通讯、专访等。

①经济消息。经济消息是以概括叙述的方式和简明扼要的文字,迅速、及时地报道经济工作中最新发生的经济事实的新闻体裁。经济消息的种类很多,从不同的角度可以作不同的种类划分。

从内容上分,可分为经济人物消息和经济事件消息。

从篇幅的长短来分,可分为长消息、短消息、简讯、一句话新闻等。

从性质上分,可分为动态经济消息、综合经济消息、经验经济消息、述评性经济消息等。

②经济特写。经济特写又称经济新闻特写,它是撷取经济活动中的一个精彩的场面或动人的片段,用生动形象的语言进行报道的一种新闻文体。

经济特写可分为人物特写和事件特写两种。所谓人物特写,是以报道经济战线上的典型人物为主要内容的特写;而事件特写是以报道典型经济事件为主要内容的特写。

③经济专访。经济专访又叫经济访问记。它是对经济战线上的典型人物、重大事件、突出问题进行专题访问之后而写的报道。

经济专访从内容上分,可分为人物专访、事件专访和问题专访。

从写法上分,可分为报道式经济专访和对话式经济专访。

经济专访的内容广泛,篇章结构也无固定格式。

④经济通讯。经济通讯是以多种表达方式、真实而具体的材料来报道经济工作中的典型人物和典型事件的一种新闻文体。

经济通讯可分为经济人物通讯、经济事件通讯、经济工作通讯、经济概貌通讯和经济新闻故事等。有的把以反映经济战线上的人物与事件的报告文学也列入通讯的范畴,称为文艺通讯。

经济通讯同经济消息比,其报道的容量更大,涉及的范围更广,写作方法也更灵活,所以感染力比较强。

(2)言论类新闻

言论类新闻是以评论经济现象、经济工作、经济倾向和问题为主的经济新闻。它以"议论"为主要表达方式,以"论"为主。它包括社论、评论员文章、短评、按语、编后、专论、综述等。对各类经济现象和经济问题进行分析、探讨、评论的文章。它主要运用概念、判断、推理的逻辑形式对经济现象进行分析评价,从而表现作者的思想和主张。

6.7.3 经济新闻的写作格式和要求

1)经济新闻的写作格式

因经济新闻的种类繁多,格式也各有不同。但是,作为报道类的经济新闻来说,一般应该具备标题、导语、主体、背景、结尾 5 个部分。

(1)标题

经济新闻的标题是经济新闻的"眼睛",是对新闻的主旨及内容的概括,要帮助读者尽快了解新闻的内容和意义,与此同时,还应起到先声夺人、吸引读者的作用。所以,它同一般文章的标题相比,经济新闻的标题显得更重要。有"标题是新闻的一半"的说法。

新闻标题常见的有 3 种。

①三行标题。三行标题即引题、正题、副题俱全的标题。引题又称眉题,居上交代新闻背景,介绍新闻发生的原因、性质或意义、烘托气氛,以引出正题。正题居中,又称主题,是标题的主体部分,主要用于概括新闻的主要事实或中心思想。副题居于正题之下,对正题进行补充说明。例如:

第6章 经济应用文

18 天送客 140 万！广州站节前干得漂亮（引题）

"洪峰"，安全泻过小闸门（正题）

靠精心组织调度，同心协力创下铁路车站"全国纪录"（副题）

②双行标题。双行标题有两种，一种是由引题和正题构成的双行标题。例如：

不换脑筋就换人（引题）

天津一批亏损企业厂长易位（正题）

另一种是由正题和副题构成的双行标题。例如：

重金寻找中国盖茨（正题）

"中国青年软件振兴计划"开始实施（副题）

③单行标题。单行标题是经济新闻中最常见的，是只用一个正题的标题。例如：

神五经济，横空出世

这 3 种标题形式，各有自己的特点和用途，在新闻写作中，应根据新闻内容和实际需求选用，一般情况下，重要而复杂的经济新闻多采用多行标题。

(2)导语

导语是经济新闻的开头的第一句话或者开头的第一段文字。导语在写作上要求开门见山，在内容上要用最简练的文字，写出新闻中最主要、最新鲜的事实，明确揭示出这则新闻的主题思想，从而统领全篇，抓住读者。所以，导语写得好坏，直接关系到一则经济新闻的质量的高低。读者对这篇经济新闻是否感兴趣，导语起着决定性作用。

导语的写法形式多种、灵活，一般常见的有以下几种：

①叙述式。叙述式导语是用摘要和综合的手法，将经济新闻中的主要事实提纲挈领、简明扼要地叙述出来。这种导语多用于经济消息类的动态新闻中。例如：10 月 20 日，新时代保险经纪有限公司向中国人寿发出通知：所有执行"神舟"五号飞行任务的航天员身体健康，未曾出险，历时 3 个月的神秘保险方案终于得以部分解密。

②描写式。描写式导语是用简洁而形象的描写手法，突出报道对象的特点，通过场景描写来渲染气氛、烘托主题，给人以身临其境之感，既能引发读者的阅读兴趣，还能给人留下深刻印象。例如：初夏之际，一年经受两次特大洪峰和凌峰袭击的台前县大地上，一方方大田林木葱茏，麦浪滚金；村头寨

旁,鸡鸭牛羊畜兴旺;宽阔的公路上,运输车辆往来穿梭,一派繁忙景象。

③提问式。提问式导语是用提问的方式,将矛盾尖锐的问题、经济现象中的一些突出现象提出来,以引起人们的注意和思考。例如:你可能吃过各种桃子,但是,你吃过黑色的桃子吗?

④结论式。结论式导语是在新闻的开头报道对象的性质,点明事迹的结果,也就是先将结论写出来,回过头来再叙述事实。例如:实践证明,航天和经济彼此相互促进,"航天经济"已成为现代经济的崭新形式。"神舟"5号的首次成功载人航天,从某种意义上引发了一种全新的经济现象——"神五经济"。

⑤对比式。对比式导语指将此地与彼地、现在与过去等进行对比,通过对比,突出所要报道的新闻的成果和事实。例如:与十年前相比,电影界那种春风得意的勃勃生机似乎没有了,制片厂的经济状况陷入困境,人们在思考:中国电影的出路在哪里?

在导语之前作为"消息",一般还有"电头"。电头一般由两部分组成:消息来源和发稿时间。有些电头还要署上作者的姓名。其表现形式常常为:

新华社北京 1 月 15 日电(记者杨国强)

本报北京 1 月 15 日讯　记者于宏建

据新华社联合国 1 月 15 日电(记者郭立军)

本报伊斯兰堡 1 月 15 日电　记者陈一鸣报道:

在电头的运用中,"电"一般是指电报;"讯"一般是指新闻稿件。

(3)主体

主体是经济新闻的主要部分,它紧承导语,是导语内容的具体化。它用生动、典型的材料,对导语中概括的事实进行阐释、说明,具体详尽地表达新闻内容。

主体部分要在内容上必须具备"新闻六要素"。这些因素在新闻界通称为"五个 W 一个 H",即:人物、时间、地点、事件、原因、结果。要把一个事实说清楚,这些要素是不可缺少的。由于在交代"新闻六要素"时所涉及的内容较多,在安排这部分的层次段落和内容材料时,往往要牵涉到这些材料和内容的合理、科学安排问题。这部分的写作,既要围绕主题,又要层次分明。组织材料,安排结构,常见的有以下几种顺序:

①时间顺序。即按事情发生、发展、结束的先后顺序来组织材料,安排结

构。这种写法可使叙述的线索非常清晰。尤其是动态新闻常以时间为序安排结构。

②逻辑顺序。即按事物的内在联系来组织材料,安排结构。采用这种写法,可以不受时间顺序的限制,而根据报道对象的因果关系、主次关系、点面关系等,确定一个合理的写作顺序。经验新闻常按逻辑顺序安排结构。

③时间和逻辑相结合的顺序。即在不同的部分或层次之间,有着不同的意义关系,时间和逻辑两种顺序并存,同时使用时间和逻辑两种顺序组织材料,安排结构,可使文章既严密又富有变化,既有条理又错落有致。这种组织安排材料的结构方式比较适用于篇幅较长、内容较多的经济新闻。综合新闻常用这种结构顺序。

写作主体时要注意:首先,不能重复导语陈述过的话,其次,要紧扣经济新闻的主题,再者,要突出重点,层次清楚,主次分明。在运用材料方面,既要有概括性的材料,又要有生动典型的具体材料;语言要避免重复和累赘,直截了当,不说套话、空话。

(4)背景

背景是指经济新闻在报道中涉及的历史情况或同其他事物之间有联系的一些说明性、诠释性的材料。写明背景是为了从更深更广的范围去反映事件发生的具体条件、原因和事实,进而烘托和深化文章的主题。它可以穿插在主体和结尾之中,其本身没有固定的位置。

经济新闻中的背景材料,常见的表现形式有3种:

①注释性材料。注释性材料是对经济新闻中所涉及的新科学、新技术、新工艺、新产品及一些专业术语,用通俗的语言,进行适当的解释,以帮助读者充分了解经济新闻中所反映的内容,增进知识,扩大视野。

②对比性材料。对比性材料指把现在与过去、正面与反面、正确与错误、先进与落后等方面进行对比,从而在对比中看出差别,在差别中突出事物的特征和意义。

③说明性材料。说明性材料是对经济新闻中所涉及的新闻事实相关联的政治、经济、历史、地理、人际关系、生产条件等进行说明,以使读者了解事情产生的原因、环境或条件。

背景材料是经济新闻报道中重要的部分,但并非是经济新闻的独立、必备的部分。根据表达的需要,适当在新闻之中介绍。

(5)结尾

结尾是经济新闻的最后一个部分。结尾的写法多种多样。有的指出事物的发展方向给人以启发;有的发出号召,以起到鼓舞人心的作用;有的预示结果,引人深思;有的照应导语,首尾圆合;有的归结全文,画龙点睛,点明主题。

同背景材料一样,结尾也不是新闻必须具备的一部分。

2)经济新闻的写作要求

(1)经济新闻在撰写之前要先做好的准备工作

①要努力多掌握相关的经济理论,多学习国家的经济政策和经济法律法规,不断提高自己的政治素质和认识水平。只有这样,才能目光敏锐,及时发现有价值的经济新闻,在写作时能够抓着事物的本质,从整体上反映事物的真实面貌。

②要深入经济生活,开展调查研究,尽量多收集和占有生动的材料,只有这样,才能了解事物的全貌,写出有典型意义的新闻来。

③要掌握经济新闻各种文体的写作规律,把握文体特点,具备驾驭文字的本领。

(2)撰写经济新闻时应注意的问题

①事实要准确。真实是新闻的生命。在写作经济新闻时,所报道的事实要真实可靠,新闻中的人物、事件、数字、引语等都必须准确无误,不能夸大或缩小,并且,要用联系的、发展的眼光去看问题,才能真正反映出事物的真实性。

②内容要新颖。经济新闻为迅速发展的经济提供经济信息,贵在迅速、及时,有很强的时效性。经济新闻报道的经济事实,最好是当天或昨天的,否则,就会使新闻变"旧闻"。另外,报道的事实要新,写的是新人、新事、新成就,提出的是新问题、新见解,总结的是新经验、新教训,指明的是新趋势、新方向。

③文字要简洁。信息社会,每天的信息量都在增加,人们的生活节奏也在迅速加快,为了满足人们在有限的时间内了解最多信息的需要,经济新闻的文字必须简洁生动。

实例:

油价今日将小幅下调93号汽油每升下跌不足1毛钱

北京晨报讯(记者 韩元佳) 今日24时,国内成品油调价窗口将如期打开。根据国内多家成品油机构分析,此次油价将迎来小幅微跌,汽柴油对应下调幅度为70～100元/吨,折合93号汽油每升下跌不足1毛钱。我国也有望迎来今年第四次油价下调。

今年3月底到5月初期间,国际油价曾发起一波强劲的反弹攻势,布伦特油价涨幅近30%,纽约油价涨幅逾40%。受此影响,我国成品油价格实现了"三连涨"。但5月中下旬后,国际油价冲高乏力,步入震荡调整期。5月25日这轮调价时间窗口开启时,因调价金额每吨不足50元而导致调价搁浅。本轮调价周期内,在美元汇率走强及石油输出国组织(欧佩克)维持高产的压力下,国际油价震荡下行。一揽子原油变化率达到了调价红线。

据金银岛测算,截至6月5日第九个工作日,参考原油品种均价为61.91,变化率-1.79%,汽柴油对应下调幅度70～80元/吨。中宇资讯监测数据显示,截至6月5日第9个工作日,中宇资讯测算原油变化率-2.89%,预计6月8日24时成品油零售价格下调100元/吨。卓创资讯成品油分析师孟鹏介绍,进入本计价周期以来,国际油价受到美元汇率走高、石油供应依旧过剩等因素的影响,呈现出了震荡整体下跌的走势。根据卓创资讯测算的原油变化率相对应的成品油限价下调幅度在100元/吨左右,换算到93号汽油,每升可能下跌不足1毛钱。由于周一24:00时国内成品油调价窗口将再度开启,根据现在国际原油走势,国内成品油限价下调已基本板上钉钉。

(选自《北京晨报》2015年06月08日)

简析点评:

这是一则经济新闻的消息报道。导语采用叙述式,把新闻中的主要事实叙述出来,并用确切的数字作答,给人以鲜明的印象。正文具体陈述汽油涨价和跌价的来龙去脉。

该新闻善于用数字和具体的事实说话,有说服力,语言也生动简洁。

[本章小结]

通过本章学习,了解经济应用文的概念、文体、特点、格式、种类和语言等有关基础知识,掌握经济合同等8种应用文的写作要求,较熟练地掌握这些经济应用文的写作。

[基本概念]

标的　法人　自然人　导语　背景　电头　因素分析法

[思考与练习]

1.什么是经济合同?主要有哪些种类?包括哪些主要条款?

2.请根据下述内容,拟订一份经济合同。

重庆市大佬百货商场(甲方)经理王江,于2003年5月2日同郑州市毛纺厂(乙方)厂长李亮签订了一份合同。双方议定:甲方购买乙方生产的特级品毛华达呢5 000米,单价80元。分两批于5月、6月的每月10日前交货,由乙方运至甲方所在地,运费由乙方负责。货款在订合同时预付35%,其余的65%待交货完毕后一周内付清,均通过银行转帐付款。如果延期交货或付款,每延期一天,违约方按货款总额的万分之一计算罚金付给对方。如果质量不符合议定标准,按部颁标准验后重新估价,乙方除赔偿损失外,还应付给甲方千分之三的罚金。合同有郑州市工商行政管理局签证后生效,一式三份,甲方、乙方和签证机关各执一份。甲方地址在重庆市中山路52号,账号78850666,开户银行:工商银行中山路支行,传真号023-34646881。乙方地址在郑州市中原路87号。开户银行:工商银行中原路支行。账号78521100。传真号0371-5556639。

3.市场调查报告的正文中,应包括哪几个主要部分?各部分之间的关系如何?

4.经济预测报告的预测方法有哪几种?哪些作用?基本结构形式是怎样的?

5.经济活动分析报告常用哪些分析方法?下面这段文字用了什么分析方法?

1998年底,城乡居民对电脑的需求量每百户为9.3台,2000年达到23.4台,从需求量的发展趋势上看,今后一个时期内,城市居民及富庶地区高收入农民家庭是购买电脑的主要用户。

6. 商函有哪些类型?基本要求?使用范围和作用是什么?

7. 下面这份函属于哪种函?试作简单评析。

敬启者:

承某某将贵公司作为大有希望的中国丝绸买主介绍给我公司。

丝绸属于我公司经营范围,我们愿同贵公司建立直接的业务联系。

为了使贵公司对我公司可供出口的各种丝绸概况有所了解,现随函寄上商品目录和价目单一份。一俟接到贵公司的询价信,当立即寄去我公司的报价单和样本。

候复。谢谢!

××纺织品进出口公司

××年×月×日

8. 广告撰写应遵循哪些原则?下列广告标题的写法属于何种形式?

①催猪不吹牛(某饲料的广告标题)

②您如果不进来,咱俩都会挨饿(某饭店的广告)

③从5角到1千元(中国人民银行储蓄广告)

④爸爸有了另一半,连妈妈也不吃醋(某电视机广告的标题)

9. 下面这段话正确与否?请说明理由?

"商品说明书与广告、商品介绍的作用类似,它们对于宣传企业、推销产品,都起到了重要作用。只是其侧重点不同,商品介绍侧重于说明产品,传播知识,指导消费;而广告和产品说明书则以宣传产品、刺激需求、促进销售为主。"

10. 经济新闻有何特点、种类?常见的主体结构形式有哪些?下面这几则导语属于哪一类导语?

①湖南省石门乡有件稀奇事,园艺场的"瞎老倌"吴立盛连续5年坚持订报,竟然从一个五保户变成了小康户。

②××这个几百万人口的大城市,每天要产生2 700多吨垃圾,但街道却保持着常年整洁。这样大量的垃圾是怎样处理的?

③春运期间,某地出现借代购火车票之机行骗事件。

第 7 章
事务应用文

【学习目标】

　　学习在日常业务中最常用的计划、总结、简报、调查报告、述职报告以及规章制度等业务性较强的文书的写作,了解它们的含义、作用、种类以及写作方法及要求,并能写出符合以上各种文体要求的事务文书。

7.1　计　划

7.1.1　计划的含义及作用

1)计划的含义

计划是为完成未来一定时期的工作而事先作出安排的文书。它是科学管理中的主要环节,是搞好管理工作的基础,是宏观控制的依据,是获得最佳成效的途径。

2)计划的作用

"凡事预则立,不预则废"。只有谋划在先,才能取胜于后。人们历来重视计划的作用,计划是工作的先导,它对实际工作、生产和学习等具有重要的指导、推动和保证作用。具体来讲,计划有以下几点作用:

①计划能保证工作目标和任务的顺利实现和完成。计划是为了达到某种目标、完成某种任务、实现某种理想而采取的一种科学管理手法和手段,因此,它就必须确定达到的目标,完成任务的步骤、方法、措施和要求等,从而使人有章可循,按部就班、协调一致地作好各项工作,按期完成预定的计划,保证工作目标和任务的顺利实现和完成。

②计划能提高工作效率。一个好的计划,必然要求合理的安排人力、物力、财力,吸取最先进的经验、技术,采取最有效的工作方式、方法、步骤,这就必然会促使工作效率的提高,从而达到"投入少、产出多"的目的,提高工作效率。

③计划能加强督促检查,推动工作的全面发展。有了计划,领导就有了督促检查的依据,在工作过程中,领导能掌握工作进程,检查工作情况。发现问题,解决问题,及时总结和推动工作的全面发展。

7.1.2　计划的种类

计划是一个统称,计划的种类较多,可以从不同的角度划分。

1）按名称分，有纲要、规划、方案、安排、设想等

①纲要是指对一个较大的范围内的同一项工作做出的总体计划。纲要经常由级别较高的机关制定，内容制订的比较原则概括。例：《××市2016年经济发展纲要》。

②规划是指比较全面的长远的发展计划。例：《××市城市建设总体规划》。

③方案是指对某项工作从目的、要求、方式、方法、进度等都进行具体周密部署的有很强可操作性的计划。方案一般适合专项性工作，其实施往往须经上级批准。例：《××市住房分配制度改革实施方案》。

④安排是指对短期内所做事情的具体实施过程的筹划。例：《××系第×周工作安排》。

⑤设想是指对某项工作未来发展作出初步构想的计划。例：《××市拓展就业安置门路的设想》。

2）按性质分，有综合计划、专题计划等

①综合计划是指工作安排较全面的计划。

②专题计划是指针对某专项工作作出具体安排的计划。

3）按时间分，有长期计划、中期计划、短期计划等

①长期计划是指带有蓝图性质的10年以上的远景规划。

②中期计划是指3~5年的计划。

③短期计划是指时限较短的年度计划、季度计划、月度计划。

4）按效力分，有指令性计划和指导性计划等

①指令性计划是指国家或各级行政机关要求下属必须完成的计划。

②指导性计划是指国家或各级行政机关允许某种新做法而给出相关政策，从而引导社会发展的计划。

5）按形式分，有文件式计划、条文式计划、表格式计划、条文加表格式计划等

文件式计划是指计划以文件的形式发出的计划；条文式计划和表格式计划以及条文加表格式计划是指计划内容是以条文式、表格式、条文和表格结合的方式构成的计划。

7.1.3　计划的基本内容

计划是为完成一定时期的任务而事先就目标、措施和要求做出具体安排的文书。目标、措施、要求,称为计划的"三要素"。计划的基本内容一般包括以下几个方面:

1)制订计划的依据

制订计划时,要充分分析、论证下一步工作是在什么基础上进行的,是依据什么来制订这个计划的。一般包括党和国家的方针政策;上级机关的指示、总体的经济形势;本部门的实际情况。有的还需进一步分析上一阶段计划执行情况,取得哪些进展、存在什么问题等。这一部分是回答"为什么要做"的问题。

2)工作的目标和任务

这部分内容主要是规定下一阶段工作的总体目标和为实现目标需要完成的主要任务。目标指要达到的境地和标准。计划的目标主要指做什么、做到什么程度、何时完成。这部分是回答"做什么"的问题。

3)措施、步骤和方法

这部分内容是在确定了工作目标和任务之后,要制订完成工作的原则和步骤、措施及做法,对人力、物力、时间等作出合理的分配和安排,以保证工作任务的完成和预期目标的实现。这一部分是整个计划的主体内容,要考虑周全、合理,主要解决"怎们做"的问题。

4)事项或执行要求

这部分内容是在实现计划的目标、任务、具体步骤、措施、办法确定下来之后,为了保障计划的各项安排能够落到实处而制订的检查、评比等的具体要求。

7.1.4　计划的写作格式

计划有相对固定的行文格式,常见的计划写作格式有 4 种:条文式、表格式、条文与表格相结合式、文件式。

计划一般由标题、正文、落款 3 部分组成。

1)标题

常见的标题包括四项内容:计划的执行者、计划的时限、计划的内容和计划的文种。常见的形式有如下几种:

①计划内容和文种构成式。例如:《国家税务征收计划》。

②计划时限、内容和文种构成式。例如:《"九五"教育工作规划》。

③计划制定者、内容和文种构成式。例如:《山西省事业单位工作人员医疗保险改革试行方案》。

④计划制定者、时限、内容和文种构成式。例如:《东大集团公司 2003 年度工作计划》。

2)正文

正文内容一般有开头(前言)、主体(任务、步骤和措施)、结尾三部分组成。

①开头。开头用简短的文字说明制订计划的依据、目的和基本精神,简要分析本单位的基本情况,指出本单位实现计划的条件。

②主体。它是计划的核心。第一要明确交代计划的目标和任务,即具体说明"做什么";第二要写明计划的措施和步骤,即具体说明"怎样去做和怎样实现目标和任务";第三要说明落实目标和任务的要求和规定,即具体说明"做到什么程度",包括数量、质量和时限的要求,检查、评比和奖惩的具体做法和要求。

③结尾。即小结全文。有的计划在正文结尾处写上执行希望,带有鼓动性和号召性,有的也可不写。

正文是说明计划基本内容的,根据不同的计划,可以采取不同的写法,内容也有多有少,有简有繁。但正式的计划一定要把"做什么""怎么做""何时完成"交代清楚。常见的结构形式:

A.段落式。主要是依靠文字叙述,将计划中的内容说清楚,形式与一般文章相同。它适用于原则要求多而具体指标少的计划,这是最常用的一种结构形式。

B. 条文式。即把计划中的各项内容列成条文来写。它适用于比较具体的、近期的计划。

C. 表格式。就是把计划项目分成几个栏目,画成表格填写。它适用于所订计划涉及部门较多,数据指标比较复杂,各阶段时间界限比较明确的计划。

D. 综合式。就是既有文字叙述,又有条文,甚至还有表格的计划。它适用于内容比较复杂或数字比较多的计划。

3)落款

在正文的右下方要写明制订计划的时间,若标题下没有制订计划的单位和部门的署名,则还需在文末写明单位名称。如有附件的,则在结尾之后加以注明。

7.1.5 计划的写作要求

1)写作计划,要以党和国家的有关方针、政策为指导

要认真学习党和国家在各个时期的方针、政策,制订的计划一定要符合这些方针、政策,要符合国家利益,这是一个大前提。各地区、行业、单位,大大小小计划中所提出的目标、任务和措施都必须根据党和国家的方针政策,服从国家总的计划。例如制订金融机构贷款重点投向计划,就要了解国家有关金融方面的战略部署和方针政策,知道国家鼓励做什么,禁止做什么,这样制订的计划才能有利于贯彻党和国家的方针政策。

2)写作计划,要坚持实事求是的原则

计划具有鲜明的现实性,写入计划中的任务是应该实现而且可以实现的。这就要求我们在制订计划时要坚持实事求是的原则,一切从实际出发,要根据本单位的实际情况及自身的发展规律来制订切实可行的计划,不能凭借主观愿望随意炮制,所提任务要实事求是、量力而行;所列措施、步骤要具体实在,切实可行,不说大话、空话,要使计划建立在可靠的基础上。

3)写作计划,要既有先进性又有灵活性

写作计划要本着积极而稳妥的指导思想,在预定的时间内要达到的目标,完成的任务,不能过高或过低。过高,会影响群众的积极性;过低,会失去计划的先进性。同时眼光还要放的远些,要有一定的预见性,要考虑未来的变化,提出适应这些变化的打算。使计划具有灵活性,更切实可行。

实例:

2014 年大连金州新区旅游局工作计划

2014 年,金州新区旅游业发展是机遇与挑战并存、机遇大于挑战,存在较大的发展空间。除了国内经济的中长期向好、国民财富积累和闲暇时间的增加,使得休闲旅游消费需求不断上升外,哈大高铁的开通并与京津铁路实现联网,我区与一级目标客源市场的空间距离将大幅缩短。另外,锦州世界园林博览会,第十二届全国运动会都将在我省举行,这也为我们拉动大连旅游市场提供了重要的契机。

2014 年工作指导思想是:坚持以科学发展观为指导,以大项目为牵动,大营销为依托,大服务为保障,做精旅游产品、做大旅游项目、做强旅游企业、做活旅游市场、做优旅游环境,全面促进金州新区旅游业的快速发展。

2014 年任务指标是:全区接待游客 1 107.8 万人次,同比增长 10.4%,其中,海外人数 33.2 万人次,同比增长 11.2%,旅游总收入 117 亿元,同比增长 16.8%。

按照上述要求,大连金州新区旅游局重点做好以下工作:

一是实施大项目牵动战略,推进产业快速发展。2014 年,全区投资超过 5 000 万元以上的旅游大项目初步确定 23 个,计划新开工项目 7 个,在建项目 14 个,储备项目 2 个,总计划投资 1 300 亿元,当年计划完成投资突破 80 亿元。重点抓好万达金石文化产业园、中房集团金州湾古城文化产业示范区、世茂集团世茂嘉年华项目等投资超百亿元的大项目的开工建设。重点推进大、小黑山、农耕文化园、乡村湿地、渔港新村等区域和项目规划的设计论证、项目开发的各项申报和招商引资工作。特别是大、小黑山,我们将努力将其打造成国家一流的历史文化精品景区。另外,还要做好薰衣草花田项目二期、"百里香径"景观绿化工程的规划建设、"十大旅游休闲农庄"和向应土门子旅游专业村创建工作,进一步提升休闲农业与大连乡村旅游的发展规模和水平。

二是实施大营销战略,倾力塑造品牌形象。以推广新区城市形象为己任,倾力塑造金州旅游品牌形象,在目标营销上主攻两大市场;在创新理念上实现三大转变;在整合资源上推出四大线路;在开发提升上培育八大产品;打造声势、树形象、扩影响与做产品、推线路、拓市场有机结合,着力创新宣传促销工作新局面,为提升新区旅游知名度、美誉度和影响力作出积极贡献。两大市场指:国内国际两大客源市场。国内主攻东北及环渤海地区的目标客源市场,国际市场主攻东北亚地区,重点瞄准俄日韩目标客源市场。三大转变指:①市场拓展由产品推介向目的地营销转变;②形象宣传由本地推广向海内外辐射转变;③营销方式由单拉独奏向政府、组团社、景区(点)、当地媒体"四位一体"联动促销转变。四大线路指:"南部海滨休闲度假""大黑山登山观海健身""乡村田园风光观赏""西部海滨乡情体验"等四条精品旅游线路。八大产品指:"十大魅力景区""十大浪漫婚纱摄影地""十大经济型度假酒店""十大观光采摘园""十大都市休闲农庄""十大市民休闲好去处""十大时尚美食餐厅""十大金州名小吃"等八大系列产品。

三是实施大服务战略,着力提升服务品质。采取多种方式全力推进旅游公共服务体系创建工作,努力使新区旅游公共服务设施建设达到国内先进地区的水平,在行业内实现整体联动的基础上,逐步对各关联行业服务资源进行有效整合,建立多行业间的联动服务体系。同时,进一步强化对旅游法律法规的学习、宣传和贯彻工作,加强对旅游从业人员的培训力度,提高全行业从业人员的素质,持续提升服务品质;组织开展"强管理、树品牌"活动,强化全行业标准化建设工作,努力实现旅游服务的"标准化、规范化、精细化、人性化";联合公安、工商、交通、卫生、质监等涉及旅职能部门,深入开展旅游市场综合治理和执法检查活动,重点是做好中介组织清理和规范管理,及时发现和查处各种违规行为;通过与旅游企业签订《安全生产责任状》,组织开展旅游安全演练等方式,切实抓好旅游安全工作,坚决遏制重特大事故的发生,努力营造"和谐、安全、文明、有序"的旅游环境。

总之,我局在党工委、管委会领导下,2013年的旅游工作取得了可喜的成绩。2014年,我们又理清了工作思路,制定了发展目标,旅游局党组班子将保持良好的精神状态,精诚团结,锐意进取,开拓创新,狠抓落实,争取创造更加优异的工作业绩。

简析点评:

这是一份年度工作计划。正文开头部分简要分析了本单位制订工作计划的背景和有利条件,主体部分的目标和任务、措施和办法具体明确。从整体看来格式、内容、结构都较完整,是一份比较规范的计划。

7.2 总 结

7.2.1 总结的含义及作用

1)总结的含义

总结是党政机关、企事业单位、社会团体或个人对过去一个时期内的实践活动作出系统的回顾归纳、分析研究,从中得出规律性认识,用以指导今后工作的事务性文书。总结也有各种别称,如自查性质的评估及汇报、回顾、小结等都具有总结的性质。

2)总结的作用

总结来自于实践,反过来指导实践,毛泽东同志曾经指出:理论就是实践经验的总结。正确的理论来源于实践,回过头来又指导实践活动。实践—理论—实践,总结就在中间起了重要的作用。概括起来,总结有如下作用:

①探索规律,提高认识。总结是认识客观事物的重要手段,总结是对以往生产和工作零星、肤浅、表面、感性认识上升到系统的、深刻的、本质的理性认识的过程。总结的过程就是自我分析、寻找规律的过程。通过一次次总结,人们就会得到一次次锻炼,学会全面、辨证地看问题,学会综合分析地分析问题,从而提高人们的思想认识和工作效率。

②了解情况,做好工作。无论是在工作、生产还是学习、生活的过程中,人们都应作好总结,只有通过总结,才能系统全面的了解情况,从成功中获得宝贵经验,从错误失败中吸取教训,克服整个工作中的盲动性,提高实践水平,做好单位和自己的工作。

7.2.2 总结的种类

总结和计划一样,应用范围非常广泛,种类较多。根据不同的标准,可以划分为以下几种类型：

①按性质，可分为综合总结和专题总结两种。

综合总结又称全面总结，它是对某一时期各项工作进行全面回顾和检查，进而总结经验与教训的文书。这种总结，着重在"全"上，能展现工作多方面、多层次的全貌，能从总的方面概括实践中的经验教训。

专题总结是对某项工作或某方面问题进行专门性概括的总结，尤以总结推广成功经验为多见。这种总结，重在"专"，内容单纯，针对性强。

②按时间分，可分为年度总结、季度总结、月份总结和阶段总结等。

③按内容分，可分为工作总结、生产总结、学习总结和思想总结等。

④按范围分，可分为系统总结、单位总结、部门总结和个人总结等。

7.2.3　总结的基本内容

工作总结从内容上看，主要包括以下三个方面：

1）基本情况

这一部分是总结的开头，主要包括本单位或者个人工作、生产、学习的基本情况，可以是工作开展的背景及内外部环境，也可以是活动的时间、地点和事实经过，还可以是对工作的基本评价及总的经验体会等。

2）主要做法

这一部分是总结的主要部分，它是在对工作情况进行分析研究和归纳概括的基础上，把工作中所取得的成绩及主要做法加以具体概括和叙述。主要包括典型的工作事例、具体的措施和办法、详细的成绩和经验以及在工作实际中总结出的体会和感受等。

3）存在问题

这一部分主要包括工作中存在的问题和不足以及今后工作中要克服的缺点，纠正的错误，弥补的不足，努力的方向等。

7.2.4　总结的写作格式

总结和计划一样，也有相对固定的写作格式，常用的写作格式一般包括：

标题、正文和落款三部分。

1)标题

根据总结的内容,标题可采用如下写法:

(1)准公文式标题

①由拟文者、时限、内容、文种名称构成。例:《××局××××年度工作总结》。

②由拟文者、事由、文种名称构成。如《××公司关于加强职工培训工作的总结》。一般适用于专题性总结。

(2)新闻式标题

①单行式标题。在标题中概括主要内容或基本观点,不出现总结字样,但对总结内容有提示作用。如:某企业的专题总结《技术改造是振兴企业之路》和某高校的专题总结《我们是如何强化实践性教学环节的》。

②正副式标题。即正题揭示观点或概括内容,副标题点明单位、时限、性质和总结种类。例:《薄利多销,保质保量——××市服装公司经验总结》,《以人为本,热情周到——××商场促销工作总结》。

2)正文

正文一般包括开头、主体和结尾三部分。

(1)开头部分

总结的开头部分多种多样,可以灵活处理,但通常采用以下两种写法:

①概述基本情况。即在开头处简明扼要回顾总结内容涉及的时间、地点、工作开展的背景、部门的内外部环境及主客观条件、对工作的基本评价、取得的成绩等。概述基本情况时要注意根据总结的内容灵活掌握,有所侧重,同时还要简要明确、实事求是。

②简要揭示主题。即在开头处简明扼要地表明观点,揭示中心思想,点出主题,为下一步展开叙述奠定基础。

(2)主体部分

它是总结的核心,一般包括成绩、经验、做法、体会、教训等。常采用以下的写法:

①把总结划分为工作情况和经验体会两大部分。首先介绍工作的基本

情况、主要成绩,而后说明取得成绩的主要经验。也可以在经验之后写工作中的缺点与不足以及下一步的工作设想。这种写法能给阅读者一个对工作面貌与经验的总体认识。

②按总结内容的逻辑关系。按总结内容的逻辑关系归成几个方面,分设若干问题,它们既有相对的独立性,又有紧密联系,按问题介绍工作情况,阐明经验体会和教训。这种写法具体详尽,观点明确,条理清楚。

③按事物发展的时序安排层次,层层深入地介绍经验体会或具体做法。这种写法往往把工作按发展分成几个阶段,然后对每一阶段的情况做具体分析,提炼出观点,探索和总结出工作发展的规律。

④按时间的先后顺序安排层次。这种写法按照时间的先后把总结内容分为若干层次,再在每一层写明工作的情况,具体的做法及经验教训。从而揭示不同时期工作发展的特点和规律。

⑤综合安排层次。对内容较为复杂的总结,可将两种方法结合起来安排层次,先将实践活动分为若干阶段,然后再对每一阶段的实践活动分设若干问题进行分析总结,提炼经验体会。采用这种事理相间,纵横结合的写法,既能按逻辑关系安排层次,又能体现事物发展的过程。这样上下照顾,前后照应,既体现了结构上的多边性,又体现了内容上的可读性。

(3)结尾部分

结尾部分一般写存在的缺点、问题、不足和今后的努力方向。对一些综合性总结,这一部分也很重要,在总结的主体之后要明确写出存在的问题及今后的努力方向,但对一些专题性总结有时可没有结语,或结语很简略。

3)落款

在正文的右下方要写明拟定总结的时间。若标题下没有拟定者署名,则还需在文末写明拟定者,并把日期写在正文右下方。如有附件的,则在结尾之后加以注明。

7.2.5　总结的写作要求

1)写作总结要以党和国家的有关方针、政策为指导

总结既是对贯彻党和国家的方针政策情况的一种检查,又是对进一步贯

彻党和国家的方针政策起督促作用。因此,在工作中出现的错综复杂的情况,都要用党和国家的方针政策来分析、衡量,这是写好总结的一个前提基础。

2)写作总结,要运用辩证的观点,坚持实事求是

总结是对自身实践经验的总结,反映的是客观规律,不是主观臆造的东西。总结任何实践活动,都应该一分为二的观察和分析问题,不论是成绩、经验,还是缺点、教训,都应实事求是,不夸大成绩,也不回避缺点,要既看到主流和有利条件,又看到支流和不利因素。总之,要善于对具体问题做具体分析,通过总结,有所发现,有所提高。

3)写作总结,要深入调查,占有翔实而准确的材料

占有材料是写好总结的基础。因此,写好总结,首先要了解和掌握生产实践活动的全部情况和整个过程,深入实际,调查研究,收集占有广泛全面的第一手材料,要运用能反映事物本质规律的材料来说明问题。

4)写作总结,要有理论深度

总结的主要目的在于以工作事实为基础,从中提炼出规律性的认识来推动工作的发展。因此,就要在占有翔实而准确的材料的基础上,认真分析和思考,透过现象抓住本质,将零乱的感性认识加以科学概括,总结出具有指导意义的经验和教训,使总结具有一定的理论深度。

实例:

2014 年××林业局工作总结

今年以来,我们紧扣林业"双增"目标,以教育实践活动为载体,以兴林富民惠农为核心,创新工作举措,加大推进力度,全面完成了年度各项林业工作,并且亮点纷呈、特色明显。同时,组织开展林业工作调研,理清了 2015 年工作思路。

一、2014 年林业工作情况

(一)绿化美化工作持续推进

开展国家公园建设调研,提出了创建浙中(大盘山)国家公园的总体构

想，并积极向省林业厅请示，争取将我县列入国家公园建设试点县。加快开展"美化××"行动，完成绿地建设 1 167 亩、道路绿化 30 余千米、县城周边山体林相改造 2 360 亩；完成造林更新 11 080 亩，占省厅任务数的 100.8%；完成森林抚育 1.7 万余亩、平原绿化 811 亩、"四边"绿化 486 亩，创建了仁川镇胡庄村等 6 个市级森林村庄和双峰乡横山村等 2 个省级森林村庄。

（二）产业转型升级步伐加快

加快现代林业园区建设，新建油茶、香榧等经济林 3 800 亩，新发展林下经济 3 000 余亩；新增、复评省森林食品基地各 1 个，磐玉香榧精品园通过省级验收。成功举办了 2014 浙江·××森林旅游节暨第二届浙中杜鹃花节，完成了大盘山自然保护区、七仙湖省级湿地公园等十大森林休闲观光地命名，六十田天然阔叶林获"浙江最美森林"称号，有力地打响了森林休闲旅游品牌。国有林场改革实施方案通过县政府批准，建成了全国首个香榧电子交易平台，新增市级林业龙头企业 2 家，新建林区道路 70 千米，8 种林产品在森博会上获金奖，食用林产品监测抽检全部合格。

（三）平安林区建设成效明显

加强公益林建设，全面落实管护措施，累计建成重点公益林优质林分54.5 万亩；加强湿地保护管理，成功命名了××七仙湖省级湿地公园，启动实施了公园一期 5 200 米巡护步道修建维护、180 亩退化湿地恢复建设项目，目前正在建设中，我县湿地保护管理工作做法在全省湿地保护现场会作典型发言；加强林地保护管理，认真做好 2013 年以来林地征占用自查自纠工作，林地管理工作得到了国家林业局检查组高度肯定；高度重视森林消防，出台森林消防整治管理意见，加大野外用火巡查、督查力度，在重要时期实行每日火情通报制度，全县没有发生森林火灾，森林消防工作得到省林业厅俞厅长充分肯定，森林消防引水灭火技能比赛获金华市一等奖；加强林木采伐、野生动植物保护管理，强化林业生物防控，开展了野生动物保护、天网行动、绿盾护林等专项打击行动，查处各类违法案件 32 起，调处山林纠纷 11 起，切实维护了林区社会稳定。

（四）林权制度改革继续深化

进一步深化林权制度配套改革，开展林地股份制改革工作，目前已完成了方前镇农林村和高二乡丰陈村、小湖山村试点工作，初步构建了"林地变股权、林农当股东、收益有分红"的林地经营新机制；积极开展林权登记管理评估服务,规范推进林权流转,今年已流转林地 10 000 余亩;深化银林协作机制,加快推进林权抵押贷款进程,目前累计发放林权抵押贷款达 2.81 亿元,7 843 户林农从中受益。

(五)教育实践活动扎实开展

扎实做好教育实践活动,认真开展"四风"整治,林业干部为民务实清廉形象得到了有效提升。目前,完成整改事项 60 项,1—10 月"三公经费"相比去年同期减少 34.4%,清理办公用房 9 间 170 平方米,建立修订制度累计 15 项,开展科技下乡 16 次,举办技术培训 6 场,发放资料 3 000 余份,开展"学习身边的先进典型"活动得到了县委周书记的充分肯定,整改工作在《××报》上作了头版宣传。

今年林业工作虽取得了一定成效,但也面临一些困难和问题:一是乡镇林业干部建设上,存在体制不顺、青黄不接现象,影响了林业工作的正常开展。二是林业产业发展上,产业化程度低,经济增长方式粗放,后期抚育管理投入不足,严重制约林业产业健康发展。三是林业有害生物防控上,毗邻我县的东阳、缙云、新昌均发现松材线虫病,我县已遭受多面夹击态势,防控形势非常严峻。

二、2015 年林业工作思路

(一)总体要求

深入学习贯彻党的十八大、十八届三中、四中全会精神,紧紧围绕"绿水青山就是金山银山"主题,以增进林农利益为核心,以改善森林生态为目标,以创新体制机制为动力,大力发展生态林业、富民林业、人文林业,加快建设森林××,为"两美"××建设提供强有力的基础保障。

(二)工作目标和举措

1. 主要目标

"美化××"行动绿地建设 500 亩,新发展油茶、香榧等经济林 3 500 亩,实施森林抚育补贴项目 1.5 万亩,发展林下经济 3 000 亩,完成重点生态公益林扩面 20 万亩,建设林区道路 66 千米,林业总产值 22 亿元。

2. 工作举措

(1)以彩色××工程建设为重点,着力推进生态林业建设

认真实施重点林业生态工程,加快推进公益林建设和绿化美化,切实提高森林生态功能。一是实施"彩色××"工程建设。在实施"美化××"行动项目基础上,创新林相改造模式和方法,对城区、景区、交通主干道沿线、集镇所

在地周边第一山脊线范围内的山体,通过定株抚育、造林补植等途径,积极培育和配植枫香、银杏、檫树、木荷等目标树种,加快推进"彩色××"建设,重点完成安文镇联进等村山体林相改造1 000亩,切实提升城市周边的森林景观。二是加强生态公益林建设。抓好方前镇、尚湖镇、高二乡等乡镇的公益林扩面工作,力争完成公益林扩面20万亩,不断扩大我县重点公益林建设规模。强化公益林管护,加大护林员巡查监督、考评力度,进一步扩大重点公益林优质林分比例,不断改善森林生态环境。三是扎实推进森林抚育。认真组织实施中央财政森林抚育补贴项目,开展样板基地建设,加强质量管理,严格监督检查,保质保量完成年度森林抚育目标任务,进一步优化林分结构,提高森林质量。四是持续抓好村庄绿化。按照"精心规划、精细管理、精准服务"原则,加强村庄绿化技术把关和指导服务,突出抓好重点村庄的绿化美化,建成市级以上森林村庄5个。

(2)以绿色富民产业工程为抓手,着力挖掘林农增收潜力

大力发展现代林业经济,推动林业全产业链建设,不断拓宽林农增收致富渠道。一是加快现代林业园区建设。认真实施油茶、香榧等木本粮油提升项目,加强林业园区基础设施配套,完成现代农业项目油茶2 500亩、香榧1 000亩的建设任务,建设林区道路66千米,全面提升林业园区建设水平和特色基地经营效益。二是大力培育林下经济。充分利用林下土地和空间资源,加快发展林下种植、林下养殖、森林景观利用等林下经济产业,重点抓好三叶青栽培、铁皮石斛原生态栽培试验,建设2~3个林下经济示范基地,不断提高林地综合利用率和产出率。三是积极拓展森林休闲养生业。积极宣传十大森林休闲观光地,继续做好清梅尖避暑中心项目包装和推介,加强森林古道、森林人家等示范项目建设,着力打造森林休闲养生新业态。四是加强林产品销售管理。巩固提升香榧电子交易平台,组织林产品企业参加森博会等各种展销活动,不断拓展林产品交易市场。加强森林食品基地建设,强化食用林产品管理,确保森林食品安全放心。

(3)以湿地修复项目建设为载体,着力强化资源保护管理

严守森林和林地、湿地、物种生态保护红线,进一步落实保护发展森林资源目标责任制,加强森林资源监管,确保森林资源持续稳步增长。一是加强湿地保护管理。加快七仙湖省级湿地公园建设,加大湿地生态修复力度,完善公园基础设施,完成5 200米巡护步道修建维护、180亩退化湿地恢复建设任务。组织开展全县湿地资源调查,完成县级湿地保护规划编制工作。二是

强化资源林政管理。组织开展林地变更调查和森林资源二类调查,全面掌握森林资源动态变化情况。加强林木采伐和木材运输的监督管理,严格实行林地定额管理,减少乱砍滥伐林木、乱占林地现象发生。三是加强野生动植物管理。加强古树名木保护,落实管理措施,确保古树名木资源安全;加强野生植物管理,做好濒危植物、极小种群保护工作;搞好野生动物资源调查,切实保护生物多样性。四是强化依法治林工作。加强林业执法队伍规范化建设,加大破坏森林资源案件的查处力度,严厉打击非法占用林地、毁林开垦、乱砍滥伐林木和乱捕、买卖、运输野生动物等违法犯罪行为。

(4)以创建省平安林区县为目标,着力保障林区平安稳定

坚持建管并举、注重预防方针,健全完善森林灾害防控机制,全力维护林区社会稳定,成功创建省"平安林区县"。一是全力抓好森林消防工作。实行森林消防责任网格化管理,全面落实森林消防责任,严格责任追究制度,加强森林消防宣传,强化野外用火监管,加强队伍建设和装备配备,抓实引水灭火试点工作,完善应急处置机制,扎实推进群防群治,构建快捷高效的防火保障体系,确保森林消防工作态势良好。二是强化林业有害生物防治。切实抓好以松材线虫病为重点的林业有害生物防控工作,加强监测队伍建设,定期开展柳杉毛虫、马尾松毛虫、松材线虫病普查,及时清理枯死木,加大综合防治、检疫执法力度,确保我县森林生态安全。三是深化"平安林区"创建。加强林业法制宣传教育,妥善调处山林纠纷,组织开展专项整治和破案攻坚行动,推进"平安林区"创建活动深入开展,确保林区更加平安、林业稳健发展。

(5)以深化林业改革创建为动力,着力增强林业发展后劲

用改革的思路和办法创新驱动、破解难题,推进集约经营,提高林业整体效益。一是推进林地流转交易平台建设。进一步加大林权制度配套改革力度,建立健全林权流转交易平台,加快林权流转步伐,力争到2015年底新增林地流转10 000亩;同时深化银林合作机制,推进林权抵押贷款进程,累计林权抵押贷款3.5亿元,促进林业产业规模经营、森林资源资产盘活。二是创新林业经营机制。推广林地股份制合作模式,积极培育林业龙头企业、林业专业合作社、家庭林场等经营主体,实现资源优化配置和规模化经营。三是加快林业科技创新。深化科技项目合作机制,全力做好省政协2015年送科技下乡活动,组织实施油茶丰产栽培技术和高度复合经营、林业有害生物防治等科研项目,加强油茶、香榧等示范基地建设,大力推广先进适用技术,

不断提高林业科技贡献率,促进林业增效、林农增收。

另外,加强干部队伍建设,着力抓好机关作风效能建设,加大问责考核力度,提高党员干部抓工作落实的能力,为推进我县林业又好又快发展提供坚强的思想组织保障。

××林业局

2014 年 12 月 26 日

简析点评:

这是一份综合工作总结。标题单位名称、时限、内容、文种名称构成;正文开头部分概括介绍了一年内工作的项目和取得的主要成绩;主体部分把总结内容分三方面说明了各项具体工作的情况;结尾部分写工作中的体会和不足,指出今后的努力方向。全文结构严谨、条理清晰、语言朴实简洁,是一篇较规范的总结。

7.3 简 报

7.3.1 简报的含义及作用

1)简报的含义

简报即情况的简要报告,是国家机关、社会团体及企事业单位为交流经验、反映情况、沟通信息、报道动态而编发的一种简短的文字材料。简报是一种使用频率很高的文书。

简报的名称很多,常见的有《××简报》《××简讯》《××信息》《××动态》《××通报》《××通讯》及《内部参考》《情况反映》等。

2)简报的作用

简报既可以用来向上级反映情况、汇报工作,也可以用来向下级或平级通报情况、交流经验。它的作用是非常广泛的。

①下情上报,为领导决策提供依据。简报是领导了解下情的一条重要渠

道。下级部门通过简报可以迅速、及时地向上级领导反映日常工作和业务活动的情况。作好下情上报工作,便于为领导制定政策提供信息依据。

②上情下达,能及时传达领导意图。简报也是领导向下传达意图的渠道之一,上级领导可以通过简报提出工作意见和要求,从而指导基层工作的正常开展。

③互通情况,有利于加强单位的协作。简报同时也可用于同一系统、同一机构之间互通情况、交流信息。工作中的经验教训、措施办法可以利用简报进行交流,互相学习,加强协作。

7.3.2　简报的种类

简报按照不同的划分标准,可以分为不同的类型:

(1)按时间分有定期的简报和不定期的简报

(2)按内容分有工作简报和会议简报

①工作简报又称业务简报。这是一种反映本地区、本系统、本部门日常工作或问题的经常性简报。它包含的内容较广,工作情况、成绩问题、经验教训、表扬批评,对上级某些政策或指示执行的步骤、措施都可以反映。它常以定期或不定期的形式编发。

②会议简报是会议期间反映会议动态而编发的简报,它是一种临时性的简报,主要用来反映会议进展情况,内容包括会议的宗旨、要求、议事日程、会议的概况、会议研究的问题、会议提出的带有倾向性的意见及会议决定等。规模较大、时间较长的会议常要编发多期简报,以起到及时交流情况,推动会议的作用。小型会议一般是一会一期简报,常常在会议结束后,写一期较全面的总结性的情况反映。

(3)按性质分有综合简报、专题简报和动态简报

①综合简报是把一个地区或一个单位在某段时期内的工作加以综合,全面反映本地区、本单位的综合工作情况。

②专题简报是一种阶段性的简报,它往往是针对党政机关、企事业单位工作中某一时期的中心工作、某项中心任务办的简报,反映的是专项工作内容,中心工作完成,简报也就停办了。

③动态简报是指反映某一单位情况动态和各界人士思想动态的简

报。这类简报的时效性、范围性较强,要求迅速编发,发送范围有一定限制。

7.3.3 简报的基本内容

简报的用途很广,种类繁多,内容非常广泛,不同类型的简报,所反映的内容也是不一样的。下面就工作简报、会议简报的基本内容概述如下:

1)工作简报

这是一种反映各行各业工作过程、方法、经验、成绩、问题等情况的简报,根据其内容,又可分为综合性工作简报和专题性工作简报。

①综合性工作简报。综合性工作简报内容十分广泛,包括对上级制定的方针政策、发布的决议、指示等领会、贯彻执行的情况;工作中的成绩、经验、教训、问题等;对一些典型问题的调查情况及结论等。

②专题性工作简报。专题性工作简报内容较单一,包括某一时期、某一专项工作过程中的成绩、典型经验、存在的问题及教训等。

2)会议简报

这类简报是为组织和引导会议,同与会人员互通情况,交流信息,或是向上级有关领导部门报告会议进行情况而编制的。内容应包括会议概况、议程、议题、会议研究讨论的问题、与会人员的发言摘要及会议决议的事项等。会议简报具有连续性的特点。

7.3.4 简报的写作格式与要求

1)简报的写作格式

简报一般由报头、报核、报尾三部分组成。

(1)报头

简报的报头在简报首页的上方,占全页1/3,由间隔线将报头与正文部分分开。报头由以下四个必备要素构成:

①简报名称。简报名称由单位名称和简报的各种名称组成,有的可省略

单位名称,只用简报名称。简报名称一般套红、居中、字体稍大印刷。如"工作简报""××信息""××动态""会议简报"。

②期数。期数一般是分年排号,用汉字写出"第×期",印于简报名称正下方。如"第 10 期"。

③编印单位。编印单位一般为制发简报单位的办公部门或中心工作领导小组及会议的秘书处(组),要求用全称或规范化简称,在期号下、间隔线上居左书写。如"××会议秘书处""××公司办公室"。

④编印日期。编印日期写在间隔线右上方,要求年月日齐全。如"2015 年 5 月 8 日"。

除以上四个要素外,视简报内容,保密要求,还可以增加简报编号、密级(或使用范围和要求)等要素。简报编号在报头右上方,按印数编号。如"002""012"。简报的密级在报头左上方。如"机密""秘密"。

(2)报核

简报的报核又称报体,即简报的中间部分,在间隔线以下。包括以下几部分:

①按语。按语是由简报的编发部门加写,是为引导读者理解所编发文章、了解编者意图而写的提示语。要对所编文章做出说明、评价,如说明材料来源、转引目的、转发范围,表明对简报内容的倾向性意见及表示对所提问题引起讨论研究的希望,等等。按语的位置在报头下,标题之上。它视需要而使用,并非每篇必有。一般在转引类、总结类及重要的报道类、汇编类简报文章前才使用按语。如"编者按""编者的话"。

按语可分三种类型:一是题解性按语,它类似前言,主要对文稿产生过程、作者情况、主体内容作简要介绍;二是提示性按语,它侧重于对简报内容的理解揭示或是针对当前实践应注意事项的提醒;三是批示性按语,它往往援引领导人原话或上级机关指示,结合简报内容对实际工作提出批示性意见。

②标题。简报的标题往往是一个完整的句子,概括出全文的要点。标题在按语下面,如果不加按语,简报的标题写在间隔线以下居中的位置。

根据简报的体式,标题也有不同写法。动态性较强的内容多采用单行式新闻式标题,简短明快地交代事实、揭示中心,如"得人心者得人才";在总结体简报和其他体式简报中,一般使用准公文式标题。如"××厂××事故情况反映"。

③正文。正文一般由导语、主体、尾语三部分组成。它是简报的主要内容,在标题下面。

A.导语。简报的导语写在开头,用一段概括的话总揽全文。一般交代简报所反映情况的要点及会议的有关要素,如时间、地点、人物、事情、结果等。

导语的写法多种多样,常用的写法有:

a.提问式:针对事物本质提出问题,引发阅读对象的思考。

b.结论式:开门见山指出事实的结果及问题的结论,再分析其原因。

c.概述式:概括叙述文章主要内容,点明文章主旨。

B.主体。导语之后,具体展开事实的部分即为主体,是简报内容的主要部分。主体部分的写作根据简报的不同类型有多种写法。可以按时间顺序写,如有些会议简报按与会者发言的先后顺序来组织材料;也可以按逻辑顺序、思维顺序写。

另外,在写作体式上,简报的体式可分4种:一是报道体式,它及时、简明、准确地叙述、报告部门、行业、系统、领域内最新发生的新情况、新动态。其文体式十分类似动态消息、动态信息;二是汇编体,这是在众多信息基础上剪辑而成的类似综合消息的简报文体,其信息量大,而且涉及面广,能做到点面结合,反映全局性情况;三是总结体式,其文章即一般意义的总结,但内容具有典型性,有推广价值,编入简报能发挥其指导作用;四是转引体式,即将其他单位有参考借鉴意义的材料完整地或篇段地摘编转引。

C.结尾。简报的结尾可以对全文进行归纳和概括,也可以发出号召、提出希望及打算。简短的简报也可以不写尾语,情况介绍完后自然结束。

(3)报尾

简报的报尾在最后一页的下三分之一处,用间隔线隔开。报尾包括:

①简报的发送范围。简报的发送范围按受文单位级别的不同,分别写为"报××、××、××"、"送××、××、××"、"发××、××、××"。写在横线下居左位置。

②简报的印发份数。简报的印发份数与发送范围之间用间隔线隔开,印发份数写在间隔横线右下方的括号内。如:"(共印200份)"。

2)简报的写作要求

①要真实准确。真实是简报的生命所在。简报的写作目的就是为了上

传下达,为了交流工作情况,处理实际问题。如果反映的内容失真,就不利于做出正确的判断,也就不利于问题的解决。所以,简报所反映的内容必须千真万确,每一个细节,包括具体的时间、地点、数字及引语,也都要准确无误。绝不能自己随意加工粉饰,要保证材料、内容的真实准确。

②要短小精悍。短小是简报的特点表现。简报是简明扼要、短小精悍的文字材料,通过简报,要起到快速传递信息、交流经验的作用,如果文字过长,将影响简报作用的发挥。所以,简报就是要简,一般应限制在 1 000 字以内,最长不要超过 2 000 字。这就要求作者选材要典型,内容要集中,开门见山,直截了当,不说空话、套话,尽量让事实说话。

③要快写快发。快是简报的质量体现。简报有时又称为"快报",出现情况要及时汇报,先进经验要及时推广,下情要及时上达,都要求一个"快",只有快,才能真正发挥简报对工作的指导作用;否则,滞后报道,即使内容再好,也很难起到应有的指导作用。

实例一:

××市创建文明城市活动

简　报

第三十九期(总第 137 期)

××市创建文明城市活动领导小组办公室编　　　　　　××年××月××日

省"双创"工作专家组莅临我市检查指导

为促进我市"双创"工作更加深入开展,省文明委组织了由省建设厅原纪检组长金银成同志,省文物局原局长杨焕成同志,《大河报》原主编王继兴同志,省文明办创建处副处长张建政同志,省旅游局文明办主任董柏成同志,省环保局高级工程师徐晓力同志,省农大林学园艺学院副院长、教授苏金乐同志,郑州大学建筑学院建筑学硕士刘韶军同志,郑州大学旅游学院教授孙子文等同志组成的"双创"工作专家组,于 7 月 5 日下午来到我市,对我市的"双创",工作和"三件实事"落实情况进行检查指导。

当日下午,我市在嵩山饭店新闻发布厅召开"双创"工作情况汇报会,向专家组汇报我市的"双创"工作和"三件实事"的落实情况。

会议由市委副书记杨惠琴同志主持,市委常委、宣传部长常振义同志向省"双创"工作专家组作了专题汇报,市委副书记、市长陈义初从四个方面概括了我市开展"双创"活动以来发生的喜人变化:一是各级党委、政府对"双创",工作重要性的认识越来越高,措施越来越得力,变化越来越大,越来越受到人民群众的欢迎;二是各界群众参与"双创"活动的积极性不断提高,由过去的"要我干"变成了现在的"我要干"。特别是群众评议政府职能部门、群众评议街道等活动的开展,在市民群众中引起了积极影响,促进了我市"双创"工作的稳步前进;三是在具体实践中,各级、各部门由过去的只注重抓硬件建设,变成了今天软硬件一起抓,坚持从基层基础抓起,从提高市民素质抓起,使城市的软件、硬件都有了长足的发展;四是在机制上做文章,使我市的卫生保洁工作从过去的"临时突击"走上了规范化、经常化的管理轨道。

汇报会上,还播放了反映我市"双创"工作的纪实专题录像片《文明之花绽绿城》。

在听取我市专题汇报、观看我市专题录像片之后,省"双创"工作专家组就对我市"双创"工作的检查方法、检查内容、检查时间等进行了安排。

市领导葛合元、刘振中、康定军、张世诚,市创建文明城市领导小组全体成员和市直有关单位及有关县(市)区的主要负责人参加了汇报会。

报:省"双创"工作领导小组组长、副组长,省文明办;市四大班子领导,市创建文明城市领导小组组长、副组长。

发:市创建文明城市领导小组全体成员,各县(市)区,市直机关单位。

(共印 150 份)

简析点评:

这是一份会议简报,标题概括了简报的内容:省"双创"工作专家组莅临我市检查指导工作,开头部分概括介绍了全文的信息,主体部分详细介绍了会议进行的全过程。全文内容简明扼要,是一份内容、格式比较规范的简报。

实例二：

政协××市第××届××次会议

简　报

第×期

大会秘书处　　　　　　　　　　　　　　　　　　　××年×月×日

委员联组讨论《政府工作报告》

×月×日下午，委员们联组讨论市委副书记、代市长×××所作的《政府工作报告》。委员们一致认为，《政府工作报告》实事求是、客观准确地回顾总结了过去五年的工作，围绕"一切为了发展，重振××雄风，全面建设小康社会"这一主题，提出了今后的工作任务和奋斗目标，令人鼓舞，催人奋进。

《报告》客观实在　目标明确

委员说，《政府工作报告》通篇贯穿了"三个代表"重要思想，在理论和实践结合的基础上，全面客观、实事求是地回顾总结了我市五年来的工作，认真细致、深入透彻地分析了我市经济发展形势和存在的问题，非常具体地安排部署了今后的工作，目标明确。是一个求真务实、与时俱进、鼓舞人心的报告。

×××委员说，《政府工作报告》文字简洁，内容翔实。对前五年的工作总结到位，实事求是，是经得起检验和考核的。《报告》中提出的今后五年经济社会发展的主要调控目标平均递增幅度是合适的。相信在新一届政府的领导下，通过我们的努力工作，各项指标会完成得更好。

×××委员说，作为新委员，听了《政府工作报告》，十分振奋。报告实事求是地总结了过去5年的工作，我也深切感到××市政建设加快了，社会保障系统也更加完善了。报告提出了今后的工作任务和奋斗目标，给我的感觉是思路新、办法新。

献策政府工作共谋发展大计

×××委员认为在分析了我市旅游产业的现状后提出，按照"建设大××，发展大旅游”的要求,确定旅游产业三步走发展战略是必要的和可行的,即从现在起至 2005 年为旅游产业培育完善阶段,2006 年至 2010 年为旅游产业发展成熟阶段,2011 年至 2020 年为旅游产业全面发展阶段。当前和今后一个时期,××旅游发展目标是抓住 5 个“三”,营造新的发展平台:抓住旅游环境、旅游项目、旅游法制等三项建设,加快旅游景区精品、文化旅游名品、度假休闲新品等三品培育,推进旅游形象、旅游方式、体制机制等三项创新,做好争创最佳优秀旅游城市、整顿规范旅游市场、组织重大节庆活动等三项重点工作;努力实现旅游产业规模和整体水平,旅游在全市服务业中的龙头作用和在国民经济中的贡献份额,××旅游在全省大旅游格局中的位次和在国内外知名度的三个提升。加快××旅游从观光型、传统型,向度假型、休闲型转变,以满足人们经常性、多元化的旅游需求。

　　×××委员认为,我市工业目前可简单概括为“六大六小”:粗大精小,傻大粗产品多,高新技术产品少;公大私小,国有及国有控股比重大,私营经济所占份额少;重大轻小,重工业比重大,轻工业比重小;大小小大,大型企业户数少,规模大,小型企业户数多,规模小;旧大新小,老产品、老工艺、老设备多,新产品、新工艺、新设备少。建议:一、以项目建设为龙头,加快经济结构调整步伐,二、加强经济运行的调控和监测。三、抓好企业改制,用多种形式加快改制速度,增强老企业的活力。四、要注重和改善企业经营外部环境。

　　×××委员认为,我省、我市发展汽车工业在整车生产方面难度很大,但在发展汽车零部件生产方面我市具有一定的基础和十分有利的条件。××集团生产的系列重型汽车变速箱和汽车发动机齿轮都具有良好的发展潜力和市场前景。但就现有实力参与国际竞争差距很大。主要问题一是研发能力低,靠技术引进受制于人;二是管理与国际跨国公司有较大差距,难以适应发展要求。××集团正积极与××日产公司实行重组,并通过与××日产重组最终实现与国际知名的德国××公司合资。这样不但解决了企业技术、管理、资金等一系列问题,同时市场主体也有了保证。如能实现上述目标,重组后××每年协作生产将由现在的 2 亿多元提升至 5 亿元左右,如果××市其他具有较长产业链的零部件企业部能实现与国内、国际大公司的合作重组,一定会使我市机械工业发生质的变化。同时在市场推动下会发展起大量的二级、三级零部件企业。为此,建议:一、转变观念,不求所有,但求所得,积极推动大中型企业的重组和合资工作的开展,二、创造一切条件,使重组工作顺利开展。三、关于主辅分离,国务院六部委已出台了指导性意见,我市应立即制定具体支持企业主辅分离的相关政策,重点是辅业剥离后彻底改制,通过资本多元化推动主辅业分离。四、重组中我市应出台关于重组合资中的土地优惠转让政策。

简析点评：

这是一份会议简报,标题采用了准公文式标题的写法;导语部分概括叙述简报的主要内容,与会代表对报告的认识;主体部分主要分两方面以发言摘要的形式,写了与会人员对《政府工作报告》的认识,全文结构合理,详略得当,格式规范。

7.4　调查报告

7.4.1　调查报告的含义和作用

1)调查报告的含义

调查报告是对某些情况、某个事件或问题进行深入调查,并经分析综合后写成的供上级领导参考、作为制定政策、指导工作的书面报告。可以是内部材料,也可以在报刊上发表,让广大群众知晓。

2)调查报告的作用

调查报告主要用于弄清事实真相,总结经验教训,发现新生事物,探求事物规律,制定方针政策,解决实际问题。具体地讲,调查报告的作用有以下几点:

①是正确认识客观实际的有效手段。运用调查报告可以帮助人们了解真相,认识社会现状,掌握事物规律,借鉴成功经验,提高认识水平。

②是开发深层次信息的重要工具。调查报告是一种信息载体。通过它对有关资料进行分析归纳,加工处理,使我们可以获得对信息资料更深刻的认识,从而可以利用调查报告来总结自己的经验教训,推动本单位工作的进展。

③是领导决策和进行调控的重要依据。通过调查报告,能使领导获得更多的社会信息,更准确地掌握全面情况,并以此为依据做出符合实际的决策,

采取有效的调控措施,更好地指导工作。

7.4.2　调查报告的种类

调查报告有多种多样,根据标准的不同,可以有多种分类,一般可以分为:

1)从范围上分

①综合调查报告。它是针对社会某一领域的重大事件、中心问题在进行全面调查研究的基础上写成的调查报告。综合调查报告是对有关情况的全面反映和概括,具有普遍的指导意义,是制定或修改方针、政策的重要依据。

②专题调查报告。它是就一项工作、一个问题、一种情况作系统的调查研究之后写成的调查报告。这种调查报告内容单纯,范围较小,针对性强,反映问题及时。

2)从内容上分

①典型的人事调查报告。它是针对某一地区、某一阶段社会方面的典型人事情况(政治状况、经济状况、文化状况等)进行调查研究之后写成的调查报告。这类报告不仅有助于人们认识社会,而且能为贯彻执行党的路线和政策提供典效法的榜样、为领导机关制定和贯彻有关方针政策提供依据。有较强的指导性和政策性。社会学家费孝通早年根据农村的调查材料写成的《江村经济》就属这类。

②新事物新情况的调查报告。它是介绍新生事物和新鲜经验一种调查报告。这类调查报告主要是介绍以前没有见到过情况的情况,如实说明这些新事物新情况的产生、背景、发展、现状和积极与消极方面的相关问题,以帮助人们认识这些新事物新情况。

③揭露问题的调查报告。它是对某些危害社会和人民的事件或现象进行调查而形成的调查报告,目的是揭露问题,以引起社会和有关部门的重视,使问题得到解决。如《××医院一起严重医疗事故的调查汇报》。

7.4.3　调查报告的基本内容

调查报告主要是采用夹叙夹议的方法,对大量的事实材料,对调查的人物、事件或问题作具体的说明。一般包括以下几个方面:基本情况、取得的成绩经验或者存在的问题、不足和对今后的建议和措施等。这几方面根据调查对象、内容的不同而有所取舍,新生事物新情况的调查报告一般由背景、发生过程、发展方向、存在的意义和作用等部分组成;介绍经验的调查报告由成果、做法、经验几部分组成;揭露问题的调查报告一般由问题、原因、后果、意见和建议几部分组成。

(1)调查报告的写作格式

调查报告一般由标题、正文、署名和日期组成。

①标题。常用的有两种类型:

A.准公文式标题。它一般由事由和文种两部分组成。事由写明调查的对象、范围或事项,文种常用"调查报告""考察报告""调查"等形式。如:《农民负担调查》,又如《关于废旧物资回收利用问题的调查报告》等。

B.新闻式标题。它有单标题式和正副标题式。单标题式的与普通文章的标题一样,标明调查的事项或范围,如《"自行车王国"的苦恼和出路》。正副题式的标题也很普遍,正题标明调查报告的主旨,副题标明调查的事项、范围或对象等。如《信息时代的呼唤——邮电通讯现状调查》等。

②正文。调查报告的正文,一般是开头、主体、结尾组成。

A.开头部分。开头部分也称前言,是介绍调查对象的基本情况,说明调查的目的、范围、经过、方式,可以是交代背景,也可以是概括全文的主要内容,或提示全文的主旨。其目的在于给读者一个概括的印象,引出调查报告的主体。开头的写作要扣紧主旨,简明扼要。其表达方法并无一定之规,要根据其种类、目的、用途的不同,做适当的选择,通常有以下几种:

a.突出成绩法。即以概括的笔法把调查对象的成绩突出地提出来,这种方法多用于典型的人事的调查报告。这种写法能使读者对成绩留下一个鲜明而突出的印象,引导读者进一步了解具体做法和经验。

b.基本状况交代法。即根据主旨的需要,侧重介绍调查对象的基本状况。如背景,规模,历史或现状,主要成绩或问题以及事件的简要过程等,为正文主体做铺垫。这种写法,为主体部分的内容起引路作用,使读者对全文形成一个总的印象。

c.有关问题说明法。即将调查的根据、目的、时间、地点以及方式作必要的说明。这种开头,便于抓住全文中心。这种开头方式多用于专题调查报告。

d. 主旨陈述法。这种开头开门见山,起笔就把调查的结论或主要内容写出来,多用于总结经验的专题调查报告。

e. 成绩、问题对比承转法。此种方式多用于揭露问题和总结经验的调查报告。开头往往先肯定一下成绩,然后用"但是"一转,再谈主要问题。这种方式对比鲜明,引人注意。

f. 点明调查问题引起法。有一些揭露问题的调查报告常常在开头点明想查实什么问题,引出调查报告的正文部分。这种方法,对阅读者有一定吸引力。

B. 主体部分。这是调查报告的核心部分,是开头的引申,结论的根据所在。其内容一般包括:事实真相,收获,经验和教训,意见和建议等,这部分要用大量的事实材料对调查的对象作具体说明。这部分内容较多,必须精心安排层次、结构,有步骤、有条理地展开述说。采取的结构方式主要有:

a. 横式结构。即从几个不同侧面阐明问题,相互之间是并列关系。每一方面常冠以小标题。横式结构适用于那些涉及面较广,事件较复杂的大型调查报告。其好处是眉目清楚,重点突出。

b. 纵式结构。这种结构方式是按照事件的发展过程安排,或按对问题的了解和认识的逐步深入阐述(层递式),或按现状、产生原因、对策、建议的逻辑联系来安排(因果式)。这种结构适用于反映新生事物、揭露问题的调查报告。其好处是条理清晰,有助于使读者了解事物发展的来龙去脉,也能使内容层层深入,从本质上说明问题。

c. 纵横式结构。这种结构方式兼有纵式和横式两种特点。一般在叙述事件发生的过程时用纵式结构,写收获、认识和经验教训时用横式结构。

C. 结尾部分。根据不同内容有多种结尾方式。常见的有:

a. 总结全文,点明中心。这类结尾是用简练的语言概括调查报告的主要观点,进一步深化主旨。结尾言简意赅,能起到概括全篇,点明主旨的作用。

b. 由点到面,做出展望。这类结尾往往从更高的角度,更广阔的背景上来阐明和深化主旨,指出所调查问题的普遍意义。

c. 提出解决办法和建议。这类结尾所调查的问题,在进行分析的基础上,提出解决问题的办法、措施、意见和建议,使调查报告不但讲清"是什么"(事实),"为什么"(原因),同时也回答了"怎么办"。

d. 提出问题,启迪思想。这类结尾由事实材料生发出发人深省的问题,启迪人们做更深入的思考和探索。

有一些调查报告没有结尾,主体部分结束,全文也就自然结束。

③署名和成文日期。一般写在正文的右下方,要写明调查单位的名称或调查人的姓名。如在报刊上发表的,可将其写在标题下面。成文日期一律写在署名下面。

(2)调查报告的写作要求

①调查要深入。"调查报告",顾名思义,一是调查,二是报告。没有调查,就无法报告。只有深入进行调查,既掌握现实材料,又掌握历史材料;既掌握面上材料,又掌握点上材料;既掌握典型材料,又掌握一般材料,就能写出富有思想和科学性的调查报告。

要搞好调查,首先要有一个正确的立场。立场不同的人,对同一事物会的截然不同的看法。同时要有正确的态度。如果调查态度不端正,草率行事,偏听偏信,那是难以得出正确结论的。

②调查要科学。按照调查的对象与范围的不同,可以采用不同的调查方法。科学的安排调查的时机、方法、对象、过程。

③调查要研究。一般来说,调查与分析研究同时并进,边调查边分析研究。但在调查工作告一段落后,还要认真地对材料进行一次全面的分析研究。这是因为,"剜进篮子里的不都是菜",调查得来的材料是多种多样的,有的用得上,有的用不上,只有对它们进行分析研究,抓住要点,剔除枝节,分清主次,揭示事物的本质规律,写出的调查报告才有价值。再从写调查报告的目的看,它的目的是通过调查研究弄清事物的真相和实质,从中提出问题(或观点),以引起重视,或找到适宜的解决方法。因此,对调查到手的材料进行认真的分析研究是必不可少的。

有些调查报告,材料一大堆,但只能表明事物的状况"怎么样",不能说明"为什么"这样,更不能告诉人们今后应"怎么办"。这些毛病,写作时应尽量防止。

④要处理好材料和观点的关系。调查报告是直接用材料(即事实)向人们阐明观点的,写作时必须处理好材料和观点的关系,观点来自材料,反过来又统率材料,要做到观点和材料的辩证统一。好的调查报告,往往材料和观点水乳交融、叙述和议论浑然一体,字数不多而显得丰厚、扎实。那种材料和观点分离,或先写观点,再拼凑一两个材料生硬说明的写法,都是不足取的。

⑤要妥善安排结构。调查报告的结构要根据不同的内容灵活安排。现

有不同的划分方法,有的分开头、正文、结尾。

调查报告的开头要简明扼要,引人注目,起提示全文的作用。有的调查报告虽没有开头语,标题下面即分几部分写下去,但实际上是把开头部分应写的内容放到正文里写。常用的开头写法有:交代调查的时间、地点和简单过程;点明进行调查的原因;概述调查对象的有关情况;提出一些引人深思的问题。

正文是调查报告的主要部分,包括调查研究得到的具体情况、做法和经验等。正文有用小标题的,有不用小标题而用一、二、三等序号的,也有连序号也没有、直述下来的。

结尾是调查报告的结束语。写得好,能使读者获得充足感;写得不好,会破坏全文的完整性,使读者扫兴。

⑥要注意引用调查对象的语言。调查报告大多采用第三人称写法,即作者站在第三者的角度,叙述调查经过和结果。为避免呆板、沉闷,增加现场感,写作时要注意引用调查对象的语言。往往直接用他们的语言,比作者从旁叙述、发一通议论,更具说服力,生动形象得多。

实例:

“一切为了数据真实、全面、准确”

—— 来自湖北省第三次全国经济普查核查的调查报告

鄢来雄

按照国务院的统一部署,2013 年 12 月 31 日 24 时,万众瞩目的第三次全国经济普查将吹响决战号角。这次经济普查是在我国步入全面建成小康社会决定性阶段进行的一次重大国情国力调查,对于摸清我国家底、提高宏观调控的科学性和有效性都具有重大意义。

中共中央政治局常委、国务院副总理、国务院第三次全国经济普查领导小组组长张高丽要求,这次普查最根本、最核心的要求,就是普查数据必须客观真实、全面准确、可靠可信,决不能带水分,更不能弄虚作假。国务院第三次全国经济普查领导小组副组长、国家统计局局长马建堂强调,要始终牢记,搞准普查数据是《统计法》的核心要求,是党中央、国务院的明确指示,是衡量普查成败的根本标准。要牢固树立质量意识,奋力做好普查各项准备工作,确保普查登记工作顺利推进。

　　普查对象的配合度将在很大程度上影响经济普查的数据质量。然而,随着社会诚信环境变化和民众隐私意识加强,普查对象的警惕性越来越高。日前,有媒体报道武汉"四成企业拒绝经济普查"。为了全面了解湖北三经普单位核查所面临的主要问题,以及可能影响经济普查数据质量的主要因素,记者日前随同国务院经普办核查组赶赴武汉进行了实地调查。

初次核查登记成功率普遍较低,绝大多数普查对象经多次宣讲后能配合

　　11 月 27 日,记者和核查组一行随同当地普查员,一同走访了此前媒体报道所涉硚口区荣华街集贤里社区的深圳市携众通科技有限公司武汉分公司、武汉铁路鼎立物业管理有限公司洪山分公司荣华苑站、汉口医院铁路社区荣华苑保健站、天禧茶叶店、刘开友茶叶店,电话联系了底册登记而实地没有该企业登记的门牌号码的武汉市临君经贸有限公司。

　　深圳市携众通科技有限公司武汉分公司、汉口医院铁路社区荣华苑保健站、天禧茶叶店、刘开友茶叶店负责人非常配合普查核查工作,并表示继续支持配合即将正式展开的经济普查。

　　而武汉铁路鼎立物业管理有限公司洪山分公司荣华苑站是"武汉铁路鼎立物业管理有限公司"下属单位"洪山分公司"设在荣华苑的办公点,不单独核算收支,因此既不是法人单位,也不是产业活动单位,不属于普查对象。

　　武汉市临君经贸有限公司经电话多次沟通后,最后成功核查登记。

　　普查员普遍反映,在核查阶段,一次上门登记成功率比较低,仅为一成左右;一般都需要三番五次地登门做工作,最后才能赢得理解和配合。绝大多数普查核查对象经过多次宣讲之后都能完成核查登记。

　　硚口区荣华街玉带社区普查指导员吴婵媛和集贤里社区普查指导员刘娟反映说,她们的普查对象平均要经过三次左右的登门才可以完成核查登记。而且,相对来说,越是"比较大、比较正规"的单位,配合度越高。

　　据了解,武汉媒体曝光的所谓"四成企业拒绝经济普查",其实是在经济普查核查初期阶段,企业以"老板不在、会计不在、证照不在"等各种推诿语言"不配合"的登记情况,并非企业最终"拒绝"。

加强舆论引导,化解普查阻力

　　普查对象在经普核查初期配合程度不高,一是因为社会上各种失信现象

层出不穷导致普查对象的警惕性提高。二是普查对象对普查工作不够了解以至于不理解,心存疑虑所致。普查对象一怕"露富",招惹是非;二怕"露底",担心填报数据成为纳税罚款的依据;三怕暴露商业秘密,对公司(单位)发展不利。

普查对象的警惕性提高突出表现在对普查员身份的质疑。

普查员朱晓红说,普查对象对普查员普遍不信任,有的要求普查员留下身份证复印件之后才肯配合核查,有的甚至要求到普查员所在社区登门核实身份。

普查员江楠和她的同事遇到一个业主,软硬不吃。起初不开门。在她们的坚持下,对方开门了,但却说:"我怎么知道你们是不是骗子?"她们向对方作出解释并亮明普查员证件之后,对方仍然不相信,并说:"现在证件也可以造假啊!"他们还主动报警,要求核实普查员的身份。警察来了之后,江楠再次进行了解释,警察也告知对方,江楠她们的身份是可信的。可是对方依然将信将疑,还说:"你们统计局周六还上班啊?"

化解普查阻力,一方面需要各级政府加强诚信体系建设,营造良好的诚信环境;另一方面,做好舆论引导也是重要的一环。

"普查难不难,关键在宣传!"这是很多工作在一线的普查员的共同体会。

"经济普查,利国利民。""利国"比较容易理解,普查数据可以让国家摸清经济"家底",搞清产业结构,制定科学的宏观调控政策;可是,"利民"却不一定能给老百姓讲得那么透彻。因为国家制定的政策对老百姓的影响往往是间接的、后续发生的、潜移默化的。

湖北的经普宣传工作相对较早,但是民众的理解和支持却不甚理想。为了进一步赢得普查对象的理解和支持,湖北省、武汉市增强宣传针对性,强化普查利国利民利自己的宣传,强化普查法定义务的宣传,强化保护普查对象权益的宣传。利用各种媒介,深入街道、社区,广泛宣传,营造普查对象支持配合的浓厚氛围。

武汉市在全市若干厂矿社区、街头巷尾悬挂宣传横幅 1 300 余条;在地铁车厢、站厅共 2 924 块电视终端上下班高峰时段播放普查宣传广告;在主干道 20 台公交车身上印制大幅宣传画,在全市 15 000 辆出租车、1 000 余台公交车、江汉路步行街等繁华地段电子屏及湖北日报电子阅报栏滚动播放公益广告,使市民随时随地感受到一种强烈的视觉冲击;在街道、社区发送、张贴宣传画 1 万张,普查公告 3 万张,《致全市经济普查单位核查对象的一封信》60万份,等等。

湖北省、武汉市统计局主要负责人还走上街头宣传,当面向群众解答普查中的相关问题。武汉市经普办通过在不同区域组织腰鼓队、秧歌队等群众喜闻乐见的形式,宣传经济普查。

武汉媒体曝光"四成企业拒绝经济普查"的"重磅报道",在硚口区和武汉市乃至全国引起较强反响,对企业触动较大。武汉铁路分局相关人员主动联系荣华街集贤里社区负责人,就鼎立物业公司工作人员的行为表示歉意,并承诺积极配合地方经济普查工作。硚口区普查员将此报道用作上门核查时的宣传案例,有效地争取了普查对象的支持配合,客观上为经济普查起到了一定的宣传作用。

"现在,武汉市的经济普查宣传氛围十分浓厚,这对即将正式展开的普查登记工作十分有利!"普查员欣慰地表示。

创新普查方式,提高数据质量

从前期核查阶段的情况来看,影响湖北普查数据质量的主要原因,除了普查对象配合程度不高,还有以下两个方面的因素不容忽视。

一是单位核查难度大,部分单位查找难。主要集中在注册地、经营地、纳税地分离的单位难查找,居民楼内单位难查找,大面积拆迁单位难查找。究其原因,主要是部门资料信息更新不及时,普查员实地无法找到。

二是普查人员的业务素质需要不断提高。此次普查电子化程度较高,首次采用 PDA 进行信息收集,对普查人员的业务素质要求较高,稍有不慎容易产生较大偏差。同时,如果普查员培训不到位,对核查方案的理解和掌握的程度存在差异性,少数普查员在实地核查中对单位类型、普查范围和对象的判断错误,就会影响核查数据质量。

"我们采取'三大措施'防范'两大风险'。即通过开展单位核查、发放普查底表、设立质量审核组等三大措施,防范单位情况不准、普查数据不实的两大风险。"湖北省统计局有关负责人表示,同时,我们要求普查员"手上有底表,心中无底表"。对普查对象进行"地毯式"入户清查,确保普查"一个不漏、一项不丢",真正摸清"家底"。所谓"底表",就是收集和整理编办、民政、国税、地税、工商、质监等部门的资料,与基本单位名录库进行比对、剔重、合并,生成单位比对库。

普查员张静对"地毯式"核查记忆犹新。她和同事两人一组常常从20多层的高楼从上至下地逐层"扫荡"。为了节省时间,提高工作效率,在电梯利用非高峰期,一个人按住电梯键,一个人进去核查。

针对前期"地毯式"核查工作中"单位不存在""搬迁联系不上"等情况,武汉市硚口区的普查员们采取实地查找、网上查询、电话联系相结合的方式,进一步查找落实,保证高核查率和核查质量。

武汉市硚口区荣华街办事处主任张智介绍说,为保证普查员不漏查单位核查名录库,硚口区采取了"三级过滤",即社区、街道和区统计局三级电话核查的方式予以确认。

为了提高普查核查的效率和准确率,硚口区荣华街社区还发动"八大员"参与经普核查工作。即"医保专干、低保专干、社保专干、劳保专干、残疾人专干、安保专干、房管员专干、信访专干",这些"专干"人员平时对社区情况了如指掌,而且可以随时相互交流,及时反馈所负责辖区信息,大大提高了普查核查效率。

为了提高普查数据质量,湖北"两员"尽量从离校未就业高校毕业生、网格管理人员、"三支一扶"和大学生村官中选聘,从源头上确保了数据质量。与此同时,切实做好各级各类培训工作。所有培训均采取下带一级的办法,实施分类指导,强化"两员"实际操作,考试合格后方可上岗。

"普查数据质量是经济普查工作的'生命线',也是最根本、最核心的要求,要贯穿于普查工作的全过程、各环节。"湖北省第三次全国经济普查领导小组组长、常务副省长王晓东在湖北省第三次全国经济普查电视电话会议上强调,第三次全国经济普查是党中央、国务院作出的重大部署,是湖北省今年的一项重要工作,各地、各部门务必把思想和行动统一到中央和省委、省政府的决策部署上来,确保高标准、高质量完成湖北省经济普查工作。

"湖北省第三次全国经济普查工作,领导重视程度前所未有,宣传力度前所未有,对普查数据质量的重视程度前所未有!"湖北省第三次全国经济普查领导小组副组长、省统计局党组书记、局长李克勤日前介绍湖北经普核查工作时表示。

11月27日下午,湖北省统计局召开全省数据质量整治视频会议,将会议精神贯彻到各乡(镇、场)统计机构,再次强调确保经济普查数据质量。

从各级领导到普查员,从街道到社区……我们看到,湖北上上下下为三经普数据真实、全面、准确所作出的种种努力。我们相信,在各级政府、普查对象和广大民众的相互支持、相互配合下,湖北三经普工作一定会交出一份满意的答卷!

简析点评：

该调查报告是一篇专题性关于人事的调查报告。标题采用正副标题法，正题揭示主旨，副题补充说明调查的对象和内容。正文的开头部分交代了调查目的、时间、地点、对象、由来。正文主体部分详细介绍了经济普查、核查的全过程，对调查人员在调查中遇到的难点、难事以及解决问题具体方法、过程作了得当陈述。材料翔实、分层次恰当、陈述具体，做到了观点与材料的统一。

该文不足之处是数据单薄，调查之后结论性语句的力度不够。

7.5　述职报告

7.5.1　述职报告的含义和作用

1）述职报告的含义

述职报告是伴随着新时期干部体制不断改革而产生的一种新型应用文体，是党政机构、企事业单位的领导者或某一岗位工作人员，就自己任职期间的德、能、勤、绩和岗位职责履行情况进行自我总结和评述，是向上级主管机关或有关人员陈述汇报工作情况，请求他们评议的书面报告。

2）述职报告的作用

①述职报告是上级领导和机关考核讲评干部的重要依据。通过述职，上级领导对述职者的政治水平、工作能力、取得的成绩、存在的问题等各方面的情况有所了解，有利于贯彻执行任人唯贤的干部路线，杜绝用人方面的不正之风。

②有利于群众对干部的了解与监督。述职报告是否实事求是，群众最有发言权。群众根据述职报告，结合平时的工作情况对干部的任职情况有进一步的了解，便于对干部的民主评议与监督。

③有利于提高干部自身素质。写述职报告是述职者认真总结经验教训，自我认识，自我提高的一个重要过程；宣读述职报告则是将自己任职期间的所作所为置于群众的监督之下，这样有利于干部健康成长。

7.5.2　述职报告的种类

述职报告根据不同的标准可以分为不同的类型：
①按时间分,有任期述职、年度述职。
②按内容分,有全面工作述职、单项任务述职。
③按形式分,有书面述职、口头述职、书面口头结合的述职。

7.5.3　述职报告的基本内容

述职报告的主要内容有:

1)概述

叙述任职期间的主要工作内容。要首先明确自己的职务职责,包括职责范围、所担负职务的主要任务、管辖区内的工作任务、责任目标等。这些任务完成的情况取得的成绩,自己在完成任务中起了什么作用等。

2)主要成绩及完成任务情况

这一部分应为重点。任职期间的主要政绩是什么? 重点任务完成情况如何? 主要包括:①工作依据(政策、法规等);②工作的基本情况;③制订的工作计划;④采取的主要措施;⑤工作完成的主要过程和步骤;⑥遇到的主要情况及所采取的应变办法等。

3)存在的主要问题和不足并提出改正的方案

这一部分内容也是述职报告的重点。只有找出存在的主要问题,找出存在的不足,才能有进一步的提高。看不到不足,就不会有新的进步。问题一定要找准,找不到主要问题和问题找不准都不能很好地解决问题。改正措施是非常重要的,这些措施要针对问题提出,并且要切实可行,具有可操作性,可以尽快看出效果。

4)今后工作打算

述职虽然重点在于总结任期内的工作情况,但述职的目的不是为了述职而述职,而是为了今后的工作,要在今后的工作中发扬优点,巩固成绩,改正缺点,向更高的高峰攀登。所以述职报告的第四部分可以提出今后工作的新思路,或提出下一阶段工作新计划。这些想法,不能脱离本单位的工作实际和上级主管部门的要求,不能与上级的指令和要求相悖离,但这一部分不是述职报告的重点。

7.5.4　述职报告的写作格式

述职报告的写作主要包括标题、称谓、正文、署名和日期四部分组成。

1)标题

标题一般有三种形式。

①由任职期限、所任职务和文种组成,如《××年度任××职务的述职报告》。

②由任职期限和文种组成,如《××年度述职报告》。

③直接标明文种的直述式标题,如《述职报告》,或在文种前加定语标明所属,如《我的述职报告》。

2)称谓

称谓是接收述职报告的个人或组织名称,或听汇报的人员的泛称。如"各位领导、各位代表:";"尊敬的各位领导、来宾、全体职工代表(全校教职工同志们):";"××党委:";"××组织部:"或"××人事处:"称谓放在标题下,空一行顶格写。

3)正文

述职报告正文的写法依据报告的场合和对象而定,一般来说采用总结式写法,共分四部分。

①前言。前言要概括写明述职者的职务、岗位职责、工作目标及对自己工作任职的总体评价,为下边具体叙述任职情况奠定基础。

前言部分要简明扼要,常用过渡语"现将履行职责的情况报告如下",承上启下,引起下文。

②成绩经验。其主要内容包括经验、教训和今后计划三部分。述职者要具体而较为详细地阐述自己履行职责的情况,在某项成绩中自己的具体设想、决策、措施以及发挥的积极作用,产生的效果。在这一部分中,要用

具体的事实、数据来说明自己履行职责的过程及能力并归纳出"成功经验"。

A. 在具体写作方法上,既可以采用按时间顺序安排结构,也可按一定的逻辑顺序安排结构,还可以按工作项目分条列举的表现形式来安排结构。至于采用哪种结构形式,要根据述职的内容而定。通常情况下,可以分出层次来分析证明主题,这样条理分明、重点突出。

B. 层次安排,一般采取横向排列的方法(各层次独立性强,共同论证主题)。

每一层次都要有一个小的主题,写成分观点句。分观点句一般写在层次前面,也有的分观点句写成了小标题。层次中间要恰当运用材料。

③问题教训。这部分要概括说明工作中的缺点、不足或失误之处。述职者应客观地看待、评价自己工作中存在的问题,既不推卸责任,也不要无限上纲。

在写作成绩经验、问题教训时有三个要求:

A. 要以事实和材料为依据。对以往的工作实践进行分析、回顾,因此以往实践所发生的事件是写作的唯一依据。述职报告必须把过去一段时间内所做工作的材料全部搜集进来,包括面上的材料与点上的材料、正面材料与反面材料、事件材料与数字材料以及背景材料等。事件材料必须真实可信。数字材料要准确可靠。背景材料要有辅助性,能与事实形成鲜明的对比或者烘托。

B. 要点面结合,重点突出。写述职报告顾及方方面面,企求十全十美、天衣无缝,什么工作都写,这样势必会犯大而全的错误。包罗万象、应有尽有,表面上好象好像很不错,实际上眉毛胡子一把抓。其实这样的述职报告只是为了取悦于各方,没有什么实际意义。还有的述职报告几十年如一年,年年相似,只是改动一些年份与数字,毫无特点。每年的工作可能大同小异,但也有各自特点。写述职报告时应认真总结出限定时间的工作的特点,抓精华,找典型,以这段工作中富有典型意义的事件来反映一般,抓住主要矛盾,写出这一阶段工作的特色,这样的述职报告才不会造成千篇一律的面孔,才确实具有指导意义。

C. 要分析事实与材料,找出规律。述职报告的目的是为了以后更好地工作,扬长避短,因此,经验与教训是一篇述职报告的关键。要从自己掌握的事实与材料中总结出规律性的东西,即是反映事物本质与发展必然性的认识。因此,要把已知的材料分门别类地进行分析、比较、鉴别,把零散的感性的事实与材料上升到理性的高度,引出让人看得见、摸得着、用得上的规律。写述职报告切忌仅是简单地罗列事实。没有分析与归纳的述职报告只是一篇汇报材料而已,只能作为材料收藏,对实际工作没有什么指导意义。

④今后计划。今后计划包括目标、措施、要求三要素。要切实可行。这部分与总结不同,篇幅少一些,占全文五分之一以下为宜。

报告结束时要用礼貌用语。如:"以上述职报告妥否,请予以审议。谢谢大家!"

4)署名和日期

在述职报告正文的右下方,写明述职者的单位、姓名及时间;也可写述职者的姓名写在标题下面,这里只注明时间。

7.5.5 述职报告的写作要求

述职报告的写作应把握以下 3 点要求:

1)态度要谦虚诚恳

述职者要以谦虚、诚恳的态度对待述职。在述职报告中,要实事求是地评价自己的工作,肯定取得的成绩,指出存在的问题,正确看待自己。要敢于说真话、讲实话,切忌讲假话、大话、套话、空话,既不争功诿过,也不让功揽过。无论功过是非,都要讲清楚自己在其中的作用。只有谦虚、诚恳的态度,才能使述职者与群众之间相互理解与信任。

2)内容要充实,详略要得当

写述职报告要有翔实的材料,要选取能反映述职者工作情况的典型材料,要用具体的事例、确切的数据反映自己的工作政绩。详略要得当,重点要突出,不要面面俱到、拖泥带水。

3)语言要简洁明快

在叙述工作情况时要以简明精练、高度概括的语言,对自己履行职责的情况进行叙述,给以总结评价,这样才会收到良好的表达效果。

实例：

述职报告

　　××年×月,党组织把我派到××××工作,从研究酒店合同、筹建到建成至现在近12个年头,经历了各种风风雨雨。要成功地经营管理中外合作企业不是一件易事,它比经营管理一般企业要困难得多,这是在各种经营方式中困难最多、经营管理最复杂的一种方式,也是最不容易被理解的经营方式。在上级和党组织的领导下,我坚持对外开放政策,搞好中外合作共事;坚持排污不排外的原则,不但要排除和抵制外来的污,更要排除和洗涤我们内部原来就有的污。特别强调三个"更严",就是纪律更严,执法更严,管理更严。有了"更严",就能保证政策的贯彻落实。我作为酒店党组织的一位成员,着重抓好:

　　一、积极探索和落实在外商投资企业中开展党的工作,是改革开放条件下加强党的建设的一个重要内容。外商投资企业党的工作同样必须服从于、服务于党的政治路线。大酒店按照有关规定和要求,公开建立党组织,公开挂牌子,公开进行党组织活动。在××年6月成立中国大酒店筹建办公室党支部,我任支部书记。××年×月×日起酒店吸收了两批"矿泉生"进行培训,成立大酒店培训中心,聘请了××先生等几位外籍(港)人士担任主教业务课程,学员中有8人是党员,成立党小组。我主教政治课程,每两个月一课,学习当前国际国内形势和有关党的方针政策。××年×月×日在大酒店局部开业前夕,正式成立中国大酒店党、团、工会组织。在企业中党组织不作为企业的领导机构,但要保证、监督党的方针、政策和国家的有关法律、法规在酒店的贯彻执行,做好中方员工政治思想工作,支持外商和中方行政负责人按国际惯例管理酒店,调动各方面的积极性共同办好酒店。酒店党组织认真贯彻执行省委1988年下发的《中国共产党广东省中外合营(合作)经营企业基层组织工作暂行条例》和市委根据当前需要强调抓好的"监督、管理、服务、协调"的八字要求,多年来,有特色地开展党的工作,把酒店各方面的力量凝聚起来,形成一股合力,走出一条发挥党组织作用,办好酒店并不断探索前进的路子。

　　二、积极运用与发挥党的政治思想工作优势,保证酒店的稳定和发展。一个酒店的成功,除了取决于国家的政策和经营者的管理外,很大程度上还取决于员工的高度责任感、积极性和创造力。从总体上讲,思想政治工作的根本任务是对工人进行社会主义教育,保证党的路线方针政策贯彻执行。我们把维护中外双方的忠诚合作,办好酒店,作为酒店的思想政治工作的全部出发点和归宿。我们比较好地解决了:

(一)抓好对外开放政策教育。已经完成党、团、工会骨干和行政六级以上管理员工747人的"基本国情与基本路线"的教育,闭卷考试成绩合格率为99%。从中外合作企业的特点出发,开展"双基"教育,在三资企业中还是不多的。

(二)抓好酒店的反腐蚀教育,培养一支适应外商投资企业发展要求的工人阶级过硬队伍。结合各项工作进行纪律教育,增强员工的组织纪律观念,做"四有"新人。

(三)抓好酒店主人翁地位的教育,调动员工积极性,以一流优质服务做好各项接待服务工作,争取集体荣誉。

(四)努力从关心员工生活入手,注意为员工办实事,重视解决员工中最难、最苦恼和最实在的问题,用"爱心"换取员工"向心",这是做好党的政治思想工作的重要内容之一。酒店的管理,必须要严格,但光严不爱,就会失去凝聚力。酒店给员工一分爱,员工便会给酒店十分情,员工"向心"越强,酒店的凝聚力越大。只要有"感情投入",便会得到更多的"感情产出"。两年多来为员工办事23件,我作为兼任酒店工会主席出了比较多的点子。去年酒店工会被评为市外商投资企业先进工会集体,我个人被市总工会评为外资企业优秀工会积极分子。

三、积极探索和搞好中外合作共事,是办好酒店的关键。酒店开业前,共有外方人员189人来自世界9个国家和地区,20多个部门中,正副经理大部分分别由外来人士担任。在这种情况下,处理好中外双方的合作共事关系,精诚合作,互谅互让,互相尊重,鱼水相依,增进友谊是酒店成功的基础。我在指导思想上,本着以国家政策法令为依据,以双方签订的合同协议为原则、以搞好酒店经营管理为出发点,以取得经济效益为标准的精神,认真妥善处理好双方的关系。我在具体工作中,坚持合作共事五项原则,即:对外方提出的有关办好酒店的行政措施,凡是正确的便坚决支持;看不准的,先行试验;有不妥的,磋商解决;错误的则提出意见,帮助其改正;内外不别。中外双方员工来自不同的社会,在共事过程难免会产生摩擦,只要不断沟通思想,联络感情,融洽关系,以礼相待,问题就会迎刃而解。

四、积极搞好和努力增强党组织自身建设,不断提高党员素质。我和党组织其他领导成员都能认真履行党员职责和义务,自觉接受党的纪律的约束和群众的监督,成为比较坚固的战斗堡垒。

五、积极研究和适应进一步开放改革时期新的要求,使各项工作跃马扬鞭。当前旅游业存在着激烈的竞争,必须以优质取胜,我教育员工并自己带头乐于在岗位上作奉献,以店为家。我身兼酒店治安总责任人、防火总责任人、交通安全总责任人、卫生总责任人、计划生育责任人、民兵连指导员,×年征兵获得×连冠,尽职尽责,各项责任人都得到上级的多次肯定和表扬。在社会上我还担任市残疾人基金会副会长、市维护社会治安基金会副会长,从各个方面支持开展社会工作。

酒店开业×年,取得了良好的经济效益与社会效益,到××年9月底为止,已经偿还了外方投资本息达××亿美元,上缴国家各项税收××万元人民币;为国家培养了一大批旅游事业管理人才;××年×月酒店党支部被评为先进党支部。

述职人:×××

××年×月×日

简析点评:

这篇述职报告的作者是××单位的副总经理。应该说,这是一篇比较规范的述职报告。先明确自己的职务职责,再写履行职责情况,最后尽管没有直接说明称职或不称职,但通过酒店的业绩及本人所负责工作受到上级表彰等荣誉间接地告诉听众自己称职与否。

具体地讲,这篇述职报告有以下4个方面值得借鉴:

突出了一个"我"字。写出了"我"任职期间在领导活动中所发挥的作用、取得的成绩;写出了"我"最深切的感受,使自己的述职报告阅文见貌。基本做到了无"我"之事不提,无"我"之策不说。

围绕了一个"职"字。讲清楚了自己"该干什么,干了什么,干得怎么样"。着重反映在自己职权范围内进行的具有个人特色、个人优势的领导实践活动。

注重了一个"实"字。报告中作者能够认真剖析自己,正确评估自己,很注意处理好自己与班子成员之间、与集体之间的关系。如在成绩面前,自己是指导、支持的,不说成亲自组织取得的;是其他成员提议的,不讲成是自己的主张;是协同有关单位完成的,不让人误认为是"独家成果"。

体现了一个"述"字。采用第一人称写法,以陈述为主,夹叙夹议,用事实说明自己的主张和结论。

这篇述职报告唯一的不足是没有总结一些合资企业带规律性的内容,没有更多地涉及工作中的失误、不足以及今后的工作打算。

7.6　自荐信

7.6.1　自荐信的含义及作用

1)自荐信的含义

自荐信是求职者本人向用人单位自荐谋求职位的书信。是求职者展示自我形象的一种书面形式,也是踏入社会、寻求工作的一块敲门石。

自荐信有两种形式:一是不知用人单位是否需要聘人的自荐求职信;二是在获知用人单位公开招聘职位的自荐求职信。

由于求职者与用人单位互不相识,写自荐信的目的就是介绍自己,推荐自己,所以自荐信必须注意以下特点:

①真实性。自荐信必须真实可靠,实事求是地向用人单位介绍自己的基本情况、特长优势,恰如其分地介绍自己,不弄虚作假,不夸大其词。既要全面具体,又要重点突出。

②针对性。自荐者要预先对用人单位的基本情况有所了解,尤其是对迫切希望得到职位更要了如指掌,针对该职位的特点和要求,表现出自己有这方面的能力经验或广泛的兴趣等,充分地、针对性地展示自己的特长和能力,做到胸有成竹,有的放矢。

③简明性。自荐信应言简意赅,在重点突出、内容完整的前提下,尽可能简单明了能让对方迅速了解自己的特长和优势,以便做出判断。

2)自荐信的作用

自荐信是求职者写给用人单位的专门信件,写求职信是一种自我推荐,给对方留下美好的第一印象,架起一座在求职者与用人单位之间的桥梁,增进彼此的了解,以使求职者达到应聘的目的。

7.6.2　自荐信的基本内容

自荐信的基本内容一般包括以下几个方面：

（1）自我介绍和写自荐信的理由

这部分内容包括：自荐者的姓名、年龄、毕业学校及学历、健康情况以及自荐的原因、求职的目标等。自荐的原因需简单说明为什么求职，如有的刚毕业欲谋职；有的为了学以致用，发挥所长，等等。

（2）个人的求职资格和所具备的能力

这部分内容包括：

①专业特长。专业特长包括自己所学的专业、业余所学的专业、特长以及具体所学的课程、所受教育的层次等。与此同时应突出与招聘工作密切相关的内容。

②工作、生活经历和能力。在结合求职目标的前提下，尤其应该注意突出自己的工作经历、社会实践，包括一些兼职经历都应该写明。有和求职目标相关的经历更好。

③本人的专长、技能、兴趣、性格等

（3）自荐求职者的愿望及最佳联系的方式

（4）对用人单位阅读并考虑自荐求职者应聘的感谢词

（5）证明自己资历、能力以及工作经历的材料

例如学历证明、学术论文、获奖证明证书、专业技术职业证书、专家教授推荐信等。这些可以列在另外的附页上。

7.6.3　自荐信的写作格式

自荐信采用信函文书的行文格式，一般由标题、受文单位、正文、结尾、祝颂语、署名与日期、附件等组成。

（1）标题

自荐信的标题写在首页正中，一般写"自荐信""自荐书"，也可写作"求

职信""求职书"等形式。

（2）受文单位

这是对阅信人的称谓。在标题下一行顶格位置。一般可写用人单位的名称，也可写用人单位的领导。例如："尊敬的××公司领导、尊敬的××单位人事负责领导""××公司"等。

（3）正文

这是自荐信写作的重点，主要分以下几方面写作：

①说明自荐的原因、目的。无论是什么样的自荐者，都应在称谓下另起一行写清自荐求职的原由和目的或说明信息的来源。如"我是一名即将毕业的本科生，所学的专业是冶金工程。四年的努力拼搏，我终有所成。企盼您给我一片天空，让我绘出绚丽的彩虹。"又如"近日阅《××晚报》，敬悉贵公司征聘会计一名，不胜喜悦，本人自信适合这项职务，故毛遂自荐"等。

②自荐者的个人基本情况。这一部分要写明自荐者的姓名、性别、年龄、学历、专业等基本信息。

③自荐者的经历、业绩及特长。自荐者应说明工作经历，尤其是与求职目标相关的经历，一定要说出最主要，最有说服力的资力、能力和工作经历；说明的语气要肯定、积极、有力。写工作经验时，一般是由近及远先写近期的，然后按照年代的顺序依次写出。最近的工作经验是很重要的。在每一项工作经历中先写工作日期，接着是单位和职务。对一些即将毕业的学生，无正式工作阅历或阅历简单的可在这部分写在校期间参加社会实践的情况或勤工助学的情况，但要针对有关职位的特点和要求来写，以便增加录用的机会。

个人技能和个性特征可写除专业外的各种考试情况。如"在校期间，除圆满完成学校学习课程外，还兼修××专业，并已通过几门的考试"，或"在校期间，已取得国家计算机三级，英语六级的合格证书"或取得会计证、导游证、报关证、秘书证等，这些都是证明自荐者能力水平的硬件。

如果在一些重要的刊物发表了学术论文，更应该单独写明，以突出自己的科研能力。

总之，正文要有引人注目的鲜明的特色，吸引用人单位的注意力，使招聘单位进一步感受到求职者的"鲜活"的形象以及求职者的诚意，增加获得面试的机会。

④结尾。这部分主要简单阐述自荐求职者对用人单位的认识,强调自荐求职者的愿望与要求,表明"真诚的希望能为贵公司效力"。

对单位的认识可写它的发展前景,或厂史、宗旨,意在说明自荐者对单位的重视,强调这个单位是最适合自荐者发挥才干的地方。如"贵公司在短短的 3 年间使××产品名扬海内外,在市场经济浪潮中独树一帜。是靠领导高卓的远见及员工强大的凝聚力,这是青年人锻炼、发挥才能的好时机、好场所,毕业后能到贵公司效力是我梦寐以求的,希望贵公司成为实现自我价值的大舞台。如果能和贵公司携手拥抱明天的辉煌那将是我莫大的荣幸! 我也将用我的成绩向您证实我的实力!"。

⑤祝颂语。自荐信的祝颂语大多使用较为亲近的富人情味的话语,如"祝工作顺利!""××公司,兴旺发达""即颂劳(春、夏、秋、冬)安"等。

⑥署名与日期。自荐信的署名在正文的右下角,包括自荐者的姓名、身份。日期写在署名的下面。

⑦附件。自荐信后面需附证明自己资历、能力以及工作经历的各种证明材料。

7.6.4　自荐信的写作要求

1)言简意明

自荐信要短,但一定要引人入胜,言简意赅。自荐信的功用只是为求职者争取一个参加面试的机会,招聘人员工作量很大,时间宝贵,自荐信过长会使其效度大大降低,1992 年哈佛人力资源研究所的一份测试报告的数据也证明了这一点,即一封求职信如果内容超过 400 个单词,则其效度只有25%,即阅读者只会对自荐信留下 1/4 内容的印象。所以,拟写自荐信要言简意明。

2)如实全面

在介绍自己各方面情况时一定要实事求是,优点不虚谈,缺点不掩饰,客观全面,不能吹嘘或夸大,尤其是在介绍自己以往学习、工作上取得的成果时,一定要恰如其分。否则,效果将适得其反。从自荐信中看到的不只是一个人的经历,还有品格。同时,自我介绍材料要全面、完整,切忌丢三落四;个人基本情况、工作简历、学习成绩、业务特长及爱好,不能缺少其中任何一项,否则会有不全面的感觉。自荐信、推荐表、个人简历、证明材料一应俱全,才能给用人单位以系统全面的整体印象。

3)重点突出

在介绍自己的情况时,要重点突出自己的能力和知识。可以详细介绍自己的专长、经验、能力、兴趣等,本人和家庭情况简单介绍即可。平铺直叙,过分谦虚,有碍用人单位对自己的全面了解和全面评价,而且易失去求职的机会。

4)针对性强

针对性是自荐信奏效与否的"生命线"。针对用人单位的具体要求,强调自己的社会经验和专业所长,才能使招聘者相信自己就是最理想的应聘者。比如用人单位招聘文秘人员,应介绍自己文、史、哲知识及写作才能;用人单位招聘科研人员,应该介绍学习成绩和科研成果;用人单位招聘管理人员,应介绍做学生干部和在工作期间当领导的经验及组织管理才能。

5)用语准确

自荐信形式美也是至关重要的。正所谓字如其人,文如其人,一个人的内在素质、工作经验、个性习惯常常在文章布局、语句使用、材料选择等各个方面透露出来。一份好的自荐信不仅能体现自荐者清晰的思路和良好的表达能力,还能考察出自荐者的性格特征和职业化程度。所以一定要注意措辞和语言,不能有文字上的错讹。否则,就可能使自荐信"黯然无光"或是带来更为负面的影响。

实例:

自荐信

尊敬的领导:

我是即将毕业的大学本科生,所学专业是计算机科学与技术。四年的刻苦拼搏,我终于学有所成。期待您给我一片天空,让我绘出美丽的彩虹。

我叫×××,是××大学的毕业生,我来自农村,艰苦的条件磨练出我顽强拼搏、不怕吃苦的坚韧个性。我很平凡,但我不甘平庸。未来的道路上充满了机遇与挑战,我正激越豪情、满怀斗志准备迎接。我坚定地认为:天生我材必有用,付出总会有回报!

　　凭借顽强拼搏、自强不息的精神,在这四年里,我努力学习,共修完了四十多门学科,使我积累了丰富的专业知识,比如:SQL、C、VF、VB 等语言、AU-THOWARE 课件制作;在注重学校所开课程的同时还自学了网页三剑客、HT-ML、JavaScript 等网络编程语言;并能够灵活运用各种办公软件,以及常见的其他软件。

　　大学除了学习之外,课外的一些活动使我各方面的能力都得到了很好的锻炼。我担任过宣传委员、实践部干事、邓研会干事、环保协会理事等职位。两个暑假的打工实习使我的课本知识得到了进一步的实践、提高了我的交往能力。暑假期间,我积极地参加了学校组织的深入社区的社会实践,受到当地居民的一致好评。××年度被评为优秀学生干部,××年度被评为优秀团干和入党积极分子。

　　面对未来,我满怀信心;面对挑战,我绝不退缩。大学四年的学习使我熟练掌握了计算机的基础理论和专业知识,使我能够胜任计算机教育、网页制作、动画制作、构建网络、数据库开发等相关工作。

　　如果有幸被贵单位录取,我愿发挥我自强不息、顽强拼搏的精神,服从各种安排,为贵单位添砖加瓦。

　　此致
敬礼!

自荐人:×××

×年×月×日

简析点评:
　　该自荐信格式较为规范,由标题、称谓、正文、结尾、祝颂语、署名与日期几部分构成,开头写了大学毕业欲自荐求职;在正文部分,介绍了个人的基本信息,所学专业、课程及特长能力;最后写了求职意向及愿望。但内容有点单薄,缺乏实例,重点也不够突出。

7.7 规章制度

7.7.1 规章制度的含义和作用

1)规章制度的含义

规章制度是党政机关、企事业单位、社会团体为实施管理,规范人们行为,保证工作任务的顺利完成而制定的一种具有法规约束力行政约束力的文书,是规定、条例、章程、办法、细则、守则、制度等应用文的总称。

2)规章制度的作用

①它是贯彻党和国家的法规、条例、政策的重要保证。"没有规矩不成方圆"。如果没有法规、条例,社会就会混乱。但仅依靠国家的一些法规、条例还不够,还要结合各行各业,各单位的具体情况制定一些切实可行的规章制度,以保证国家的政策、条例的贯彻执行。

②它是加强科学管理的重要手段。建立健全各种规章制度,可使各行各业的人有章可循,以保证工作、学习、生产高效率地进行,这是加强现代化管理,由单一的行政手段走向法制管理方法的重大变革,也是提高工作效率的重要保证。

③它是规范人们道德行为的准则。规章制度除了要求人们共同遵守具有法律约束力的法规外,还要求人们遵守具有道德约束力的行为规范,使自己的言行符合社会公共利益和公共道德,养成良好的社会习惯,保证各项工作的顺利进行。

7.7.2 规章制度种类

1)根据制定的目的、方法的不同,规章制度一般可以分为法规和规章两类

(1)法规

法规包括行政法规和地方性法规两种。行政法规是国务院为领导和管理国家各项行政工作,根据宪法和法律,由国务院及其各主管部门制定并经国务院批准发布的法规。

地方性法规是地方国家权力机关根据本行政区的具体情况和实际需要,依法制定的本地区的法规。

(2)规章

规章是规范性文件的总称。按其性质、内容,可分为行政规章、组织规章、业务规章和一般规章。

①行政规章。按作者及权限,可分为:国务院部门规章,它是由国务院所属各部、各委员会制定发布的规章;地方政府规章,它是由省、自治区、直辖市及其政府所在市和经国务院批准的较大的市级人民政府制定的规章。行政规章常用规定、条例、办法、细则等文种。

②组织规章。它是指对一个组织或团体的性质、宗旨、任务、组织原则、成员及其权利义务、机构及职权、活动及纪律等做出系统规定的规章。组织规章的常用文种是章程。

③业务规章。它是指对专项业务的性质、内容、范围及其运作规范等做出系统规定的规章。业务规章的常用文种为章程。

④一般规章。一般规章是各级各类机关、团体、企事业单位,为实施管理、规范工作和活动,在其职权内制发的规章。这类规章便是通常所说的规章制度。一般规章的常用文种有公约、准则、制度、规程、守则、规则等。

2)根据内容的不同,规章制度又可分为条例、规定、办法、章程、规则、细则、公约、制度等类

①条例。条例是党政机关对政治、经济、文化等方面的工作、活动或者对某一机关、组织的机构设置、人员配备、任务职权等做出全面、系统规定的具有法约束性的文书。它在使用中起着维护国家政治、经济、文化秩序,调整行业和部门之间关系的作用。它具有认真、严肃的特点。

条例的制定要有法律依据,要经过有关部门批准,未经批准的条例无效。目前,我国有权力制定条例的机关是:党的中央机关、国务院、全国人民代表大会或常务委员会、地方县以上(含县)各级人民代表大会或其常务委员会。

②规定。规定是社会团体、国家机关、企事业单位结合有关法律、法规和上级指示制定的具有行政法规性的文书。

③在规章制度中,还有一类与条例、规定在使用上相近似的文种称为办

法。办法与实施方案的作用相同,单独成文或附在某一方案之后,作为执行细则使用。它是某一方案在实施上的进一步的细化。

办法一般由发布单位依据国家有关法规、法令和规定制定,主要是为了实施某项具体的指令性行政措施而制定的。它属于法规性的文件,是法规或规章在具体问题上的执行方案,是国家政策、方针最后的执行依据。办法制定者必须是权力机关或被授予权力的机关。

④与办法相类似的还有细则。细则在效力上与办法相近,一般是机关单位或业务主管部门根据国家规定和业务要求制订的具体执行方案,故应用面非常广泛。细则是方案的延伸,是方案的细化与具体化,往往较办法更为细致,更为具体,它是侧重于条文的说明、解释性文书。

7.7.3　规章制度的基本内容

规章制度的种类较多,写法和要求不尽相同,其基本内容也不同。常见的结构与一般文书相同,一般由标题、正文、署名、时间四部分组成。

1)标题

因规章制度种类的不同,标题的拟定各有差异,一般应该具备:

成文单位名称、成文事由和文种三个要素,如《××学校财产管理制度》《山西省关于禁止使用童工的规定》等。如果文后或标题下署名的,标题也可只标明成文事由和文种,如《企业职工奖惩条例》标题下一行写有"国务院××年三月十二日常务会议通过、四月十日发布施行"文字。

标题的成文事由是中心,是不可省略的。但在有些规章中,文种本身即可代表事由,常见的有章程、公约、守则等,本身既为规章内容,也可代表文种,如《中国共产党章程》《中学生守则》等。

有些规则、章程、制度为非正式的,或应该经过法定程序但还没来得及讨论,或因某种原因必须经过试行才能正式使用的,必须注明"试行草案""暂行"或"供讨论"等。比较正式的章程、规定,要在文前标题下方注明通过机关和通过日期。因为可能这样的规章在历史中会有不同的版本,或一定经过几次修改,为了区别不同的版本和了解修改的次数,要写明修改变化情况。

有的规章涵盖面很广,或涉及重大的国家政策等,实施起来需要进一步解释,这时可以在规定后面附上实施细则或实施方法,这可以说是规章的进一步细化和解释。有时这种实施细则并不比正文内容少,是对正文的进一步阐述和细化,使执行者有条文可依。

2)正文

规章制度在撰写时的结构方法是"章断条连式"和"条一贯通式"。这两种基本方法适用各种规章制度的拟定。

①章断条连式。它是把全文分成若干章,第一章"总则",末一章"附则",中间几章为分则。各章可根据内容列出小标题,每章又分成若干条,分别写出该章所概括的内容。条的序数按全文编排,不分章单排,以达到结构严谨,称引方便。条下还可分款,是条目下的规定事项,不用序码标明,款目独立编排次序。内容较多,涉及面较广的规章往往采用这种结构。一般是章下分节,节下分条,条下分款,款下分项,项下分目。

②条一贯通式。这种写法比较简单,不另外分章,开头就是第一条,全文一直以"条"的顺序排到最后。条下也可以设款,不过这种形式不单列小标题,内容比较多、结构复杂的规章制度,也可分总则、分则、附则等几个部分。如果内容比较单一条文较少,就不包含总则和附则的内容,而只有主体部分若干条。按照逻辑关系先后顺序排列,一一写出其内容。

章和条一律用汉字序数词,如"第三章","第五条",项和目的写法大多用汉字数词,如"一"和"(一)"。

正文的结构按其内容大体可分为三部分。

①序言。序言也称为总则,通常要写明制文的目的、依据、基本原则等。开头和末尾常用"特制定本制度"等习惯用语。有时也可省略开头,直接写正文内容。

②主体。主体也称为分则,通常要写明制文的主要内容、具体要求等。这是规章制度的主要部分。一般是分条列出,一条一个意思。

③附文。附文也叫附则,是对主体的结尾或补充,可以对一些使用事项作说明,一般要写明生效日期,修改、解释、批准权限等。附文可以独立成章,也可以与正文一起排序。

3)具名和日期

条文的右下侧一般要标明制文单位和日期。如制文单位的名称已在标题中出现,文后具名可省略。如果在标题下已注明发布日期或在正文中写明生效日期的,日期可以省略。

7.7.4 规章制度的写作格式与要求

1)规章制度的写作格式

条例、规定、办法、细则、章程、制度、规则、守则、公约的写作如下:

(1)条例的写作

①标题的写作。条例的标题有三种类型:发文机关+事由+文种",如《中华人民共和国价格管理条例》《中华人民共和国征兵条例》;事由+文种,如《出版管理条例》等;适用范围+文种,如《信访条例》等。

如果"试行""暂行""草案""修正"等需注明的,位置在标题之下,正文之上。有时也把"试行""暂行""修正"放在标题之中,如北京市第十一届人大常委会第 30 次会议通过的《北京市统计管理条例修正案》。

②正文的写作。正文是条例具体的内容。它一般采用条一贯通式,把每条逐条列明。与章程一样,总则中要明确因由、目的、任务。正文内容主要为条规,条规一般应明确责任、范围、组织领导、人员等事项,一般应有奖惩规定。

条例是严肃的法规性文件,它所规定的奖惩要写得具体明确,要写明执行机关,并要有兑现、实施保证。

③落款与日期的写作。条例制定或批准的机关及其日期,一般括注于标题之下正中。条例的成文要经权力机关批准,未经批准的条例无效。

(2)规定的写作

规定的起草要有依据,不得与上级指示精神、有关法规相违背。规定由标题、正文、规定时限组成。

①标题的写法。规定的标题由"制定单位+介词+事由+文种"组成,有时介词可以不用,例如《新闻出版署机构编制干部管理暂行规定》《北京市关于女职工劳动保护的规定》等。有时制作单位可以省略,但事由和文种不能省略,文种不能单独使用。

与条例一样,有时为了强调此规定正在试行或是暂行使用,可以将"试行""暂行"放在标题中,如《××大学关于宿舍管理的暂行规定》等。

②正文的写法。规定的正文写作可以根据实际情况采用章断条连式和条一贯通式。一般为条一贯通式,采用流水序号,把所有条目全部列出,把总

则、附则中的内容列入条目中去叙述。条目罗列完毕,全篇自然收尾。一般开头要写出作此规定的依据,可写"根据……,特作如下规定",也可写"为了……,特作如下规定",等等。条目中要列入违反之后的处理或处罚。规定也可写明解释权属何人何组织。

③结尾的写作。规定的结尾要写明时间,如标题中已写明规定制定单位,可不再署名,标题中未署名的,结尾一定要落款署名。

公开的规定可印发、张贴,也可散发。一定范围之内的内部规定,可以通过文件的形式下发,如果上级觉得有必要,也可以转发或批转。

(3)办法的写作

办法的结构是:标题+正文+落款+日期。

①标题的写法。办法的标题主要有三种:发文机关+事由+文种;事由+文种;适用范围+文种。

②正文的写法。同规定一样,根据实际情况也可以采用章断条连式或条一贯通式的写法。

A.分章条目。即把正文分为若干章、若干条。全篇内容分为总则、分则、附则三大部分,第一部分为总则,写制定办法的目的或者依据、适用范围、涉及部门或总的原则、要求等;第二部分为分则,即正文的主体部分,可分为若干章,围绕办理事项写具体的办法和违反规定的处罚等;最后一部分是附则,主要写施行办法中的有关问题,如办法解释权的归属、生效日期等。

B.一条到底。就是办法的正义不分章,从头到尾只列出若干条日,一条到最后。

③落款与日期的写法。落款与日期一般括注于标题之下正中,如果是用命令或通知发布的,就反映在命令或通知中。有的正文结尾部分最后一条写的规定生效日期,即为制定日期。

(4)细则的写作

与办法相类似的还有细则,细则在效力上与办法相似。但细则往往较办法更为细致,更为具体,它已经成为方案的条文性说明,或者条文性解释。

细则也与办法一样,是某一重要方案的实施指南。细则是机关单位或业务主管部门根据国家规定和业务要求对指令性工作所作的具体执行方案,它的应用面非常广泛,细则的内容不得与它相应的方案精神相违背,它应该是这个方案的执行指导。细则是方案的延伸,是方案的细化与具体化。

细则与办法写作上与条例、规定相近,标题可用二项式,如《人事部机关公文处理细则》《国家行政机关公文处理办法》都是"内容+文种"。

办法与细则的内容可以使用条目式,一般为流水序号,可设章,分为总则、正文、附则等。

(5)章程的写作

章程是党和政府、社会组织、社会团体的组织纲领或行动准则。它集中阐述代表的政党、部门、组织和团体的组织宗旨、性质、任务、加入方式、办法、权利、义务、内设机构、领导组成,等等。它的制定,要经过全体成员或领导成员按法定的方式产生或修改,另外,它必须依照国家的有关法律成立或行动,不得与《宪法》相抵触。它的活动,必须在法律规定的范围之内,不然,不受法律保护。

章程的标题一般采用两项式,即"组织名称+文种",如《中国作家协会章程》《中国编辑学会章程》。

章程的写法要规范,一般使用章断条连式,内设若干章,第一章为总则,相当于序言,阐述组织宗旨、性质、目的、任务。正文为主要内容,可以对总则进一步阐述,详述加入条件、权利、义务、组织机构、纪律等。在最后要有附则的内容,对一些有必要解释的问题进行补充,如可以写明实施办法、生效、实施日期等。

(6)制度的写作

制度是一种常用文书。在社会生活中,为了保障各项工作和活动正常有序的进行,常用制度来规范制约人们的行为。制度是依据国家有关的方针政策制定的,因此,具有规章的性质。

制度的标题有两种类型:"事由+文种"和"适用范围+文种"。正文同办法一样也采取分章条目式和一条到底式的写法;落款和日期有的写在正文右下方,有的括注在标题下,有的反映在发布制度的通知中。

规则、守则、公约的写作和以上所述的规章制度的写法大同小异,可参照以上的写法撰拟。

2)规章制度的写作要求

制定规章制度是一项非常严肃的工作,要求十分严格。因此在写作时应注意:

①必须认真学习党和政府的有关方针政策,对所涉及的对象要做出相应的规定,内容要全面、具体,不能有疏漏。提出的条项要求等要切实可行。要

注意保持相对的稳定性。

②要有明显的针对性,必须有确定的范围,要从标题到具体条款都能鲜明地反映出来。对范围之外的其他方面及人员,一般不具约束力。

③文字要简洁、周密,便于记忆、执行、检查。每一条款,甚至每一词句都必须有肯定的属性、明确的含义,使人一看就清楚。不能似是而非,使人产生误解。

实例一：

深圳行政学院八八届学会章程

（第五次会员大会通过）

第一章　总　　则

第一条　本会是由深圳行政学院八八届毕业的学员组成的自我管理和自我服务的群众团体。

第二条　本会的宗旨:组织和团结八八届学员,积极开展各种有益活动,加强学员之间的联系,增进友谊,互相帮助,携手前进,为深圳市的经济建设和精神文明建设多作贡献。

第三条　本会的任务:

（一）发动和组织全体会员开展各种有益的活动;

（二）关心会员,帮助会员解决工作、学习和生活等方面的实际问题;

（三）收集和印制会员的通讯资料;

（四）加强同母校的联系,在母校与学员间起桥梁和纽带作用;

（五）激励会员为深圳特区建设多作贡献。

第二章　权利和义务

第四条　凡是深圳行政学院八八届毕业的学员和深圳行政学院的教职工,承认本会章程,参加本会组织的活动,均可成为本会会员。

第五条　会员的权利:

（一）有参加本会举办的各种活动的权利;

（二）有选举权、被选举权和表决权;

（三）有对本会的工作提出建议和批评的权利。

第六条　会员的义务:

（一）有遵守章程，承担工作任务，履行职责的义务；

（二）有学习、宣传和执行党纪国法的义务；

（三）有联系校友，团结校友和服务校友的义务；

（四）有捐助本会经费，帮助本会开展各项活动的义务。

第三章　组　织

第七条　本会的组织原则是民主集中制。

第八条　会员大会每年七月八日召开一次，特殊情况可提前或延期召开。设立理事会，理事会由会员大会推选产生，每届任期三年，理事连选连任。

第九条　理事会的权利和职责：

（一）定期召开会员大会。

（二）推选会长和秘书长。会长和秘书长负责处理本会活动事务。会长和秘书长可连选连任。

（三）解释和修改本会章程，组织开展本会的各项活动，审查本会经费的收支情况。

第四章　经　费

第十条　本会的经费，主要来自会员捐助，同时，可考虑参与办一些实业，解决活动经费的来源。

第五章　附　则

第十一条　本章程由深圳行政学院八八届学会负责解释。

第十二条　本章程自一九九三年七月八日起生效。

简析点评：

这是一篇章断条连式的组织章程。全文共 5 章 12 条。第 1 章（前 3 条）是总则，概述了该同学会的性质、宗旨和任务。第 2 章至第 4 章（第 4 条至第 10 条）是分则，分别阐述了该同学会的会员、组织经费。第 5 章（第 11 条、第 12 条）是附则，说明了本章程的解释权和生效期。条款清晰，简洁明快。

实例二：

城市居民最低生活保障条例
（中华人民共和国国务院令第 271 号）

第一条　为了规范城市居民最低生活保障制度，保障城市居民基本生活,制定本条例。

第二条　持有非农业户口的城市居民,凡共同生活的家庭成员人均收入低于当地城市居民最低生活保障标准的,均有从当地人民政府获得基本生活物质帮助的权利。

前款所称收入,是指共同生活的家庭成员的全部货币收入和实物收入,包括法定赡养人、扶养人或者抚养人应当给付的赡养费、扶养费或者抚养费,不包括优抚对象按照国家规定享受的抚恤金、补助金。

第三条　城市居民最低生活保障制度遵循保障城市居民基本生活的原则,坚持国家保障与社会帮扶相结合,鼓励劳动自救的方针。

第四条　城市居民最低生活保障制度实行地方各级人民政府负责制。县级以上地方各级人民政府民政部门具体负责本行政区域内城市居民最低生活保障的管理工作;财政部门按照规定落实城市居民最低生活保障资金;统计、物价、审计、劳动保障和人事等部门分工负责,在各自的职责范围内负责城市居民最低生活保障的有关工作。

县级人民政府民政部门以及街道办事处和镇人民政府(以下统称管理审批机关)负责城市居民最低生活保障具体管理审批工作。

居民委员会根据管理审批机关的委托,可以承担城市居民最低生活保障的日常管理、服务工作。

国务院民政部门负责全国城市居民最低生活保障的管理工作。

第五条　……

第六条　……

第七条　……

第八条　县级人民政府民政部门经审查,对符合享受城市居民最低生活保障待遇条件的家庭,应当区分下列不同情况批准其享受城市居民最低生活保障待遇:

(一)对无生活来源、无劳动能力又无法定赡养人、扶养人或者抚养人的城市居民,批准其按照当地城市居民最低生活保障标准全额享受;

(二)对尚有一定收入的城市居民,批准其按照家庭人均收入低于当地城市居民最低生活保障标准的差额享受。

县级人民政府民政部门经审查,对不符合享受城市居民最低生活保障待遇条件的,应当书面通知申请人,并说明理由。

管理审批机关应当自接到申请人提出申请之日起 30 日内办结审批手续。

城市居民最低生活保障待遇由管理审批机关以货币形式按月发放；必要时，也可以给付实物。

第九条　……

第十条　……

第十一条　……

第十二条　财政部门、审计部门依法监督城市居民最低生活保障资金的使用情况。

第十三条　……

第十四条　……

第十五条　……

第十六条　省、自治区、直辖市人民政府可以根据本条例，结合本行政区域城市居民最低生活保障工作的实际情况，规定实施的办法和步骤。

第十七条　本条例自××××年×月×日起施行。

简析点评：

本例属经国家机关制定或批准的，规定国家政治、经济、文化等领域的某些事项，或决定某一机关组织职权等事项的法规性规章制度。写作时具体写明了城市居民最低生活保障的管理等许多规定，着重回答了人民所关心的有关责任和利益问题。条文明确，结构完整，文字简洁，叙说有序。

实例三：

普通高等学校理事会规定（试行）

第一条　为推进中国特色现代大学制度建设，健全高等学校内部治理结构，促进和规范高等学校理事会建设，增强高等学校与社会的联系、合作，根据《中华人民共和国高等教育法》及国家有关规定，制定本规程。

第二条　本规程所称理事会，系指国家举办的普通高等学校（以下简称：高等学校）根据面向社会依法自主办学的需要，设立的由办学相关方面代表参加，支持学校发展的咨询、协商、审议与监督机构，是高等学校实现科学决策、民主监督、社会参与的重要组织形式和制度平台。

高等学校使用董事会、校务委员会等名称建立的相关机构适用本规程。

第三条　高等学校应当依据本规程及学校章程建立并完善理事会制度，

制定理事会章程,明确理事会在学校治理结构中的作用、职能,增强理事会的代表性和权威性,健全与理事会成员之间的协商、合作机制;为理事会及其成员了解和参与学校相关事务提供条件保障和工作便利。

第四条 高等学校应当结合实际,在以下事项上充分发挥理事会的作用:

(一)密切社会联系,提升社会服务能力,与相关方面建立长效合作机制;

(二)扩大决策民主,保障与学校改革发展相关的重大事项,在决策前,能够充分听取相关方面意见;

(三)争取社会支持,丰富社会参与和支持高校办学的方式与途径,探索、深化办学体制改革;

(四)完善监督机制,健全社会对学校办学与管理活动的监督、评价机制,提升社会责任意识。

第五条 理事会一般应包含以下方面的代表:

(一)学校举办者、主管部门、共建单位的代表;

(二)学校及职能部门相关负责人,相关学术组织负责人,教师、学生代表;

(三)支持学校办学与发展的地方政府、行业组织、企业事业单位和其他社会组织等理事单位的代表;

(四)杰出校友、社会知名人士、国内外知名专家等;

(五)学校邀请的其他代表。

各方面代表在理事会所占的比例应当相对均衡,有利于理事会充分、有效地发挥作用。

第六条 理事会组成人员一般不少于 21 人,可分为职务理事和个人理事。

职务理事由相关部门或者理事单位委派;理事单位和个人理事由学校指定机构推荐或者相关组织推选。学校主要领导和相关职能部门负责人可以确定为当然理事。

根据理事会组成规模及履行职能的需要和学校实际,可以设立常务理事、名誉理事等。

第七条 理事会每届任期一般为 5 年,理事可以连任。

理事会可设理事长一名,副理事长若干名。理事长可以由学校提名,由理事会全体会议选举产生;也可以由学校举办者或者学校章程规定的其他方式产生。

第八条 理事、名誉理事应当具有良好的社会声誉,在相关行业、领域具有广泛影响,积极关心、支持学校发展,有履行职责的能力和愿望。

理事、名誉理事不得以参加理事会及相关活动,获得薪酬或者其他物质利益;不得借职务便利获得不当利益。

第九条 理事会主要履行以下职责:

(一)审议通过理事会章程、章程修订案;

(二)决定理事的增补或者退出;

(三)就学校发展目标、战略规划、学科建设、专业设置、年度预决算报告、重大改革举措、学校章程拟定或者修订等重大问题进行决策咨询或者参与审议;

(四)参与审议学校开展社会合作、校企合作、协同创新的整体方案及重要协议等,提出咨询建议,支持学校开展社会服务;

(五)研究学校面向社会筹措资金、整合资源的目标、规划等,监督筹措资金的使用;

(六)参与评议学校办学质量,就学校办学特色与教育质量进行评估,提出合理化建议或者意见;

(七)学校章程规定或者学校委托的其他职能。

第十条 理事会应当建立例会制度,每年至少召开一次全体会议;也可召开专题会议,或者设立若干专门小组负责相关具体事务。

第十一条 理事会会议应遵循民主协商的原则,建立健全会议程序和议事规则,保障各方面代表能够就会议议题充分讨论、自主发表意见,并以协商或者表决等方式形成共识。

第十二条 理事会可以设秘书处,负责安排理事会会议,联系理事会成员,处理理事会的日常事务等。

高等学校应当提供必要的经费保证理事会正常开展活动。

第十三条 理事会组织、职责及运行的具体规则,会议制度,议事规则,理事的权利义务、产生办法等,应当通过理事会章程予以规定。

理事会章程经理事会全体会议批准后生效。

第十四条 高等学校应当向社会公布理事会组成及其章程。

理事会应当主动公开相关信息及履行职责的情况,接受教职工、社会和高等学校主管部门的监督。

第十五条 已设立理事会或相关机构的普通高等学校,其组成或者职责与本规程不一致的,应依据本规程予以调整。

高等职业学校可以参照本章程组建理事会,并可以按照法律和国家相关规定,进一步明确行业企业代表在理事会的地位与作用。

民办高等学校理事会或者董事会依据《民办教育促进法》组建并履行职责,不适用本规程;但可参照本规程,适当扩大理事会组成人员的代表性。

第十六条　本规程自 2014 年 9 月 1 日起施行。

简析点评:

本规定是教育部针对全国高校成立学校理事会的情况做出的规范性文件。规定条理清楚、层次分明、操作性强。

[本章小结]

本章主要介绍了计划等 6 种文体,分别讲述了这 6 种事务文书的概念、作用、内容、结构、写作等知识点。计划和总结是事务文书中使用频率较高的文体,述职报告是一种新型应用文体。学习者在学习本章时,不仅要掌握其概念知识,还要求能实际应用。

[基本概念]

报核　报尾　条例　规定　办法　规则

[思考与练习]

1. 什么是计划、纲要、规划、方案、安排、要点、设想? 它们有什么区别?

2. 计划基本内容包括哪几个方面?

3. 总结的基本内容和基本写作要求有哪些?

4. 简报的基本写作要求和基本内容有哪些?

5. 调查报告写作中应注意哪些问题?

6. 述职报告应包含哪些内容? 试以某汽车联运公司总经理的名义写一篇述职报告。

7. 规章制度的类别有哪些? 区别、结构是什么? 试拟写一份制度、办法、章程。

8.请按照规章制度的写作要求,修改下面这则《阅览室守则》。

阅览室守则

为了发展科学事业,继承优秀的文化传统,提高人们的道德素质,培养良好的学习风气,充分发挥图书、杂志、报纸的作用,特订立本守则,希望读者自觉遵守执行。

一、进入阅览室,要保持安静,不能谈笑风生,更不能高声说话,以免影响他人的阅读;

二、进入阅览室,不得东张西望,不得跑跑跳跳,不得随便走动;

三、进入阅览室,要保持阅览室的卫生,不得吸烟,不得随地吐痰,不得吃东西,不得乱扔纸屑、果壳;

四、进入阅览室,对所需读物发生矛盾,不要争吵;发生争夺,要互相谅解,商量解决;

五、进入阅览室,凡所需要的资料,可以摘录,但不能把有关材料撕下来;损坏图书,更不能随意拿走。对这种恶劣的行为要人人监督,敢于与坏人坏事作斗争;

六、要爱护国家财产,爱护公共财物;

七、离开阅览室,不要忘记所携带的东西,要认真检查,以免造成损失。

9.根据下列招聘启事的要求写一份自荐信。

招聘启事

北京×有限公司聘办公室行政人员、公关接待、项目主管、企划各一名,要求相关专业大专以上学历,熟练使用 MS、Office,熟悉车用润滑油市场,两年以上相关经验。应聘人员请将本人简历及有关情况写明,在××年×月内,寄往我公司。

联系人:×××

××公司

××年×月×日

10.下列做法是否正确,请判断并分析说明。

(1)自荐者以"尊敬的先生"为抬头称呼对方。

（2）自荐者在自荐信中夹寄相片。

（3）自荐者在原来的求职信上做一番涂改后寄出。

（4）某人把自荐信做成了履历的翻版。

（5）某自荐者很有才华，自荐信写了大约 5 000 字。

11. 请根据自己的专业特色和专长，以即将毕业的大学生的身份拟写一份自荐信。

第8章
日常生活应用文

【学习目标】

    掌握书信、演讲词、启事、海报的概念和文体特点、写作格式、种类和语言以及这类应用文的正确写作。

8.1 书 信

8.1.1 书信的含义和作用

书信是个人与个人之间、个人与组织之间、组织与组织之间沟通感情、交换意见、传递信息的常用文体。书信一般都具有明确而具体的实用目的,明确接收对象,而且具有惯用的格式。

8.1.2 书信的种类

书信可分为一般书信和专用书信两大类。一般书信,就是人们平常与亲友同事之间的书信,使用相当广泛;专用书信则是在特定场合使用的具有专门用途的书信,常见的有介绍信、证明信、慰问信、感谢信、表扬信、申请书、决心书、倡议书、贺信、喜报、请柬等。

近年来,电子邮件已经逐渐地成为了人们一种远程通信的重要方式,正在或者说已经取代了传统书信的主流地位,成为信息沟通的不可或缺的工具。也可以说它是一种既经济又快捷的通信形式。

电子邮件的长度几乎不受传统书信邮寄的时空限制。电子邮件可以消除通信两端的时空阻隔,加快社会改造和人际关系发展的步伐和节奏。

8.1.3 书信的基本内容

书信的基本内容包括称谓、正文、结语三部分。各类书信一般都具有明确而具体的实用目的,明确的接收对象,以及约定俗成的惯用格式。诸如按规定的格式书写信封,写信时先写称呼,次写正文,再写结语,然后具名并写上日期,等等。

8.1.4　书信的写作格式与要求

1）书信的写作格式

信封左上方填写邮编及收信人地址；信封中间居中写收信人的姓名，再加"同志"或"先生""女士"等称呼语，但不写"爸爸""妈妈"，"大姐"等收信人的称呼语，因为这是给收信人看的，是送信人对收信人的称呼。再后习惯写上"收"或"启"，也可以不写。如果是直接写给单位负责人亲阅的信件，则要写上"亲收"或"亲启"字样，以免一般工作人员当成公函拆阅。信封右下方为寄信人地址及邮编。

称谓顶格写在书信的第一行，后加冒号。一般书信的称呼，要视写信人和收信人的关系而定。亲属之间通信，写给长辈的，一般照辈分称呼。写给平辈或晚辈的，可以直呼其名，也可以在名字后加辈分。朋友，同事之间通信，一般称"同志"，或在姓前加上"老"或"小"字，以示亲切，关系特别密切的，不妨直呼其名，但不宜连名带姓都写上。也有的用职称或职务来称呼的，以表示尊敬。对德高望重的领导或著名人士，则常在姓后加上"老"字，以示尊重。还有的在称呼前加上"尊敬的""亲爱的""敬爱的"等修饰语，按我国习惯，这是对特定对象表示敬重、亲密时才使用的。在某些特定场合，有时还用先生、女士、阁下、陛下、殿下等称呼。

专用书信的称呼比较单一，如给单位，组织或集体的，则写清楚其名称即可，如给个人的，由于对方常常是领导或同事，特别需要注意礼节，一般是写其姓名，再加"同志"或加职称，职务。

正文写在称呼的下一行，首句空两格。这是书信的主要部分。习惯上，一般书信的正文一开始常先写简要的问候语，然后转入具体内容。撰写时要考虑好布局，如内容较多，可以分段，逐件逐层依次写下去。如是回信，一般应先答复来信中提出的问题，或先告诉托办事情的结果，再谈自己想说的事。专用书信一般不写问候语，正文内容比较单一、集中、简要。

结语即是向收信人表示祝愿、希望、勉励的结束语，也称祝颂语。结语要根据写信人与收信人的关系及书信的目的和内容来选择，注意礼貌、得体。结语一般分两部分写，前部分紧接正文之后或另起一行空两格写上"敬祝"

"祝您"等语,后部分半截换行顶格写上"健康""进步"等语。对于以前流传下来表示祝愿的结束语,可以有选择地适当运用,如写给教师,可用"教安""教祺";写给编辑,可用"编安";写给作家,可用"撰安";写给病人,可用"痊安";写给身在异乡的,可用"旅安";写给夫妻两人的,可用"双安""俪安";写给父母,可用"安康""福安",还可随季节变化,如"春安""夏安""秋安""冬安"等等。而"此致 敬礼"式的祝颂语,一般用于关系的同志或上下级之间。专用书信的结语,多数也用"此致 敬礼"来表示,有的专用书信,如填表式的介绍信则不用结语。有的人喜欢将祝颂语写得特别大,这是不必要的。

具名就是写信人的署名,写在结尾的右下方,如信纸空白较多,以离开结语约两三行为宜。一般书信中,写信人怎样具名,也要看和收信人的关系,并和开头称呼相对应。如给亲属写信,对方若是长辈或平辈,可以写上自己的辈分加上名字;对方是晚辈,如父母亲给子女写信可以不署名字,只写辈分,其他长辈,也可不写名字;写给熟悉的朋友,一般写名字或加上自称"弟""妹"等;写给不太熟悉的同事或单位,则要把姓名都写上。专用书信一般写上个人姓名或单位名称。

日期写在具名下一行偏右处,与具名稍错开。所有专用书信和重要的一般书信,具体的年、月、日都要写清楚,以便日后查考。

2)书信的基本要求

写好各类书信的基本要求,就是要注意主旨明确,叙述清楚,内容具体,语言得体。

主旨明确。写信的目的,总是为了和别人沟通思想,交流信息,商量事情。上述目的能否实现,和写信者本人的意向是否明确,态度是否真诚大有关系。如果是工作或社会活动中的专用书信(如倡议书、保证书、感谢信等),也要意向鲜明,情词恳切,力戒态度暧昧,言不由衷的浮词套语。只有这样,才容易获得别人的积极反应。

叙述清楚。写信是单方面说话,不像当面说话那样,对方听不懂时,可以反复重申、解释,直到弄懂为止。因此,写信时,要告诉对方什么事情,要求对方办什么事情或者回答什么问题,都要写得清楚明白,切不可故意转弯抹角,写得晦涩难懂。专用书信更应写得明白易懂,交代清楚。

内容具体。各类书信在叙述事情,提出要求,回答问题时,一定要写得具体、确切,尽可能详尽。不论是以组织名义或个人写时,都要以严肃认真的态度,实事求是地加以说明,以便使对方对被说明的人和事有正确、清楚的了解。决心书和倡议书,其内容一般为条款式的,有几条写几条,也要写得具体、明确,以便监督,执行。

语言得体。写信所用语言、语气要视不同的对象、用途和内容而异。写信用话要看对象,对长辈要谦恭,对平辈要尊重,对晚辈也要避免用教训的口吻。给文化水平较低的收信人,要写得通俗、易懂,对文化水平较高的收信人,则写得典雅一些也无妨。写信用语要看用途,介绍信,证明信的语言要简洁、明确;感谢信、表扬信、贺信、喜报的语言要诚恳、热情,等等。

3)专用书信和一般书信的区别

专用书信和一般书信,有共同的写作要求,但也有不同之处:

①专用书信常有标明性质的标题,写在第一行中间,如写上"慰问信""表扬信""决心书""聘书"等,有的还在标题前加上标明内容的修饰语,如"致抗击'非典'全体医护人员的慰问信""入党申请书"等。一般书信没有标题。

②专用书信的收信人的称呼可写在开头第一行,个别的也可写在正文之后另起一行顶格,如请柬中的"恭请×××先生光临",再紧接正文或另起一行空两格写"恭请",后另起一行顶格写"×××先生光临"。一般书信的收信人的称呼均写在开头第一行。

③不少专用书信,如介绍信、证明信、聘书等,要在具名处加盖公章。而一般书信除单位写的外,一般不必用章。

4)电子邮件写作注意事项

写作电子邮件还须遵守网络礼仪。它既是现实社会礼仪的一种延伸,同时又具有与传统社会礼仪完全不同的性质。这里仅讲讲电子邮件方面的礼仪,它具体包括:①一定要填写电子邮件的主题词。②不要传递大容量图片、带有艺术字体或彩色底纹背景的文件,以免使对方有限容量的信箱超载,也不要直接传送非文本格式的文件,它会造成因传送失败而浪费网络资源。③在利用对方电子邮件回复作者的时候,不要把对方的信件内容又传递过去,这样会加剧网络传输的阻塞和拥挤。正确的做法是删去对方信件的内容,只发送你自己的信息。④对收到要求回音的电子邮件,要及时给予答复,不要有来无回、石沉大海。

实例:

廖承志致蒋经国先生信

经国吾弟:

咫尺之隔,竟成海天之遥。南京匆匆一晤,瞬逾三十六载。幼时同袍,苏京把晤,往事历历在目。惟长年未通音问,此诚憾事。近闻政躬违和,深为悬念。人过七旬,多有病痛。

至盼善自珍摄。

三年以来,我党一再倡议贵我两党举行谈判,同捐前嫌,共竟祖国统一大业。惟弟一再声言“不接触,不谈判,不妥协”,余期期以为不可。世交深情,于公于私,理当进言,敬希诠察。

祖国和平统一,乃千秋功业,台湾终必回归祖国,早日解决对各方有利。台湾同胞可安居乐业,两岸各族人民可解骨肉分离之痛,在台诸前辈及大陆去台人员亦可各得其所,且有利于亚太地区局势稳定和世界和平。吾弟尝以“计利当计天下利,求名应求万世名”自勉,倘能于吾弟手中成此伟业,必为举国尊敬,世人推崇,功在国家,名留青史。所谓“罪人”之说,实相悖谬。局促东隅,终非久计。明若吾弟,自当了然。如迁延不决,或委之异日,不仅徒生困扰,吾弟亦将难辞其咎。再者,和平统一纯属内政。外人巧言令色,意在图我台湾,此世人所共知者。当断不断,必受其乱。愿弟慎思。

孙先生手创之中国国民党,历尽艰辛,无数先烈前仆后继,终于推翻帝制,建立民国。光辉业迹,已成定论。国共两度合作,均对国家民族作出巨大贡献。首次合作,孙先生领导,吾辈虽幼,亦知一二。再次合作,老先生主其事,吾辈身在其中,应知梗概。事虽经纬万端,但纵观全局,合则对国家有利,分则必伤民族元气。今日吾弟在台主政,三次合作,大责难谢。双方领导,同窗挚友,彼此相知,谈之更易。所谓“投降”“屈事”“吃亏”“上当”之说,实难苟同。评价历史,展望未来,应天下为公,以国家民族利益为最高准则,何发党私之论! 至于“以三民主义统一中国”云云,识者皆以为太不现实,未免自欺欺人。三民主义之真谛,吾辈深知,毋须争辩。所谓台湾"经济繁荣,社会民主,民生乐利"等等,在台诸公,心中有数,亦毋庸赘言。试为贵党计,如能依时顺势,负起历史责任,毅然和谈,达成国家统一,则两党长期共存,互相监督,共图振兴中华之大业。否则,偏安之局,焉能自保。有识之士,虑已及此。事关国民党兴亡绝续,望弟再思。

近读大作,有"切望父灵能回到家园与先人同在"之语,不胜感慨系之。今老先生仍厝于慈湖,统一之后,即当迁安故土,或奉化,或南京,或庐山,以了吾弟孝心。吾弟近曾有言:"要把孝顺的心,扩大为民族感情,去敬爱民族,奉献于国家。"诚哉斯言,盍不实践于统一大业!就国家民族而论,蒋氏两代对历史有所交代;就吾弟个人而言,可谓忠孝两全。

否则,吾弟身后事何以自了。尚望三思。

吾弟一生坎坷,决非命运安排,一切操之在己。千秋功罪,系于一念之间。当今国际风云变幻莫测,台湾上下众议纷纭,岁月不居,来日苦短,夜长梦多,时不我与。盼弟善为抉择,未雨绸缪。"寥廓海天,不归何待?"

人到高年,愈加怀旧,如弟方便,余当束装就道,前往台北探望,并面聆诸长辈教益。"度尽劫波兄弟在,相逢一笑泯恩仇"。遥望南天,不禁神驰,书不尽言,诸希珍重,伫候复音。

老夫人前请代为问安。方良、纬国及诸侄不一。

顺祝

近祺!

廖承志
1982 年 7 月 24 日

简析点评:

该文符合写作书信的格式和内容要求。全文感情真挚、深沉,以小见大、以党派之争见民族大义、以个人恩怨见国家利益,于情于理于家于国都说得合情合理,在书信写作方面是成功的。

8.2　演讲词

8.2.1　演讲词的含义和作用

1) 演讲词的含义

演讲词是一种叙述、议论、抒情相结合而以议论为主,富有抒情性、说理性和鼓动性的实用性的应用文体。演讲词是对演讲内容与形式的规范和展示,具有整理资料,梳理思路,理清脉络的作用,使演讲者心中有数,并可为听众提供书面资料。因此,古今中外历来的演讲家,为保证自己演讲的顺利进行并取得成功,都十分重视演讲词的写作。

2) 演讲词的作用

演讲是一种面对面的宣传、教育、鼓动和交流的好形式。"鼓天下之动者存乎辞",直接产生社会效应。演讲的目的是说服听众,在特定的时间和场合,面对听众发表讲话,往往产生极强的说服力和感染力。演讲词有以下几个方面的作用:

①能理顺演讲思路,提高演讲效果。演讲词的写作过程,是围绕着演讲中心来取舍材料并写成文字的过程,这个过程使演讲者对所讲的内容就有了个程序,即先讲什么,后讲什么。演讲者按照这个思路讲下去,就会使演讲有条不紊。

②能够临场救急,稳定演讲者情绪。在演讲进程中,有时会因忘记某些内容而卡壳,遇有这种紧急情况看一眼演讲词,就会把内容连贯起来,使演讲继续进行下去。使用演讲词可以使演讲者稳定情绪,特别是初次登台的演讲者,感到惶恐,心情紧张。但因为有了演讲词,心里就有了底,使演讲顺利进行下去。即使是惶恐心理较重的,也因有演讲词作底,紧张心情就会减轻,使演讲能继续下去,不至中断,也不至于因紧张而使语言混乱。

③可以控制语速,增强演讲效果。演讲一般都有一定的时间限制,必须在限定的时间内讲完。有了演讲词,预先就可根据它的字数来计算所用的时间和速度。根据时间与速度,可以加进自己思维以外的语音成分,增

强演讲效果。

8.2.2 演讲词的种类

演讲词按演讲的场所分,有集会演讲词和广播电视演讲词;按演讲词的长短分,有即兴演讲词和正式演讲词;按演讲的内容分又有以下几种类型:

①宣传鼓动类。此类演讲词用于各级国家机关领导成员阐述政治主张和见解,内容往往涉及国家、政党、民族和经济、文化、外交等方面,包括各级领导的施政演说、就职演说等。

②思想教育类。此类演讲词用于联系现实生活中的突出问题,运用具体生动的事例和形象,教育听众树立科学的世界观、人生观,培养高尚的道德情操,为崇高的事业而奋斗,包括演讲比赛、英模巡回报告、主题报告会等。

③学术交流类。此类演讲词用于传播、交流科学知识、学术主张、科研成果,包括学术演讲、学术报告等。

④工作汇报类。此类演讲词用于在公众场合汇报工作成果、意见与建议等。包括竞岗演说、经验交流等。

8.2.3 演讲词的基本格式与写作内容

演讲词的结构包括标题与正文两部分。

1)标题

演讲词通常只有一个标题,即单标题。如毛泽东的《反对党八股》《为人民服务》,江泽民《在庆祝中国共产党成立七十周年大会上的讲话》。有时候,演讲的内容比较复杂,或演讲者另有意图,用一个标题难以表达,可在正题下加副题,构成双标题。如《画龙还是点睛——谈谈文章标题》,正题概括出文章观点,副题指出谈的是文章的标题问题,对正题起补充说明作用。标题要新颖、醒目、适度,要有吸引力、感染力,要写得简洁、生动、活泼。

2)正文

正文包括开头、主体、结尾三部分。

(1)开头

开头也叫开场白,包括称谓和开篇。

称谓是演讲者对听众的称呼。用在演讲的开始,表现着演讲者与听众间的关系,反映出演讲者的品格、思想和教养。

称谓有泛称与类称两种。泛称指广泛的、能普遍使用的称呼。如:"同志们""朋友们""同胞们"等;类称是指适用于某一类别的称呼。如:"领导们""同学们""青年朋友们""师傅们"等。

称谓有它的特殊作用。比如,一声充满感情的称呼,会引起听众的注意,使嘈杂的会场马上安静下来;一声得体而甜润的称呼,能表现出演讲者以诚待人的品质,能迅速沟通双方的思想感情。

开篇就是正文的开头。古语说得好,"善于始者,成功已半。"这是说开头很重要,演讲词的开头要不同凡响,要能一下子抓住听众的注意力,使听众听下去。因此,我们要使演讲能顺利进行,要取得成功,必须精心设计安排好演讲词的开头,为演讲的顺利进行打下良好基础。常见的开头有:

①用奇事、怪事、骇人听闻的重大事件开头。用最近发生的奇事、怪事或骇人听闻的重大事件开头,令听众震惊,赢得听众的深切关注,给听众留下强烈的悬念,从而产生急于得知下文的欲望。

②开门见山,直接揭示演讲主旨的开头。这种开头,不讲套语,不讲客气话,要开门见山,直接揭示主旨,使听众的注意力立刻集中到主旨上来。

③用提问或设问句开头。用出人意料的提问或连用几个设问句开头,能唤起听众的注意,同演讲者一起动脑筋思考问题,把注意力集中到演讲上来。

④用生动感人的故事开头。这种开头易于吸引听众,使听众产生听完演讲的兴趣与决心。

⑤用解释、说明演讲题的方法开头。这种开头,对演讲题目作简要的解释、说明,跟正文联系自然紧密,显得生动活泼、有趣。

除此之外,还有用人物传记、引用诗词、警语、成语、典故、笑话、宣传个人经历等方式开头。总之,开头没有固定的格式,要根据内容设计安排一个好的开头对演讲是大有好处的。开头要写得生动形象、简明扼要,切忌矫揉造作、自我吹嘘、拖泥带水、虎头蛇尾、故弄玄虚。

(2)主体

主体是指开头与结尾之间的文字。写作时要注意与开头衔接自然,内容连贯,切记不要把话岔开。演讲的分量、效果如何,主要取决于它。要围绕中心组织材料,要有主有次,条理清楚,有张有弛,波澜起伏,最忌平铺直叙。内容繁杂的可分小标题,每个小标题的内容要分别说明基本论点的一方面,为表现基本论点服务。小标题所含内容之间要符合逻辑。结构上要安排好层次，要井然有序。主要写法有并列、递进、正反对比。要根据内容特点合理安排。要注意过渡与照应，逻辑性要强。

(3)结尾

结尾与开头同等重要。演讲的成败，相当程度上取决于它。因此，写时要有新意，要异峰突起，深沉含蓄，给人们清新完整的印象，或余味无穷之感，要有鼓舞性与感染力，给人以激奋之感。常见的结尾有：

①总结式。这种方法是演讲者在结尾时把自己所讲的思想内容来个概括总结，留给听众一个完整深刻的印象。

②希望、号召式。这样的结尾，有的提出希望，有的发出号召，有的布置任务，有的展望将来，以此激励听众，使人们产生一种积极向上的力量。

③祝贺或赞扬式。这样的结尾，可以造成一种愉快欢乐、热情洋溢的气氛，从而增加听众的自豪感和荣誉感，激励人们满怀豪情地去创造未来。

④决心、誓言式。用表决心、发誓言结尾，可以鼓舞听众满怀信心地向既定目标前进。

⑤抒情式。这种方式的结尾，易于激起听众的感情，使听众受到鼓舞。

⑥引用式。这种结尾是指引用诗词、歌谣、名言、警句、成语、格言、谚语等来结尾。这样结尾，典雅而富有魅力，给听众以清新、优美的感觉。

演讲词的结尾同开头一样，是灵活多样的。要根据演讲内容的特点和听众的接受能力，采用适当的结尾，可以增强演讲效果。这就需要在演讲词的结尾上下一番思索的苦功夫，使演讲词有个好的结尾。

8.2.4　演讲词的写作要求

1)要了解听众

演讲词是要给什么人听的，讲些什么，写作前必须清楚。就是说先要清楚都是些什么人，是什么行业的人员。除对这些人的职业、思想状况、文化程度、年龄等有个一般了解外，还要进一步了解他们的心理、愿望与要求，尤其要了解他们所共同关心与迫切需要解决的问题是什么。明白了这些，写出来的演讲词才有针对性，这样的演讲才能解决实际问题，也才是听众所欢迎的。否则，就是不了解听众，无的放矢。

2）观点要鲜明

写演讲词的目的就是要表明自己的观点、主张和态度，并通过演讲使听众了解，从而接受。要做到这点，主张什么，反对什么，必须态度明确，毫不含糊。还要围绕这个观点进行说理，把道理讲得越深越透，观点就越突出，越鲜明，就越能打动听众、感染听众。

3）事例要典型

典型事例是指不但有共性而且有个性的事例，用这样的事例来说理才深刻。新鲜事例是指别人没用过的或新近事例，若是别人用过的也要从新的角度写出新意。唐朝的韩愈主张"唯陈言之务去"，就是这个道理。只有选用这样的事例，才动人，听众才喜欢听，才会有好效果。

4）感情要真挚

一篇好的演讲词，实际上是演讲者真情实感的自然流露。演讲者的真情实感，来自他的爱憎分明的政治立场。而爱憎分明的政治立场产生于他对事物的深刻认识和实际感受。一篇好的演讲词中的事例，都是典型事例，而典型事例本身就显示着演讲者的鲜明立场、包含着爱憎分明的感情，再通过实事求是的分析，富于哲理性的概括。演讲者用不着去喊"我爱啊""我恨呀"，听众听后自然会产生感情上的共鸣，受到鼓舞。

5）语言要准确凝练、通俗易懂，生动感人，要口语化

写演讲词必须用口语化的语言，只有这样的语言，讲起来才顺口流畅，听众一听就懂，且感到亲切自然。要尽力多用短句，少用长句，这样效果才好。

准确是指所用的概念要明确，判断要恰当，用词要准确，句子的结构要合理。

凝练是指用精练的语句对事物进行富有哲理性的概括。这样的句子在演讲词的开头，可作为统领全篇的论点，在中间便是一段内容的总结，在结尾，可做全文的结语。这样的句子，耐人寻味，思有所得。

演讲词的语言要通俗易懂，要用群众的语言，用大多数人说惯了的语言。遇有难懂的行业话、专业名词，就要用这种话进行解释。因为我国幅员广阔人口众多，各地都有方言、土语；为提高演讲效果，要用普通话，演讲中最好不用方言，免得听不懂，影响效果。

　　演讲词中的语言要生动形象,这是说要把抽象的道理具体化,深奥的道理浅显化,枯燥的道理形象化。要做到这点,就要注意恰当地运用比喻、比拟、排比、对偶等修辞手法;把话说得形象生动,使人愿意听、爱听。语言还要幽默风趣,幽默风趣的语言不仅使演讲生动活泼,有趣味,使听众感到轻松愉快,而且就在谈笑风生中阐述自己的观点。

实例一:

竞聘经理的演讲词

各位领导、各位同事:

　　大家好!

　　在这里我以平常人的心态,参与支行综合办公室经理岗位的竞聘。首先应感谢支行领导为我们创造了这次公平竞争的机会! 此次竞聘,本人并非只是为了当官,更多的是为了响应人事制度改革的召唤,在有可能的情况下实现自己的人生价值。

　　我现年43岁,中共预备党员,大专文化程度,会计师专业技术职称。1975年在枝江市供销社参加工作,先后做营业员、门市部主任、统计员。1985年调入枝江市总工会,担任出纳员、会计、财务、办公室副主任,计财科副科长。1992年调入银行工作。

　　经过几年银行工作的锻炼,自己各方面素质得以提高,去年我光荣地加入了中国共产党,荣幸地被三峡分行评为1998年度先进工作者,在创先业务竞赛活动中,被分行授予“三收能手”的称号。1999年度我实现了个人揽存余额1 300万元的任务。几年的工作使我深深地感到机遇和挑战并存,成功与辛酸同在。参与这次竞聘,我愿在求真务实中认识自己,在积极进取中不断追求,在拼搏奉献中实现价值,在市场竞争中完善自己。

　　我深知综合办公室工作十分重要,这主要体现在以下三个方面:一是为支行领导当好参谋,二是为全行事务当好主管,三是为一线员工当好后盾。具体说就是摆正位置,当好配角;胸怀全局,当好参谋;服从领导,当好助手。我也深知,办公室工作非常辛苦,正如前一段社会流传的那样:在办公室工作的同志就像忠诚的狗,老实的羊,受气的猪,吃草的牛,忙碌的马。可是他们像蜡一样,燃烧自己,照亮别人;他们像竹一样,掏空自己,甘为人梯。

　　如果我竞聘成功,我的工作思路是:以“三个服从”要求自己,以“三个一点"找准工作切入点,以"三个适度"为原则与人相处。"三个服从"是个性服从党性,感情服从原则,主观服从客观。做到服务不欠位,主动不越位,服从不偏位,融洽不空位。"三个一点"是当上级行要求与我行实际工作相符时,我会尽最大努力去找结合点;当科室之间发生利益冲突时,我会从政策法规与工作职责上去找平衡点;当行领导之间意见不一致时,我会从几位领导所处的角度和所表达意图上去领悟相同点。"三个适度"是冷热适度,对人不搞拉拉扯扯,吹吹拍拍,进行等距离相处;刚柔适度,对事当断则断,不优柔寡断;粗细适度,即大事不糊涂,小事不计较。做到对同事多理解,少埋怨,多尊重,少指责,多情义,少冷漠。刺耳的话冷静听,奉承的话警惕听,反对的话分析听,批评的话虚心听,力争在服务中显示实力,在工作中形成动力,在创新中增强压力,在与人交往中凝聚合力。

　　如果我竞聘成功,我的处事原则和风格是,努力做到严格要求,严格制度,严守纪律,勤学习,勤调查,勤督办。以共同的目标团结人,以有效的管理激励人,以自身的行动带动人。努力做到大事讲原则,小事讲风格,共事讲团结,办事讲效率。管人不整人,用人不疑人。我将用真情和爱心去善待我的每一个同事,使他们的人格得到充分尊重,给他们一个宽松的发展和创造空间。我将用制度和岗位职责去管理我的同事,找准自己的位置;像尺子一样公正无私;像太阳一样给人以温暖;像竹子一样每前进一步,小结一次。

　　如果我竞聘成功,我的工作目标是:"以位争位,以位促为"。争取支行领导对综合办公室工作的重视和支持,使办公室工作管理制度化,服务优质化,参谋有效化。让办公室成为支行领导的喉舌,沟通员工与行长之间关系的桥梁,宣传精神文明的窗口,传播企业文化的阵地,培养人才的摇篮,联结银企合作的纽带。我愿与大家共创美好的未来,迎接建行辉煌灿烂的明天。

　　谢谢大家。

简析点评:

　　这是某银行工作人员为参与支行综合办公室经理岗位竞聘撰写的演讲词。演讲者首先申明自己对此次竞聘的认识和态度,接着简单介绍了个人的成长经历、工作业绩,以及自己对综合办公室工作重要作用的认识,最后详细阐述了自己的工作思路,表明了决心。演讲词写得有血有肉,语言通俗生动,准确凝练,颇有感染力。不足之处是少一个有特色的标题。

8.3 启事和海报

8.3.1 启事

1)启事的含义和作用

启事是机关团体、企事业单位或公民个人公开声明某件事情,或希望公众协助办理的事情时所使用的告知性的应用文。启事是一种公开的简便文告,它通常是个人或集体,有事情要向人们告知、说明,或者对大家有什么要求,把它用文字公布出来,或张贴,或通过新闻媒介广为传播。

启事与公告、通告都属于公开文告,但它们之间的差别很大。与公告比较,公告的法规性很强,具有较为严格的约束力;而启事则不具有这种法规性和约束力。与通告比较,发出通告的是单位而不是个人,它重在"告",就是要告诉公众某种事情,希望大家明白,以便按照实行;而启事则无论单位或个人均可使用,它重在"启",也就是表白自己,不对别人发生任何支配作用。

2)启事的种类

启事不具有法令性和政策性,没有约束力和强制性。一般篇幅短小,内容单一,文字简练。常见的启事可分为三类:

①征招类,包括招聘、招标、招生、招工、招领、征稿、征集、征婚、换房、对调等启事。

②声明类,包括遗失、作废、聘请、辨伪、迁移、更名、更正、更期、开业、停业、竞赛、讲座等启事。

③寻找类,包括寻人、寻物等启事。

3)启事的基本格式与写作内容

启事的种类虽然很多,但其基本写法主要包括下列部分:

①标题。标题写在第一行居中。一般有三种写法:第一,以文种作标题,如《启事》;第二,由启事单位和文种组成,如《××公司启事》;第三,标明启事性质,如《寻物启事》等。

②正文。正文主要写明启事内容，把有关事项交代清楚，一般包括启事目的、原因、内容、要求等项。如果内容较多，可以分条列项，逐一交代明白。正文部分是体现各类启事不同特点的关键部分，应当根据不同启事的内容要求，灵活处置，注意突出启事的相关事项。正文末尾，可以写上"此启"或"特此启事"，也可以略而不写。

③启事者和启事日期。标于正文之下的右下方。

4)启事的写作要求

①标题要醒目、简短。如是宣传性、广告性的启事，还要注意版面设计的艺术性，以吸引更多读者。尤其注意不能将"启事"写成"启示"。"启事"是陈述事情的意思，现在成了应用文体中心的专有名词。"启示"是启发、指示的意思。

②启事要内容清楚、单一。即，一事一启，便于读者迅速理解和记忆文意。如果有两件或两件以上的事，可写成两份或两份以上的启事。

③语言要真挚、中肯。启事要使读者对启事内容有信任感，对启事请求有责任感，从而达到启事目的，收到预期效果，语言应当要真挚、中肯。

④启事的交代要清楚。启事单位或个人姓名、联系地点、联系人和联系电话等一定要交代清楚、具体、完备。

实例：

招聘启事

经市人社局同意，本报拟从社会上招聘编辑10名，具体条件如下：

一、要求男性，全日制大学本科毕业以上文化程度，年龄在30岁以下（具有新闻从业经验者，年龄可适当放宽），身体健康，愿意从事长夜班工作。

二、凡参加招聘的人员均需具有市区户口，属全民所有制单位工作的国家正式干部（郊县户口或虽系市区户口，但在郊县的市属企业单位工作的国家干部不属于这次招聘范围）。

三、报名日期：从2015年3月14日至3月16日。每天上午9时至××时；下午××时至5时。报名时需带本人身份证、毕业文凭或学历证明，本人一寸免冠彩色照片3张，报名费50元。

四、报名地址：中山路149号××报社接待室。邮政编码：050091。联系电

话:88886767

联系人:王先生　刘小姐。E-mail:HBXJ1968@sina.com

五、报名后,经过考试(考试时间另行通知)、面试、体检、政审,对符合招聘条件者,择优录用。录取后,由报社发录取通知书。

××报社

××年×月×日

简析点评:

这是××报社招聘编辑人员的一则启事。标题醒目、简短。正文包括六个方面的内容,将招聘方情况、招聘对象、应聘条件、应聘办法如联系地点、联系人、联系电话和电子信箱等都要交代清楚、具体、完备,使应聘者一目了然。

8.3.2　海报

1)海报的含义和作用

海报,也称招贴广告。

海报是公开面向公众,或提请注意,或寻求帮助,或鼓动参与而写成的文字,重在鼓动合作与参与。它最初属于行业性应用文体,只限于职业性戏剧表演团体使用,由于其特殊的宣传效果而被社会各界广泛采用,从而成为广告的一个分支。两者之间没有严格的界限,只不过海报更富于鼓动性与夸张性,多张贴在公共场所。

海报张贴在人来人往的地方,传递的大多是社会公众所喜闻乐见的消息,如电影消息、球讯、商品报道,等等,多配以绘画以增加吸引力。

2)海报的种类

海报广范应用在政治宣传、产品介绍、学术讲座、文艺宣传、展览活动等多个领域。

从表现形式上来看,海报可分为文字海报和美术海报两大类;从表现内容上来看,海报又分为商业海报、公益广告及艺术海报三大类。

3）海报的基本格式与写作内容

海报的格式一般由两部分组成：一是标题；二是正文。

标题。在多数情况下，海报标题也即海报主题。海报的标题有两种写法：一种是在第一行居中写"海报"或"好消息"等，另一种不写"海报"字样，只写"影讯""球讯"等。

正文。海报的正文包括三层意思：活动内容、时间、地点等；举办活动的目的、意义；参加或参观办法以及其他应注意的事项，如是否凭票入场，票价及售票时间、地点等。主办单位名称最好用全称。另外还要写明出海报的日期。

4）海报的写作要求

①海报的内容必须真实，切不可张冠李戴，文不对题。可以适当地用一些鼓动性的词语，以吸引观众，但不可夸大失实。海报文字力求简洁明了，行文直截了当，切忌啰唆，少用虚词。

②海报可以根据内容的需要，配以象征性的图案或图画，但必须与海报的内容相一致，色彩和构图要给人以美感。

实例：

海　报

为进一步提高计算机软件技术的开发应用能力，我系特邀请中国科技大学计算机系×××教授前来作"国外软件开发趋向"的报告，请同志们踊跃参加。

时间：2016 年 3 月 5 日
地点：计算机系 2 号阶梯教室

××大学计算机系
2016 年 3 月 4 日

简析点评：

这是一则报告会的海报。寥寥数语就把报告会的目的、意义、内容、时间、地点等事项交代得明明白白。

[本章小结]

通过本章学习,对日常生活应用文的写作与技巧有了一个较为明确的认识。

[思考与练习]

1.书信有哪些类型？写作格式上有何要求？

2.撰写演讲词正文有哪些要求？开头有哪几种写法？有哪几种结尾形式？

3.电子邮件写作有哪些注意事项？

4.启事有哪些种类？有何写作要求？请为学校食堂写一则招聘厨师的启事。

5.海报有哪些写作要求？请为×机械系起草一则学术论文讲座的海报。

第9章
学术论文

【学习目标】

　　本章介绍了学术论文、毕业论文写作时应注意的问题以及学术论文、毕业论文的写作程序、内容、格式和结构上的要求。要求学习本章以后，应根据书中的内容结合自己的专业知识撰写出符合要求的论文。

9.1　学术论文

9.1.1　学术论文的含义和作用

1)学术论文的含义

所谓学术论文是对某一科学领域中的课题进行专门研究并描述其研究成果的文章。对于这一概念,要从三个方面进行理解:

①学术论文是专门研究讨论某一科学领域中的问题。

②学术论文是进行科学研究的一种手段,论文的撰写过程就是一个研究的过程。

③学术论文是科学研究的成果,是以文章作为载体来描述和记录的成果。

学术论文的写作是与科学研究紧密联系在一起的,是一项创新性的工作。所谓科学,是指反映客观事物和规律的知识与知识体系、是人们对客观世界的正确认识。科学研究就是创新知识、修改知识、整理知识以及开拓知识新用途的探索工作。论文的写作本身就是对已有知识的整理、完善、运用或创新的过程。学术论文不仅要有很强的专业性、学术性,而且应有较高的学术价值,能够解决专业之中的一些实际问题或理论问题。

2)学术论文的作用

在人类历史发展的进程中,知识是最重要的发展要素,而知识的重要性体现在个人的创造能力上,这一切则通过学术论文体现,故其作用表现在:

①科学研究的工具。论文的写作过程就是科学研究的过程。进行科学研究,总是以自己的全部知识为基础,对所获得的各种资料经过筛选、分析而提出自己的见解和结论。论文的写作贯穿于整个研究过程。论文酝酿阶段,也就是研究成果最初萌芽阶段;论文的写作阶段就是对研究结果进一步思考、加工、完善的阶段;论文的修改、定稿阶段则是认识不断深化、成熟、研究成果最终形成的阶段。

②指导实践的依据。论文水平是衡量思维水平的典型标志,而理性思维

又是检验人类对自身及其与自然关系认识程度的标志。因此,人们总是以最新的研究成果所展示的内容作为行动指南。决策阶层总是以最新的理论、最新的科研成果为决策的依据。科学的发展步伐引导人们向新的目标前进。

③理论传播的载体。一种新的理论、新的发现,若仅以口头方式进行陈述传播,必然会受到极大的限制。如果没有论文这种理论的载体,科学研究成果便得不到传播和推广。

④提高科研能力和思维水平的手段。撰写论文可以培养人们运用知识的能力,掌握分析问题的方法,不断提高科研及理论思维水平。在论文写作前,需要研读大量的相关书籍,从而可以获得较为系统的知识;在论文写作中,需要分析研究大量的相关资料,从而丰富感性认识,使理性思维更加系统完善。

9.1.2　学术论文的种类

人类的知识领域极其广阔,分类的标准和角度也多种多样,因而论文的种类也有许多种。一般主要的种类有以下几种:

①按科学的宏观分类。可分为自然科学论文和社会科学论文两大类。

②按专业分类。可分为哲学论文、数学论文、经济论文、法律论文、文艺论文、史学论文、物理论文、化学论文等。

③按用途分类。可分为学术论文、学年论文、学位论文、毕业论文等。

9.1.3　学术论文的写作过程

1)学术论文课题的选择

对从事科研的专业人员来说,论文课题的选择主要来自两个方面:组织机构选择课题和作者选择课题。

①组织机构选定课题。国家、地方政府或者其他组织机构根据经济实际工作或经济理论建设的需要,选定某些课题进行研究,研究部门和专业人员可以组成课题组,经过申请批准或者中标后承担课题研究,写出论文。这种课题一般有一定的经费支持。

②作者自选课题。作者根据社会的需要和个人的能力及兴趣来自选课题,经过研究写出论文。自选课题一定要注意社会的需要,否则论文难

以获得发表的机会。自选课题同时要注意自己的能力(包括专业研究的能力、经费的能力以及时间的限制等)和兴趣。

2)学术论文的资料搜集

课题确定后,就需要围绕课题大量搜集资料。搜集资料的途径一般有文献检索和实地调查。详细内容请参考第二节。

3)学术论文的构思

①确立论点。搜集了大量资料后,就需要对这众多的资料进行整理和不断的研究、探讨,从中产生出自己的见解。在思考过程中所产生的见解可能不止一个,但一篇论文只能表达一个基本论点,这就需要我们对这些见解进行比较、鉴别,从中选出最有创见的见解,以论点句的形式确定下来,作为论文的基本论点。基本论点确立后,就要考虑论文的分论点。这一过程是分析与综合反复进行的过程。可以先考虑依据现有材料证明基本论点需从哪几方面进行论证,并将所能想到的内容全都记下来。对于一些论文中可有可无的内容则可舍弃;至于那些与基本论点虽有联系,却又有些牵强的内容应删除。

分论点拟出后,要根据写作意图和分论点内在的逻辑关系,排列出它们的先后次序,同时,看看它们对基本论点的论证是否有用、周密,有无缺漏。若发现缺漏,要想法予以弥补,使分论点紧紧围绕基本论点形成一个严紧的、完整的论证体系。

②选择材料。拟定论点的过程实际上也是对所搜集的资料进行鉴别、选择的过程。通常的做法是将众多的资料按类属关系排列组合,之后在各类书的资料群里,按各个单项资料本身的价值,将其分为主要材料和次要材料。主要材料是那些典型、新颖、最能论证论点的材料。

③拟写提纲。拟写提纲是学术论文由研究进入撰写的重要环节。提纲可以帮助作者推敲、调整论文,使论文的论述更趋严谨、周密。

写作提纲的基本内容有:论文标题如何拟订、基本论点如何确定、分论点如何表述、论证材料如何运用。

提纲是论文写作的指南。精心拟制的提纲,能保证论文撰写的顺利进行。在撰写过程中,有时也还可能会产生新的看法,这就需要对提纲进行调整或修改,以使论文的论述更为完善。

4）学术论文的执笔

论文撰写时,要注意突出论文的中心论点,突出自己的研究成果。论文各个部分,各个材料要有详有略,不能平均花费力量。本论部分反映作者的研究成果,一定要写得具体、详细,其余部分可以略写。

5）学术论文的修改,定稿

修改是完成论文必不可少的步骤。修改本身也是一个深化、完善论述内容的过程。有些在科研上有所成就的研究人员,修改论文所用的时间和精力,比撰写初稿所花费的时间还要多。初稿完成后,不要马上修改,宜放置一段时间,让自己从写作的"热情"中冷静下来,然后站在读者的角度,公正、客观地对论文进行检查和评价。

论文的修改要从三个方面考虑:

①内容方面。主要看基本论点的表述是否恰当;各部分的论证能否有力地支持基本论点,有无疏漏或多余的材料;文中所用材料是否合适,论证是否充分,详略是否得当。

②框架结构方面。主要看基本论点和分论点间是否有内在的逻辑关系,各部分的安排顺序是否需要调整,段落的划分是否合理,段落间的衔接过渡是否自然。

③语言表述方面。主要看句子是否正确地表达了内容,有无语病;所用的词语、数据是否贴切、准确;所用的公式是否正确;引文有无错误,与注码是否对应;表和图的位置是否合适;标点符号有无错误,等等。全文修改后,读一遍,觉得没有问题了再定稿。

9.2 毕业论文

9.2.1 毕业论文的含义和作用

1）毕业论文的含义

毕业论文是高等院校毕业生提交的一份有一定学术价值的文章。它是大学生完成学业的标志性作业,是对学习成果综合性的总结和检阅,是大学生从事科学研究的最初尝试,也是评价学生分析问题和解决问题基本能力的一份综合答卷。

2)毕业论文的作用

撰写毕业论文的作用主要有三个方面:

①撰写毕业论文是对学生所学知识的综合性检查。撰写毕业论文是在校大学生最后一次知识的全面检验,是对学生基本知识、基本理论和基本技能掌握与提高程度的一次总结、测试,着重考查学生运用所学知识对某一问题进行综合性的探讨和研究的能力。

②撰写毕业论文是对学生写作能力的提高。由于目前学校的考试方法大都偏重于记忆,限于书本知识的一般理解,使学生掌握理论的深度和实际运用的能力不够,有的学生对论文写作了解不够,写作练习也少,连论文基本的格式都不懂。通过毕业论文的写作,使学生发现自己的长处和短处,以便在今后的工作中有针对性地克服其不足。

③撰写毕业论文培养大学生的科学研究能力。大学生毕业后,不论从事何种工作,都必须具有一定的研究和写作能力,通过写毕业论文使学生学会收集和整理材料,提高提出问题、分析问题和解决问题的能力。

9.2.2 毕业论文的种类

毕业论文是学术论文的一种形式,由于毕业论文本身的内容和性质不同,研究领域、对象、方法、表现方式也不同,因此,毕业论文就有不同的分类方法。

按内容性质和研究方法的不同可以把毕业论文分为理论性论文、试验性论文、描述性论文和设计性论文。后三种论文主要是理科大学生可以选择的论文形式。文科大学生一般写的是理论性论文。

另外还有一种综合性的分类方法,即把毕业论文分为专题型、论辩型、综述型和综合型四大类:

①专题型论文。专题型论文是在分析前人研究成果的基础上,以直接论述的形式发表见解,从正面提出对某学科中某一学术问题见解的一种论文。

②论辩型论文。论辩型论文是针对他人在某学科中某一学术问题的见

解,凭借充足的论据,指出其不足或错误之处,通过论辩形式来发表见解的一种论文。

③综述型论文。综述型论文是在归纳、总结前人或今人对某学科中某一学术问题已有研究成果的基础上,加以介绍或评价,从而发表自己见解的一种论文。

④综合型论文。综合型论文是一种将综述型和论辩型两种形式有机结合起来写成的一种论文。

9.2.3　毕业论文的写作过程

1)准备

古人云:"凡预则立之"。撰写毕业论文同样如此,需预先准备。

学校统一安排论文撰写(起码在毕业前的一年),在平时的学习中和实际生活中,有所侧重地积累一些资料,为撰写毕业论文做准备。这个预先的自我准备应该尽量提前,为拟写毕业论文打下良好的基础,避免仓促草率。预先准备的内容应包括:

①基础理论准备。在较宽的范围内,将自己的基础理论打牢固。

②方向范围准备。根据本人的实际情况,在学科、专业、兴趣的范围内,大致确定课题的方向,避免盲目性。正确估计自己的有利条件,发挥自己的优势,确定自己的研究方向。

③写作技巧准备。论文的内容无疑是最根本的,但也不能忽略写作技巧。平时应多阅读一些典范的论文,学习章法和技巧,学习专家学者们论述问题的思路、角度、方法、方式和谋篇布局的技巧。

④拓宽视野准备。科学和学术要研究的往往是现实中出现的新情况、新问题,而教科书又难以将实践中的最新的动态、发展和资料纳入其中。所以,这就要求学生拓宽视野,关注科学领域的新情况、新发展,关注科学前沿的新动向。使自己的选题和论文无滞后性。

⑤信心心理准备。对于初写论文的人来说,有为难情绪、神秘感以至不知该从何下手。其实,临近毕业的学生有了较扎实的理论功底和较丰富的专业知识,平时也看了大量的有关论文,只要对某一课题进行深入的研究,有自己独到的见解,写一篇优秀的论文并不困难。因此,平时对论文多加注意、分

析、体会,再掌握一些论文撰写的基本知识,就能树立写好毕业论文的信心。

2)选题

一般来讲,毕业论文的写作由学校统一安排,包括写作时间上的安排,指导导师的确定安排,毕业论文的选题的确定等。学生可以在导师的指导之下,在自己预先选定的范围内并参照由学校拟定的选题确定自己的毕业论文选题。确定选题应结合本人实际,经反复酝酿,缜密思考。选题要注意以下问题:

(1)选题应以专业课的内容为主

因为毕业论文是高等学校教育过程的一个有机的环节。它的教学目的是总结学生在校期间的学习成果,培养学生具有综合运用所学的理论知识,解决实际问题的能力,使他们受到科学研究的基本训练。

(2)选题方式的确定

选题的方式有多种,目前高等学校毕业论文的选题,通常是以下述三种选题结合的方式进行的。

①命题与自选题结合的方式。题目先由指导教师拟定,经教研室讨论确定,然后向全体学生公布,由学生自己选择。对多数同学来讲,这是一种综合的办法。

②自己独立确定选题。少数学习成绩优秀并有一定科研能力的同学,能独立地选题,他们可以自己选择论题。

③引导性命题。这是对少数成绩较差的、缺乏研究能力、不能独立选题的同学所用的方法。当选题公布之后,这部分同学感到困惑,心中无数,难以确定下来。这时指导教师给予一定的帮助,了解学生专业课的学习情况、兴趣、爱好,引导他们确定一个题目。

(3)选题要考虑适中

刚开始写论文、搞科研、缺少经验,要把课题选得恰到好处是不太容易的。所以,要注意掌握分寸,要适中。

①选题的时间要适中。选题要尽可能早一些。当必要的专业基础知识牢固以后,要确定自己的研究方向,尽早地准备资料和积累材料。

②选题的难度要适中。选题既不可过难,又不可过易。过难的选题,虽然有科学价值,但是,对于一个刚刚接触科研的学生来讲,处理难度高的

选题是有困难的,但过易的选题又难以达到锻炼提高自己科学研究能力的目的。

③选题的大小要适中。选题既要量力,考虑到难度,又要考虑到题目的大小要适中,能有足够的时间来处理它。

3)搜集

写毕业论文应该尽量多的收集写作材料。

(1)毕业论文资料范围

撰写毕业论文必须详尽地占有资料,没有资料,就是"巧妇难为无米之炊",研究无从下手,观点无法成立,论文不可能形成。所以,详尽地占有资料是毕业论文写作之前的一项极重要的工作。

毕业论文写作之前,至少应占有如下五个方面的材料:

①第一手资料。第一手资料是作者自己收集与论题直接有关的文字材料、数字材料(包括图表),譬如:统计材料、典型案例、经验总结等,还包括自己在亲自实践中取得的感性材料。同时要注意其真实性、典型性、新颖性和准确性。

②他人的研究成果。他人的研究成果是指国内外对有关该课题学术研究的最新动态。撰写毕业论文不是凭空进行的,而是在他人研究成果的基础上进行的,因此,对于他人已经解决了的成果可以引用,而且,可从中得到有益的启发、借鉴和指导。

③背景材料。搜集和研究背景材料有助于开阔思路,全面研究、提高论文的质量。例如,要研究马克思的商品经济理论,不能只研究他的著作,还应该大力搜集他当时所处的社会、政治、经济等背景材料,从而取得深入的研究成果。

(2)资料搜集的方法

搜集资料的方法很多,常用的主要有以下方法:

①做卡片。使用卡片搜集资料,易于分类、易于保存、易于查找、并且可分可和。

②做笔记。做笔记这对任何一个毕业论文撰写者都是必要的,好记性不如烂笔头,阅读书报杂志时,随时记下所需资料的内容等。

无论是用卡片收集资料,还是摘录资料,都必须注明出处,如果是著作,要注明作者、书名、出版单位、发行年月、篇名等,以便附录在毕业论文的后面。

毕业论文的写作大纲的拟写和修改、毕业论文的写作和修改、毕业论文的完善和定稿可参照第一节的相关内容。

9.2.4 毕业论文的基本内容

毕业论文的内容就是要确定表达的内容步骤,先写什么,最后写什么,每一部分都包含什么内容,都要加以确定。论文写作的目的是找出问题,再解决问题(包括理论问题和实际问题)。要解决问题就得先找出问题,然后再分析问题,最终获得解决问题的办法。毕业论文的写作内容就是按提出问题→分析问题→解决问题来安排的,毕业论文的三大基本内容,即:绪论、本论和结论。

1)绪论

绪论又叫引论,是毕业论文的开头部分。绪论承担的任务是:提出要论证的问题,引导读者进入论文的基本论点。

绪论的内容大致包括这样一些方面:一是说明研究本课题的目的和意义;二是提出本选题要解决的问题;三是提示文本探讨的范围及文章的大体结构。以上几方面并非每篇论文的绪论都必须陈述,应视文章的长短及正论的内容,可以仅包括某一项或某几项。

绪论的写作可分为直接切入式和间接切入式两种。

(1)直接切入式

直接切入式又称开门见山,一开始就直截了当提出中心论点。这是较为常见的开头方式。

(2)间接导入式

即利用一些相关的材料做引子,逐步导入所论述的基本论点。

利用哪些材料导出论题,并无限定。常见的有这样一些导入方法:

①从论文的题目谈起,介绍目前国内有关此问题的研究动向,引出自己的观点。

②从当前公众关注的热点问题,引出本论点与热点问题的关系,然后表

明自己的看法。

③从研究课题相关概念的定义写起,导出本课题的研究目的、方向及自己的观点。

2)本论

本论又称正论,是论文的主体部分。作者的研究成果和创造性见解主要通过本论来反映。

本论部分主要是围绕中心论点,从各个方面或不同角度建立若干分论点展开论证,从而充分证明中心论点的正确性。建立分论点要对这样四个方面的问题给予高度重视:

①分论点必须为论证中心论点服务。分论点不能偏离中心论点或与中心论点相悖。

②建立分论点同样要具备议论的三要素,要做到论点明确、论据充分、论证有力,而论据的主要成分是各种相关资料,所以资料必须与论点一致。

③分论点之间要按照一定结构形式排列,以反映它们之间的内在联系。分论点的结构可分为三种方式:

A. 纵式结构。纵式结构又称递进推论式结构,即提出一个基本论点后,步步深入,层层展开,由一个论点过渡到另一个论点后,循一条逻辑线索向纵深移动。

B. 横式结构。横式结构又称并列分论式,即把从属于中心论点的几个分论点并列起来,逐一分别加以论述,以说明中心论点。

C. 综合式结构。即论述时横向和纵向穿插进行、交织在一起,有的以横向展开为主,有的以纵向展开为主。一些篇幅较长、内容较为复杂的论文多采用这种结构。

④本论层次的外在表现形式,可用序号、小标题、小标题加序号等形式反映。小标题的主要作用是:说明分论点、替代过渡性文字、前后自然衔接、文章层次分明。

3)结论

结论是论文的收尾部分,是整篇论证的归宿,在全文中起画龙点睛的作用。在结尾时要避免与前文论述的雷同,应注意文字上有所变化,内容上有所深化。

9.2.5 写作毕业论文的基本要求

1)坚持理论联系实际

撰写毕业论文必须坚持理论联系实际的原则。理论研究,特别是社会科学的研究必须为现实服务,为社会主义现代化建设服务,为两个文明建设服务。理论来源于实践,又反作用于实践。科学的理论对实践有指导作用,能通过人们的实践活动转化为巨大的物质力量。科学研究的任务就在于揭示事物运动的规律性,并用这种规律性认识指导人们的实践,推动社会的进步和发展。因此,毕业论文在选题和观点上都必须注重联系社会主义现代化建设的实际,密切注视社会生活出现的新情况、新问题。

贯彻理论联系实际的原则和方法,必须认真读书,掌握理论武器。认真读书包括两个方面的内容,一是学好专业课,具备专业基础知识。这是写好毕业论文的前提和必要条件。经验告诉我们,只有具备了相应水平的知识积累,才能理解一定深度的学术问题;同时,也只有具备了某一特定的知识结构,才能对某学科中的问题进行研究。二是要认真学习马克思主义的基本原理,学会运用马克思主义的立场、观点和方法分析问题、解决问题。马克思主义作为伟大的认识工具,虽然并不直接提供解决各种具体问题的答案,但它对我们如何正确地发现问题、分析和解决问题提供了正确的立场、观点和方法。因此,应自觉地把马克思主义的立场、观点和方法运用到毕业论文的写作中。

2)坚持论点与科学的结合

①论点要科学。毕业论文的科学性是指文章的基本点和内容能够反映事物发展的客观规律。文章的基本论点必须是从对具体材料的分析研究中产生,而不是主观臆想出来的。科学研究作用就在于揭示规律,探索真理,为人们认识世界和改造世界开拓前进的道路。判断一篇论文有无价值或价值之大小,首先是看文章论点、内容的科学性如何。

②论点要创新。毕业论文的创新是其价值所在。文章的创新,一般来说,要求不能简单地重复前人的论点,而要有自己的独立见解。毕业论文之所以要有创新性,是由科学研究的目的决定的。从根本上说,人们进行科学研究就是为了认识那些尚未被人们认识的领域,毕业论文的写作则是科学研

究成果的文字表述。因此,研究和写作过程本身就是一种创新性活动。从这个意义上说,毕业论文如无创造性,就不成其为科学研究,也不能称之为毕业论文。毕业论文虽然着眼于对学生科学研究能力的基本训练,但创造性仍是其着力强调的一项基本要求。

3)坚持论据与论证的紧密联系

(1)论据要翔实

一篇优秀的毕业论文仅有一个好的主题是不够的,它必须要有充分、翔实的材料作支持。旁征博引,多方佐证,是毕业论文有别于一般议论文的明显特点。一般性议论文,作者要证明一个论点,有时只需对一两个论据进行分析就可以了,而毕业论文则必须以大量的论据材料作为自己论点形成的基础和确立的支柱。作者每确立一个论点,必须考虑:用什么材料作主证,什么材料做旁证;对自己的观点是否有不同的意见,对他人持有的异议应如何进行阐释。毕业论文要求作者所提出的论点、见解切切实实是属于自己的,而自己的论点能够得到别人的承认,就必须有大量的、充分的、有说服力的理由(论据)来证实自己论点的正确。

(2)论证要严谨

论证是用论据证明论点的过程。论证要严谨、富有逻辑性,这样才能使文章具有说服力。从文章全局来说,作者提出问题、分析问题和解决问题,要符合客观事物的规律,符合人们对客观事物认识的程序,使人们的逻辑程序和认识程序统一起来,全篇形成一个逻辑整体。从局部来说,对于某一个问题的分析,某一现象的解释,要体现出较为完整的概念、判断、推理的过程。

毕业论文是以逻辑思维为主的文章形式,通过概念、判断、推理来反映事物的本质或规律,从已知推测未知。社会科学论文往往是用已知的事实,采取归纳推理的形式,求得对未知的认识。要论证严密,富有逻辑性,必须做到:

①概念要准确,这是逻辑推理的前提。

②阐明客观事物的认识过程要有层次、有条理。

4)坚持谋篇与布局的合理、有序

所谓合理有序,是指文章思路明晰,脉络清楚,结构严谨,疏密得当。要做到言之有序,不仅通篇框架布局要合理妥贴,而且行文要前后照应,有详有略。过渡语、过渡词、过渡段要自然顺畅,使文章浑然一体,通体贯通。

9.2.6 毕业论文的装订

毕业论文装订的基本内容一般是由以下各部分构成:

封面(封面应有选题、作者、指导教师、完成论文的时间、所在的院系及班级、学号)

内容提要

目录

标题

摘要

关键词

正文(绪论、本论、结论、致谢辞)

参考文献

封底

9.2.7 毕业论文的答辩

毕业论文的答辩是毕业论文写作的一部分,是对毕业生口头能力的一次重要测试,是保证毕业论文质量的一项重要举措,也是为了防止拼凑、抄袭和让人代笔等作弊现象出现的重要手段。因此,应高度重视毕业论文答辩工作。

1)答辩前的准备

答辩前一般应准备以下几个方面的内容:

①为什么要选择这样的选题? 该选题的学术价值、理论意义和现实意义是什么?

②目前该选题在国内外研究的现状如何? 曾有哪些人做过哪些研究? 他们的研究成果及主要观点是什么?

③人们在该选题的研究中有何新发展? 提出和解决了什么问题? 其意义何在?

④论文的基本论点、立论的主要根据以及论文的思路是什么?

⑤文中引述的重要论文、版本及出处是什么?

⑥论文中有哪些应该涉及或应该解决的问题,因学识的原因而未涉及和解决?

⑦因与论文的中心关联不大,所以有些问题在论文中未涉及或涉及很少,但是,自己在研究中却有一定的见解。

⑧阐释与说明论文中的创见和某些关键问题。

⑨选题中还有哪些尚待解决的问题及对该选题研究前景的展望。

⑩充分准备好答辩中的第一道程序,即怎样简要地概括介绍撰写该论文的意图、主要论点和论据。这第一道程序若十分顺利,就会起到稳定心理的作用,就为以下的答辩奠定良好的基础。

2)答辩时应注意的问题

①参加答辩前。一般应携带论文的底稿、主要资料以及记时间的物品,以备临时查阅。有特别规定的,应按规定去做。必须携带笔记本和笔,供记录答辩委员们所提出的问题与批评意见之用。

②参加答辩时。毕业论文答辩是为取得相应的毕业资格或相应的学位的一次严肃而重要的考核。因为经过了较长时间的撰写、反复修改,深入研究,对研究课题所涉及的问题已相当了解,应当胸有成竹。所以,无需紧张,精神应适度放松。答辩时要从容镇定,避免慌乱。

③精神集中,学风端正。首先,答辩时要聚精会神地听取答辩委员们所提出的问题,必要时,可将所提问题准确地记在笔记本上。其次,如果对所提问题没有理解清楚,切不可贸然回答,可以请提问的答辩委员再将问题复述一遍;或者把自己对问题的理解先表述一下,请问是不是这个意思,在得到肯定的答复后,再做回答。其三,要有良好的、高尚儒雅的学子风范。切忌察言观色、揣摩答辩委员心理的不良现象。要精力集中,不可分神。

④充满信心,语言流畅。对答辩委员的提问,要充满信心地以流畅的语言、肯定的语气来回答。切忌左支右吾,模棱两可,缺乏自信和吞吞吐吐。

⑤谦虚谨慎,实事求是。对答辩委员提出的某些疑问,要审慎回答。有把握的可以说明理由进行答辩;没有把握的,不可辩解。提问者对这个问题可能有过多年深入的研究,他提出这个疑问是有根据的。遇到这种情况,应当实事求是地虚心地表示:在这段研究过程里还没有搞清楚,今后一定认真研究这个问题,并请提问者告知正确的答案。

实例:

居民工资性收入与劳动生产率关系研究

——以福建为例

福建调查总队与漳州调查队联合课题组[1]

　　内容摘要: 本文从福建省社会劳动生产率、农村居民工资性收入和城镇居民工资性收入特征入手,根据1989—2011年劳动生产率及农村、城镇工资性收入数据构建VAR模型,在模型基础上进行脉冲响应分析及方差分解。实证结果表明:劳动生产率的提高会带动工资性收入的增长,而工资性收入的增长又会反过来拉动劳动生产率的提高。在劳动生产率与工资性收入的实证结果上提出促进工资增长与劳动生产率提高同步的对策建议。
　　关键词: 劳动生产率　工资性收入　VAR模型　脉冲响应　方差分解

　　为全面落实科学发展观,加快实现经济发展方式转变,党的十七大提出"逐步提高居民收入在国民收入分配中的比重,提高劳动报酬在初次分配中的比重","十二五"规划纲要又进一步提出"努力实现居民收入增长和经济发展同步、劳动报酬增长和劳动生产率提高同步"。劳动报酬增长和劳动生产率提高同步,是国家社会经济发展"十二五"规划的主要目标之一。劳动报酬的主要表现形式为工资。工资水平过低,企业缺乏技术及人力资本投入的动力,职工没有充分分享到企业发展成果,难以实现经济的可持续发展;工资水平过高,企业竞争力会受到损害,并可能通过成本传导推动通货膨胀。工资与劳动生产率的协调发展成为促进社会经济良性循环的关键。本课题通过1989—2011年福建省社会劳动生产率、农村居民工资性收入与城镇居民工资性收入数据量化研究劳动生产率与劳动报酬的相互关系及影响。

一、国内外有关工资与劳动生产率关系研究

（一）工资、劳动生产率概念及相关理论

　　工资是指雇主或者用人单位依据法律规定、或行业规定、或与员工之间的约定,以货币形式对员工劳动所支付的报酬。

　　劳动生产率是指劳动者在一定时期内创造的劳动成果与其相适应的劳动消耗量的比值。

马克思对资本主义社会劳动生产率与劳动报酬份额的多种关系进行过论述,提出资本主义条件下劳动报酬份额在一般情况下是趋于下降的,并指出资本主义私有制、工人的组织程度等是造成这种趋势的原因。被誉为"科学管理之父"的泰勒(1911)在《科学管理原理》一书中说道"在单个人工作的情况下,只有其劳动生产率达到最高,也即只有在实现日产出最大时,才可实现财富最大化"。劳动经济学家普遍认为劳动生产率与工资是有紧密联系的,坎贝尔·R.麦克南等(2004)在《当代劳动经济学》中指出,每个工人每小时的产出增长与其实际报酬增长之间存在非常紧密的联系。劳动生产率的提高增加了与劳动供给相关的劳动需求,提高了实际平均工资率。社会的实际产出就是它的实际收入,因而生产率和实际报酬之间存在紧密联系。

(二)国内外工资与劳动生产率关系文献综述

劳动生产率与工资是有机统一的,两者相互影响,相互促进。Chatrerji等(1991)研究了实际工资、生产率和周期的关系,指出总生产率的波动直接影响实际工资与工作努力的程度和结果。Bester 等(2003)发现在自由竞争行业外生的工资率决定了公司在劳动生产率方面的投入,公司的单位劳动成本和供给依赖于工资的增长率而不是工资率。Liu 等(2005)研究了在中国台湾地区手工业中相对低廉的工资和效益工资对劳动生产率的影响,研究发现效益工资对劳动生产率并没有纯粹的正效应,工资结构对劳动生产率有重要影响。Seguino(2007)从外国直接投资对工资和生产率影响的角度,分析了工资和生产率的相互关系,认为工资和生产率的增长率之间有一种潜在的正效应。

李庆华(2000)认为应当采取收入政策对收入差别进行调节,使居民劳动收入的增长速度与生产率的增长速度相适应,并且使劳动收入的增长率高于非劳动收入的增长率,这是带动经济增长的一条有效途径。叶援(2004)利用 C-D 生产函数对技术进步、资本装备率的提高和对劳动生产率进步的影响进行测算,发现劳动生产率对工资是富有弹性的,工资的提高推动了劳动生产率的进步,这是提高劳动生产率的一种有效激励手段。赵国香等(2006)认为过小或者过大的工资差距既不利于劳动力的合理流动和有效配置,也不利于所有制、行业或地区之间的公平竞争和均衡发展。

(三)我国工资与劳动生产率关系发展特征

1.工资水平与劳动生产率均有较大幅度提高。

1985 年以来,我国劳动生产率以及平均工资都有很大程度提高。从1985 年到 2011 年,全国职工平均工资水平由 1 148 元提高到 42 452 元,年均增加 1 589 元,年均增长率为 14.9%。全国社会劳动生产率由 1 839 元/人提高到 61 834 元/人,年均增加 2 308 元/人,年均增长率为 14.5%。

2. 工资与劳动生产率之间具有很强的正相关关系。

从企业职工平均工资和全员劳动生产率的变化趋势来看,劳动生产率和平均工资增长具有较强的一致性。对我国职工年平均工资和全员劳动生产率的相关性分析显示,1985—2011 年,全社会职工平均工资与全员劳动生产率的相关系数为 0.996,说明平均工资与劳动生产率之间具有很强的正相关关系。

二、福建居民工资性收入与社会劳动生产率发展研究

（一）福建城乡居民工资性收入与社会劳动生产率概况

"八五"以来,随着福建省经济的持续快速增长,产业结构的逐步优化,收入分配制度改革的有效推进,城乡居民工资性收入、社会劳动生产率不断提高。1992—2011 年,全省社会劳动生产率由 4 452 元/人提高到 79 254 元/人,年均增加 3 740 元/人,年均增长率为 15.5%;城镇居民人均工资性收入由 1 389 元提高到 17 439 元,年均增加 803 元,年均增长率为 13.5%;全省农村居民人均工资性收入由 197 元提高到 3 890 元,增长了 18.7 倍,年均增加 185 元,年均增长率为 16.1%。

从平均增长速度上看,1991—2011 年,全社会劳动生产率平均增速比城镇居民人均工资性收入高 2.0 个百分点,比农村居民人均工资性收入低 0.6 个百分点。由于农村居民人均工资性收入基数较小,虽然平均增长速度高于全社会劳动生产率和城镇居民人均工资性收入,但是与全社会劳动生产率和城镇居民人均工资性收入的绝对值差距却逐年扩大。农村居民工资性收入增速高于社会劳动生产率和城镇居民工资性收入有利于缩小城乡居民收入差距。

（二）福建城镇居民工资性收入阶段分析

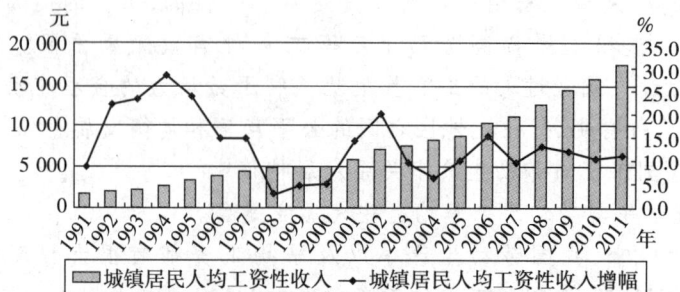

图1　福建省城镇居民人均工资性收入发展趋势图

"八五"以来城镇居民工资性收入增长经历了 3 个阶段：

1. 1991—1995 年高速增长阶段。

1992 年邓小平南方谈后,经济体制改革进一步深化,1992 年召开的党的十四大确立了全面建设有中国特色社会主义市场经济,并且把加快闽东南地区开放开发写进党的十四大报告,福建经济步入加快发展的新阶段,城镇居民工资性收入高速增长。1995 年,全省城镇居民人均工资性收入 3 358 元,比 1990 年的 1 270 元增长 1.6 倍,年均增长 21.5%。

2. 1996—2000 年调整阶段。

这段时期随着经济体制改革进一步深入拓展,产业重组,企业改制,国有企业职工下岗,很大程度上限制了城镇居民工资性收入增长,特别是 1997 年亚洲金融危机爆发以后,福建省经济发展进入治理整顿阶段,城镇居民工资性收入增势明显放缓,1998—2000 年增幅分别为 2.9%、4.7%、4.8%。2000 年全省城镇居民人均工资性收入 4 982 元,比 1995 年增长 48.4%,年均仅增长 8.2%。

3. 2001—2011 年快速增长阶段。

2002 年召开的党的十六大提出全面建设小康社会,海峡西岸经济区建设写入了党的十七大报告,福建经济进入较快发展时期,为增加居民收入奠定了良好的基础。2006 年全省城镇居民人均工资性收入突破万元,2011 年达 17 439 元,比 2000 年增长 2.5 倍,年均增长 12.1%。

（三）福建农村居民工资性收入阶段分析

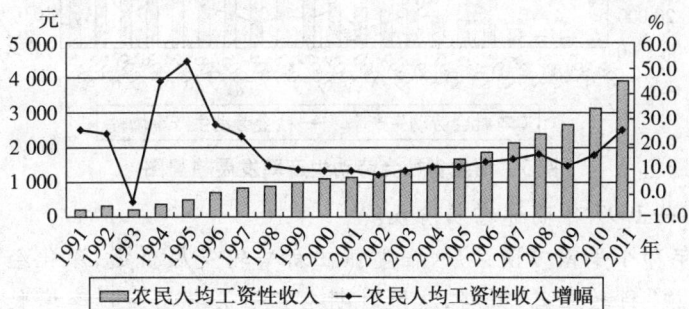

图 2　福建省农民人均工资性收入发展趋势图

"八五"以来农村居民工资性收入增长经历了 4 个阶段：

1. 1991—1997 年高速增长阶段。

这段时期随着私营个体企业等非公有制经济的迅速发展,大批农村剩余劳动力向二、三产业转移,农村居民工资性收入高速增长。1997 年,全省农村居民人均工资性收入 812 元,比 1990 年的 157 元增长 4.2 倍,年均增长 26.5%。

2.1998—2004 年平稳增长阶段。

在上一阶段持续高速增长后,这段时期农村居民工资性收入增势放缓。2004 年,全省农村居民人均工资性收入 1 488 元,比 1997 年增长 83.4%,年均增长 9.1%。

3.2005—2009 年稳步提高阶段。

2005 年十六届五中全会作出了建设社会主义新农村的战略决策,农村经济迅速发展,农村居民工资性收入稳步提高。2009 年,全省农村居民人均工资性收入 2 678 元,比 2004 年增长 79.9%,年均增长 12.5%。

4.2010—2011 年加快增长阶段。

受"招工难"和政府提高最低工资标准等因素影响,2010 年以来福建省农民工工资标准明显提高,农民工工资性收入增长进一步加快。2010 年、2011 年全省农村居民人均工资性收入为 3 095 元、3 890 元,分别增长 15.5%、25.7%。

(四)福建社会劳动生产率阶段分析

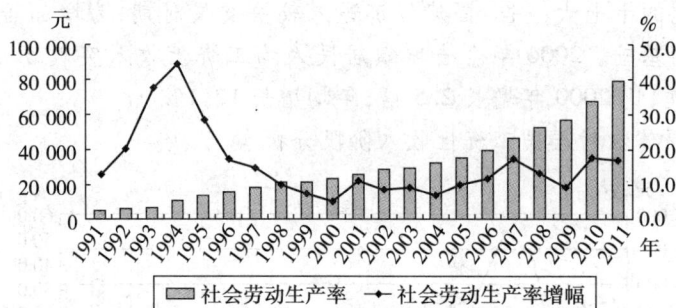

图 3　福建省社会劳动生产率发展趋势图

1.1991—1997 年高速增长阶段。

1992 年邓小平南方谈话后,福建抓住新一轮发展机遇,深化经济体制改革,大力实施"科教立省"战略,这段时期全省社会劳动生产率增长速度经历了一个从低到高,然后从高到低的过程,总体保持较快增长态势。1997 年,全省社会劳动生产率 17 900 元/人,比 1990 年的 3 941 元/人增长 3.5 倍,年均增长 24.1%。

2.1998—2003 年平稳增长阶段。

在上一阶段高速增长后,这一阶段社会劳动生产率增速开始回落,各年份社会劳动生产率增长率都在 10% 以下,增长态势较为平稳,起伏不大。2003 年全省社会劳动生产率为 28 741 元/人,比 1997 年增长 60.6%,年均增长 8.2%。

3. 2004—2011 年快速增长阶段。

2004 年后福建提出建设海峡西岸经济区,进一步推动了全省经济持续较快发展,这阶段的劳动生产率又回到快速增长阶段,但各年份增长率波动较大。2011 年全省社会劳动生产率为 79 254 元/人,比 2003 年增长 1.8 倍,年均增长 13.5%。

三、工资性收入与劳动生产率关系量化分析

本文根据 1989—2011 年福建社会劳动生产率、城镇居民工资性收入和农村居民工资性收入数据,运用 Eviews 统计软件,对这 3 个指标的时间序列数据进行相关性分析、平稳性检验、协整检验,来研究它们之间的长期关系,再建立 VAR 模型,在模型基础上对社会劳动生产率、城镇居民工资性收入和农村居民工资性收入这三者的关系进行脉冲响应分析和方差分解,定量分析社会劳动生产率与城镇、农村两个工资性收入之间的影响关系。

（一）相关性分析

通过计算福建省社会劳动生产率、农村居民工资性收入、城镇居民工资收入两两之间的相关系数发现,社会劳动生产率与农村居民工资性收入的相关系数为 0.998,社会劳动生产率与城镇居民工资性收入的相关系数是 0.997,农村居民工资性收入与城镇居民工资性收入的相关系数是 0.993,两两之间存在高度正相关关系。

（二）平稳性检验

为避免非线性问题和降低异方差,本文对 1989—2011 年福建省社会劳动生产率以及农村、城镇居民人均工资性收入三个时间序列指标作自然对数化处理。将福建省社会劳动生产率记为 SLP、对数化的社会劳动生产率记为 LnSLP,将农村居民人均工资性收入记为 RRI、对数化的农村居民人均工资性收入记为 LnRRI,将城镇居民人均工资性收入记为 TDI、对数化的城镇居民人均工资性收入记为 LnTDI。采用 ADF 单位根检验(Augment Dickey-Fuller Unit Root Test)方法进行检验。

通过平稳检验结果表明:在 5% 的显著性水平下,原数列 LnSLP、LnRRI、LnTDI 不全是平稳数列;一阶差分数列 DLnSLP、DLnRRI、DLnTDI 也不全是平稳数列;二阶差分数列 D(LnSLP,2)、D(LnRRI,2)、D(LnTDI,2)是平稳数列。

（三）协整检验

由于原数列 LnSLP、LnRRI、LnTDI 不全是平稳数列，因此不能直接建立模型，通过 ADF 单位根检验发现原数列的二阶差分数列 D(LnSLP,2)、D(LnRRI,2)、D(LnTDI,2)都是平稳数列，若要使 VAR 模型的设定成立，只需再满足一个条件，就是数列之间存在协整关系。协整检验结果可知：在 5% 的显著性水平下，迹统计量 58.4、27.2、10.4，均大于 5% 显著性水平的临界值 35.0、18.4、3.8，说明序列 LnRRI、LnTDI 及 LnSLP 之间存在着协整关系，符合构造 VAR 模型的前提。

（四）VAR 模型建立

VAR 模型的一般数学表达式为：

$$yt = A1yt - 1 + \cdots + Apyt - p + B1Xt + \cdots + BrXt - r + \varepsilon t$$

式中，yt 是 m 维内生变量向量，Xt 是 d 维外生变量向量，$A1\cdots Ap$ 和 $B1\cdots Br$ 是待估的参数矩阵，内生变量和外生变量分别有 p 和 r 阶滞后期。εt 是随机扰动项。在实际应用中，通常希望滞后期数 p 和 r 足够大，以完整反映所构造的 VAR 模型的动态特征。但滞后期越长，模型中待估计的参数就越多，自由度就越小。因此，应该在滞后期与自由度之间寻求一种均衡状态，一般根据 AIC 和 SC 信息量取值最小的准则确定模型的阶数。经过多次试验，由 VAR 模型的整体检验结果表明，滞后期 $p = 4$ 时效果最好。

从各方程检验的结果表明模型拟合的效果很好，可以认为基于 1989—2011 年福建省全员劳动生产率、农村居民人均工资性收入和城镇居民人均工资性收入三组数列上建立的 VAR 模型能真实地反映三者间的相互影响。下面通过脉冲响应分析来进一步研究三者间的相互影响。

（五）脉冲响应分析

为分析福建省城镇居民工资性收入和农村居民工资性收入对社会劳动生产率的一单位标准差冲击的反应，本文在 VAR 模型的基础上分别建立脉冲响应函数。

从图 4 来看，福建省农村居民工资性收入对社会劳动生产率的响应在前 5 年处于正向响应加强阶段，到第 5 年后处于波动之中，期间正负响应交互更替。

从图 5 来看，劳动生产率对福建省城镇居民工资性收入的冲击一开始为 0，此后处于波动状态，期间正负响应交互更替。

（六）方差分解

利用预测方差分解技术来分析社会劳动生产率、农村居民工资性收入以

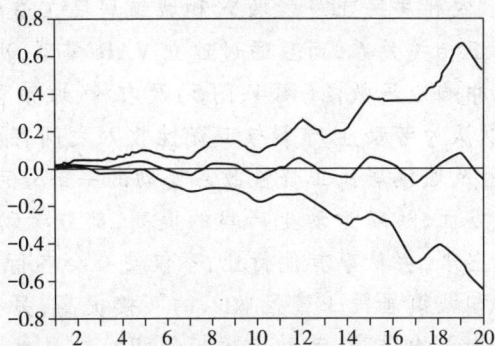

图 4　福建省农村居民工资性收入对社会劳动生产率的响应路径

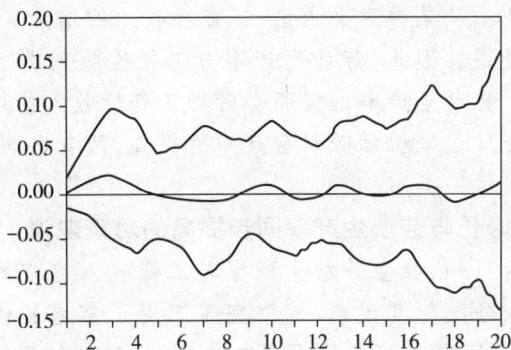

图 5　福建省城镇居民工资性收入对社会劳动生产率的响应路径

及城镇居民工资性收入之间的相对贡献率。

　　从福建省农村居民工资性收入的方差分解结果来看,来自社会劳动生产率的冲击对农村居民工资性收入变化的贡献率在第一期占 19.2%,也就是说农村居民工资性收入变动预测方差的 19.2% 可由劳动生产率的变动来解释。这说明劳动生产率的变动对农村居民工资性收入的影响是比较大的,这种影响随着时间推移先增大后减弱,最后稳定在 18% ~20%。

　　从福建省城镇居民工资性收入的方差分解结果可以看到,来自社会劳动生产率的冲击对城镇居民工资性收入变化的贡献率在第一期极小,仅占 0.07%,这说明一开始劳动生产率的变化对城镇居民工资性收入变动的影响很小,但这种影响随着时间的推移而逐渐增大,然后减弱,最后稳定保持在 3% ~4%。

　　(七)实证结果

　　通过对福建省社会劳动生产率与工资性收入关系的量化分析发现,福建省社会劳动生产率、农村居民工资性收入和城镇居民工资性收入三者之间,不仅两两存在高度正相关关系,而且通过建立 VAR 模型,进一步得到三者的量化关系。通过脉冲响应函数图(图4、图5)及农村、城镇居民工资性收入的方差分解结果,可以认为劳动生产率与工资性收入之间存在一种内在的、稳定的均衡关系,农村及城镇居民工资性收入变动的一部分可以由劳动生产率的变化来解释。一方面,随着劳动生产率的提高,部分劳动力从原先劳动密集型的行业中释放出来,去从事其他行业,不仅使社会各行业结构得到优化,而且可以拉动农村和城镇居民工资性收入的间接提高;另一方面,随着农村和城镇居民工资性收入的提高,劳动者的工作积极性显然会被带动,劳动积极性高涨会引导劳动者努力工作,社会财富不断被创造,无形中会拉动社会劳动生产率的提高。从某种意义上讲,工资性收入的增加又会反过来拉动社会劳动生产率的提高。因此,劳动生产率与工资性收入的关系不是单向的,而是双向可逆的。劳动生产率的提高会带动工资性收入的增长,而工资性收入增长的同时又会反过来拉动劳动生产率的提高,两者之间通过这种关系相互影响。

四、劳动报酬增长与劳动生产率同步提高的对策建议

通过上文分析可知,社会劳动生产率与工资收入存在相互影响。因此,一方面要加快收入分配制度改革,建立完善工资正常增长机制,确保职工工资正常增长;另一方面要转变经济发展方式,加快产业转型升级步伐,提高劳动生产率,从而实现劳动报酬增长与劳动生产率同步提高。

(一)完善工资正常增长机制,确保职工工资正常增长

要提高劳动者报酬,就必须建立和完善工资正常增长机制,通过实行工资集体协商、制定最低工资标准和工资指导线,确保职工工资的正常增长,实现劳动报酬增长与劳动生产率提高同步。

1. 完善工资集体协商相关法律法规。

我国的工资集体协商制度尚不成熟,立法层次相对较低,有关立法只做出一些原则性规定,没有具体化、强制化,可操作性不强。应尽快制定出台国家的《工资法》和《集体合同法》,将工资集体协商制度上升至国家立法层面,以立法形式赋予职工集体合同的签订权,确认工会享有代表职工签订集体合同的权利,明确政府在保障工资集体协商方面的职责,为工资集体协商机制提供切实有效的法律保障。

2. 加强工会组织建设,发挥工会职能作用。

要以企业工会相对独立性为重点,进一步加强工会的法律地位。工会不

能成为企业的附庸,而要独立发挥作用。工会要把建立与社会主义市场经济相适应的工资正常增长机制作为工作重点。加强对与职工工资有关的法律、法规、政策的研究,加大对工资立法及最低工资标准调整等工作的参与力度,提高工会代表职工集体协商业务水平。

3.培育行业、区域工资集体协商。

行业性工资集体协商调整劳动关系的层次更高、力度更大、范围更广,更加有利于准确全面地收集和掌握资料,有利于更便捷地吸纳各行业专家参与工资集体协商,有利于在整体上提高工会谈判力。此外,在小企业集中区域,要积极推动劳资关系双方依法就本地区工资问题进行宽范围、高层次的区域集体协商,解决小企业单独开展工资集体协商难的问题,进一步扩大工资集体协商的覆盖面。

4.加大政府的监督、调控作用。

进一步加强政府在工资集体协商中的职能,加强行政监督和干预,完善宏观调控机制。要全面落实最低工资标准制度;根据经济发展水平、社会劳动生产率、物价水平等因素,确定企业工资增长指导线;及时向社会公开发布企业人工成本、劳动力市场工资指导价位、物价水平等有关信息,为开展工资集体协商提供科学合理的参考依据;加强对企业职工工资增长情况和企业工资支付情况开展监督检查,依法处理违反政策规定、侵害职工权益的行为。

(二)转变经济发展方式,提高劳动生产率

科技是第一生产力,必须加大科技、教育投入,增强自主创新能力,加快产业转型升级步伐,转变经济发展方式,提高劳动生产率,从而实现劳动报酬与劳动生产率的同步提高。

1.加快科技进步步伐,提升自主创新能力。

科技进步是经济发展方式转变的最为关键的决定性因素。要加大研究与开发投入,大力实施自主创新主导战略,积极推动科技进步。从发达国家经验看,企业是科技开发的主体,发达国家80%的科研工作是在企业中完成的。因此,要逐步使科技体制由政府研究机构主导型转变为企业研究机构主导型;要通过财政、税收和信贷政策,激励企业加大科研投入,积极引进技术,开展自主创新;鼓励企业建立高水平的研发机构,加强对研发机构的运行机制、资金投入、人员结构及开发成果等方面的管理和支持。

2.大力发展教育事业,提高劳动者素质。

大力发展教育事业,全面提高劳动者素质,变劳动力资源优势为人力资本优势。加大政府对公共教育的投入,建立教育经费稳定增长机制;积极发展职业教育,围绕福建省产业优化升级和十大新增长区域发展对技能型人才的需要,加强技能型紧缺人才培养;支持高校与企业共建各类研发平台,着力提升科研成果的转化能力,促进高校与企业合作;深入贯彻《福建省终身教育促进条例》,充分发挥社团组织、文化团体作用,构建多样化终身教育学习平台。

3. 推动产业转型升级,提升产业竞争力。

积极打造以先进制造业和现代服务业双轮驱动的主体产业群,促进产业结构升级优化。一是实施项目带动战略,以重大高端项目带动产业转型升级。重点引进投资强度大、技术含量高、经济效益好、带动作用强的标杆性企业和高端项目,制定、实施引进核心重大项目的特殊优惠政策,促进产业转型升级。二是应用高新技术改造传统产业,推动优势传统产业转型升级。重点推动电子信息、装备制造、石油化工三大主导产业和轻工、纺织、冶金、建材、建筑、林产六大传统优势特色产业,应用高新技术提高产品科技含量和品牌附加值,加快技术装备更新、工艺优化和新产品开发,促进传统产业转型升级和整体素质提高。三是支持产业调整重组,提高生产要素集中度。鼓励行业龙头企业和优势企业对相关企业实施联合、并购、重组,提升产业集中度,做大做强龙头企业。支持中小企业加快结构调整和产业升级,向"专、精、特、新"以及产业集聚方向发展。四是实施自主品牌、自主知识产权战略,增强核心竞争力。积极推动技术、资金、人才、管理等要素向企业集聚,加快培育自主知识产权的专利技术和自有品牌产品,做大做强一批有影响的创新型企业和高新技术企业。

(三)建设和谐企业,实现员工和企业共同发展

通过建设和谐企业,提升企业核心竞争力,提高劳动生产率,促进企业健康持续发展,推进企业发展成果与全体员工共享,充分发挥广大员工的积极性,实现企业与劳动者关系和谐。

企业方面,一是加大技术开发投入,提升自主创新能力,积极创建品牌,不断提升核心竞争力;二是增强内部分配的激励功能,形成向关键岗位和高技术劳动职工岗位倾斜的分配格局;三是建立广大职工参与的工资集体协商分配机制,激发职工的生产积极性和创造性;四是加大对职工培训力度,提高职工素质,创造和谐、先进的企业文化,充分调动每个职工的积极性、主动性和创造性,促进劳动生产率的提高。

员工方面,一是注重自身责任意识和责任能力的培养,强化主人翁意识,与企业共荣辱同进退,恪守职业道德,爱岗敬业,乐于奉献,勇担责任,争创一

流业绩;二是加强自身学习,多参加培训,学习新技术,掌握新技能,努力让自己更加适合劳动岗位的工作;三是学法、懂法、守法,依法维权,合理要求劳动报酬,依法享受保险福利。

参考文献:

[1] 李庆华.提高劳动收入的增长率拉动经济增长[J].技术经济与管理世界,2000.

[2] 叶援.我国建筑业劳动生产率的实证分析[J].山东建筑工程学院学报,2004(3).

[3] 赵国香,刘洪江.江苏省职工工资差距分析[J].统计与决策,2006(4).

[4] 丁元.劳动生产率与工资关系的脉冲响应分析[J].中国人口科学,2007(3).

[5] 蔡昉.工资与劳动生产率的赛跑[J].贵州财经学院学报,2012(3).

[6] 王增.浙江省劳动生产率与工资关系的敏感性分析[J].公共管理学报,2010.

[7] 侯莎莎.协商民主视野下完善工资集体协商制度的思考[J].求实,2011(6).

[8] 易丹辉.数据分析与 EViews 应用[M].北京:中国统计出版社.

课题组组长:林水明;执笔人:蓝文志、吴红红、陆颖、江伟斌。

简析点评:

　　该论文引述数据到位、论据可靠、论证严密,环环相扣。格式和内容符合论文或者毕业论文的要求。

　　该文从福建省社会劳动生产率、农村居民工资性收入和城镇居民工资性收入特征入手,指出了:劳动生产率的提高会带动工资性收入的增长,而工资性收入的增长又会反过来拉动劳动生产率的提高。对促进劳动生产率和工资性收入双提高提出了相应的对策建议。

[本章小结]

　　通过学术论文和毕业论文的特点、分类、结构的学习,掌握学术论文和毕业论文的写作和答辩。

[基本概念]

　　学术论文　学年论文　毕业论文　关键词　绪论　本论　结论　选题

[思考与练习]

1.学术论文的特点是哪些？写作结构如何安排？参考文献的标注怎么标识？

2.毕业论文最重要的第一步工作是什么？完成毕业论文有几个大的步骤？

3.怎么进行选题和安排写作提纲？

4.毕业答辩时应注意哪些问题？

5.试拟写一篇关于××问题的毕业论文。

附　录

附录 1

国家行政机关公文处理办法

（国务院二〇〇〇年八月二十四日发布）

第一章 总 则

第一条 为使国家行政机关（以下简称行政机关）的公文处理工作规范化、制度化、科学化，制定本办法。

第二条 行政机关的公文（包括电报，下同），是行政机关在行政管理过程中形成的具有法定效力和规范体式的文书，是依法行政和进行公务活动的重要工具。

第三条 公文处理指公文的办理、管理、整理（立卷）、归档等一系列相互关联、衔接有序的工作。

第四条 公文处理应当坚持实事求是、精简、高效的原则，做到及时、准确、安全。

第五条 公文处理必须严格执行国家保密法律、法规和其他有关规定，确保国家秘密的安全。

第六条 各级行政机关的负责人，应当高度重视公文处理工作，模范遵守本办法并加强对本机关公文处理工作的领导和检查。

第七条 各级行政机关的办公厅（室）是公文处理的管理机构，主管本机关的公文处理工作并指导下级机关的公文处理工作。

第八条 各级行政机关的办公厅（室）应当设立文秘部门或者配备专职人员负责公文处理工作。

第二章 公文种类

第九条 行政机关的公文种类主要有：

（一）命令（令）

适用于依照有关法律公布行政法规和规章；宣布施行重大强制性行政措施；嘉奖有关单位及人员。

（二）决定

适用于对重要事项或者重大行动做出安排，奖惩有关单位及人员；变更或者撤销下级机关不适当的决定事项。

（三）公告

适用于向国内外宣布重要事项或者法定事项。

（四）通告

适用于公布社会各有关方面应当遵守或者周知的事项。

（五）通知

适用于批转下级机关的公文，转发上级机关和不相隶属机关的公文，传达要求下级机关办理和有关单位周知或者执行的事项，任免人员。

（六）通报

适用于表彰先进，批评错误，传达重要精神或者情况。

（七）议案

适用于各级人民政府按照法律程序向同级人民代表大会或人民代表大会常务委员会提请审议事项。

（八）报告

适用于向上级机关汇报工作，反映情况，答复上级机关的询问。

（九）请示

适用于向上级机关请求指示、批准。

（十）批复

适用于答复下级机关请示事项。

（十一）意见

适用于对重要问题提出见解和处理办法。

（十二）函

适用于不相隶属机关之间相互商洽工作，询问和答复问题，请求批准和答复审批事项。

（十三）会议纪要

适用于记载、传达会议情况和议定事项。

第三章　公文格式

第十条　公文一般由秘密等级和保密期限、紧急程度、发文机关标识、发文字号、签发人、标题、主送机关、正文、附件说明、成文时间、印章、附注、附件、主题词、抄送机关、印发机关和印发日期等部分组成。

（一）涉及国家秘密的公文应当标明密级和保密期限，其中，"绝密""机密"公文还应当标明份数序号。

（二）紧急公文应当根据紧急程度分别标明"特急""急件"。其中电报应当分别标明"特提""特急""加急""平急"。

（三）发文机关标识应当使用发文机关全称或者规范化简称。联合行文，主办机关排列在前。

（四）发文字号，应当包括机关代字、年份、序号。联合行文，只标明主办机关发文字号。

（五）上行文应当注明签发人、会签人姓名。其中，"请示"应当在附注处注明联系人的姓名和电话。

（六）公文标题应当准确简要地概括公文的主要内容并标明公文种类，一般应当标明发文机关。公文标题中除法规、规章名称加书名号外，一般不用标点符号。

（七）主送机关指公文的主要受理机关，应当使用全称或者规范化简称、统称。

（八）公文如有附件，应当注明附件顺序和名称。

（九）公文除"会议纪要"和以电报形式发出的以外，应当加盖印章。联合上报的公文，由主办机关加盖印章；联合下发的公文，发文机关都应加盖印章。

（十）成文日期以负责人签发的日期为准，联合行文以最后签发机关负责人的签发日期为准。电报以发出日期为准。

（十一）公文如有附注（需要说明的其他事项），应当加括号标注。

（十二）公文应当标注主题词。上行文按照上级机关的要求标注主题词。

（十三）抄送机关指除主送机关外，需要执行或知晓公文的其他机关，应当使用全称或者规范化简称、统称。

（十四）文字从左至右横写、横排。在民族自治地方，可以并用汉字和通用的少数民族文字（按其习惯书写、排版）。

第十一条　公文中各组成部分的标识规则，参照《国家行政机关公文格式》国家标准执行。

第十二条　公文用纸一般采用国际标准 A4 型（210 mm×297 mm），左侧装订。张贴的公文用纸大小，根据实际需要确定。

第四章　行文规则

第十三条　行文应当确有必要，注重效用。

附 录

第十四条 行文关系根据隶属关系和职权范围确定,一般不得越级请示和报告。

第十五条 政府各部门依据部门职权可以相互行文和向下一级政府的相关业务部门行文;除以函的形式商洽工作、询问和答复问题、审批事项外,一般不得向下一级政府正式行文。

部门内设机构除办公厅(室)外不得对外正式行文。

第十六条 同级政府、同级政府各部门、上级政府部门与下一级政府可以联合行文;政府与同级党委和军队机关可以联合行文;政府部门与相应的党组织和军队机关可以联合行文;政府部门与同级人民团体和具有行政职能的事业单位也可以联合行文。

第十七条 属于部门职权范围内的事务,应当由部门自行行文或联合行文。联合行文应当明确主办部门。须经政府审批的事项,经政府同意也可以由部门行文,文中应当注明经政府同意。

第十八条 属于主管部门职权范围内的具体问题,应当直接报送主管部门处理。

第十九条 部门之间对有关问题未经协商一致,不得各自向下行文。如擅自行文,上级机关应当责令纠正或撤销。

第二十条 向下级机关或者本系统的重要行文,应当同时抄送直接上级机关。

第二十一条 "请示"应当一文一事;一般只写一个主送机关,如需同时送其他机关的,应当用抄送形式,但不得抄送其下级机关。

"报告"不得夹带请示事项。

第二十二条 除上级机关负责人直接交办的事项外,不得以机关名义向上级机关负责人报送"请示""意见"和"报告"。

第二十三条 受双重领导的机关向上级机关行文,应当写明主送机关和抄送机关。上级机关向受双重领导的下级机关行文,必要时应当抄送其另一上级机关。

第五章 公文办理

第二十四条 发文办理指以本机关名义制发公文的过程,包括草拟、审核、签发、复核、缮印、用印、登记、分发等程序。

第二十五条 草拟公文应当做到:

(一)符合国家的法律、法规及其他有关规定。如提出新的政策、规定等,要切实可行并加以说明。

（二）情况确实,观点明确,表述准确,结构严谨,条理清楚,直述不曲,字词规范,标点正确,篇幅力求简短。

（三）公文的文种应当根据行文目的、发文机关的职权和与主送机关的行文关系确定。

（四）拟制紧急公文,应当体现紧急的原因,并根据实际需要确定紧急程度。

（五）人名、地名、数字、引文准确。引用公文应当先引标题,后引发文字号。引用外文应当注明中文含义。日期应当写明具体的年、月、日。

（六）结构层次序数,第一层为"一、",第二层为"（一）",第三层为"1.",第四层为"（1）"。

（七）应当使用国家法定计量单位。

（八）文内使用非规范化简称,应当先用全称并注明简称。使用国际组织外文名称或其缩写形式,应当在第一次出现时注明准确的中文译名。

（九）公文中的数字,除成文日期、部分结构层次序数和在词、词组、惯用语、缩略语、具有修辞色彩语句中作为词素的数字必须使用汉字外,应当使用阿拉伯数字。

第二十六条　拟制公文,对涉及其他部门职权范围内的事项,主办部门应当主动与有关部门协商,取得一致意见后方可行文;如有分歧,主办部门的主要负责人应当出面协调,仍不能取得一致时,主办部门可以列明各方根据,提出建设性意见,并与有关部门会签后报请上级机关协调或裁定。

第二十七条　公文送负责人签发前,应当由办公厅（室）进行审核。审核的重点是:是否确需行文,行文方式是否妥当,是否符合行文规则和拟制公文的有关要求,公文格式是否符合本办法的规定等。

第二十八条　以本机关名义制发的上行文,由主要负责人或者主持工作的负责人签发;以本机关名义制发的下行文或平行文,由主要负责人或者由主要负责人授权的其他负责人签发。

第二十九条　公文正式印制前,文秘部门应当进行复核,重点是:审批、签发手续是否完备,附件材料是否齐全,格式是否统一、规范等。

经复核需要对文稿进行实质性修改的,应按程序复审。

第六章　收文办理

第三十条　收文办理指对收到公文的办理过程,包括签收、登记、审核、拟办、批办、承办、催办等程序。

第三十一条　收到下级机关上报的需要办理的公文,文秘部门应当进行审核。审核的重点是:是否应由本机关办理;是否符合行文规则;内容是否符合国家法律、法规及其他有关规定;涉及其他部门或地区职权的事项是否已协商、会签;文种使用、公文格式是否规范。

第三十二条　经审核,对符合本办法规定的公文,文秘部门应当及时提出拟办意见送负责人批示或者交有关部门办理,需要两个以上部门办理的应当明确主办部门。紧急公文,应当明确办理时限。对不符合本办法的公文,经办公厅(室)负责人批准后,可以退回呈报单位并说明理由。

第三十三条　承办部门收到交办的公文后应当及时办理,不得延误、推诿。紧急公文应当按时限要求办理,确有困难的,应当及时予以说明。对不属于本单位职权范围或者不宜由本单位办理的,应当及时退回交办的文秘部门并说明理由。

第三十四条　收到上级机关下发或交办的公文,由文秘部门提出拟办意见,送负责人批示后办理。

第三十五条　公文办理中遇有涉及其他部门职权的事项,主办部门应当主动与有关部门协商;如有分歧,主办部门主要负责人要出面协调,如仍不能取得一致,可以报上级机关协调或裁定。

第三十六条　审批公文时,对有具体请示办理事项的,主批人应当明确签署意见,姓名和审批日期,其他审批人圈阅视为同意;没有请示事项的,圈阅表示阅知。

第七章　公文归档

第三十七条　公文办理完毕后,应当根据《中华人民共和国档案法》和其他有关规定,及时整理(立卷)、归档。个人不得保存应当归档的公文。

第三十八条　归档范围内的公文,应当根据其相互联系、特征和保存价值等整理(立卷),要保证归档公文的齐全、完整,能正确反映本机关的主要工作情况,便于保管和利用。

第三十九条　联合办理的公文,原件由主办机关整理(立卷)、归档,其他机关保存复制件或其他形式的公文副本。

第四十条　本机关负责人兼任其他机关职务,在履行所兼职务职责过程中形成的公文,由其兼职机关整理(立卷)、归档。

第四十一条　归档范围内的公文应当确定保管期限,按照有关规定定期向档案部门移交。

第四十二条　拟制、修改和签批公文,书写及所用纸张和字迹材料必须符合存档要求。

第八章　公文管理

第四十三条　公文由文秘部门或专职人员统一收发、审核、用印、归档和销毁。

第四十四条　文秘部门应当建立健全本机关公文处理的有关制度。

第四十五条　上级机关的公文,除绝密级和注明不准翻印的以外,下一级机关经负责人或者办公厅(室)主任批准,可以翻印。翻印时,应当注明翻印的机关、日期、份数和印发的范围。

第四十六条　公开发布行政机关公文,必须经发文机关批准。经批准公开发布的公文,同发文机关正式印发的公文具有同等效力。

第四十七条　公文复印件作为正式公文使用时,应当加盖复印机关证明章。

第四十八条　公文被撤销,视作自始不产生效力;公文被废止,视作被废止之日起不产生效力。

第四十九条　不具备归档和存查价值的公文,经过鉴别并经办公厅(室)负责人批准,可以销毁。

第五十条　不具备归档和存查价值的公文,经过鉴别并经办公厅(室)负责人批准,可以销毁。

第五十一条　机关合并时,全部公文应当随之合并管理。机关撤销时,需要归档的公文整理(立卷)后按有关归档移交档案部门。

工作人员调离工作岗位时,应当将本人暂存、借用的公文按照有关规定移交、清退。

第五十二条　密码电报的使用和管理,按照有关规定执行。

第九章　附　则

第五十三条　行政法规,规章方面的公文,依照有关规定处理。外事方面的公文,按照外交部的有关规定处理。

第五十四条　公文处理中涉及电子文件的有关规定另行制定。统一规定发布之前,各级行政机关可以制定本机关或者本地区、本系统的试行规定。

第五十五条　各级行政机关的办公厅(室)对上级机关和本机关下发公

文的贯彻落实情况应当进行督促检查并建立督查制度。有关规定另行制定。

第五十六条　本办法自 2001 年 1 月 1 日起施行。1993 年 11 月 21 日国务院办公厅发布,1994 年 1 月 1 日起施行的《国家行政机关公文处理办法》同时废止。

附录2

国家行政机关公文格式

（国家质量技术监督局 1999-12-27 发布　2000-01-01 实施）

1. 范围

本标准规定了国家行政机关公文通用的纸张要求、印刷要求、公文中各要素排列顺序和标识规则。

本标准适用于国家各级行政机关制发的公文。其他机关可参照执行。

使用少数民族文字印制的公文,其格式可参照本标准按有关规定执行。

2. 引用标准

下列标准所包含的条文,通过在本标准中引用而成为本标准的条文。本标准出版时,所标版本均为有效。所有标准都会被修订,使用本标准的各方应探讨使用下列标准最新版本的可能性。

GB/T 148—1997 印制、书写和绘图纸幅面尺寸。

3. 定义

本标准采用下列定义。

3.1　字 word

标识公文中横向距离的长度单位。一个字指一个汉字所占空间。

3.2　行 line

标识公文中纵向距离的长度单位。本标准以 3 号字高度加 3 号字高度 7/8 倍的距离为一基准行。

4. 公文用纸主要技术指标

公文用纸一般使用的纸张定量为 $60 \sim 80 \ g/m^2$ 的胶版印刷纸或复印纸。纸张白度为 85% ～ 90%,横向折度 ≥ 15 次,不透明度 ≥ 85%,pH 值为 7.5 ~ 9.5。

5. 公文用纸幅面及版面尺寸

5.1　公文用纸幅面尺寸

公文用纸采用 GB/T 148 中规定的 A4 型纸,其成品幅面尺寸为 210 mm × 297 mm,尺寸允许偏差见 GB/T 148。

5.2 公文页边与版心尺寸

公文用纸天头(上白边)为:37 mm±1 mm,

公文用纸订口(左白边)为:28 mm±1 mm,

版心尺寸为:156 mm×225 mm(不含页码)。

6. 文中图文的颜色

未作特殊说明公文中图文颜色均为黑色。

7. 排版规格与印刷装订要求

7.1 排版规格

正文用 3 号仿宋体字,一般每面排 22 行,每行 28 个字。

7.2 制版要求

版面干净无底灰,字迹清楚无断划,尺寸标准,版心不斜,误差不超过 1 mm。

7.3 印制要求

双面印刷;页码套正,两面误差不得超过 2 mm。黑色油墨应达到色谱所标 BL100%,红色油墨应达到色谱所标 Y80%,M80%。印品着墨实,均匀;字面不花、不白、无断划。

7.4 装订要求

公文应左侧装订,不掉页。包本公文的封面与书芯不脱落,后背平整、不空。两页页码之间误差不超过 4 mm。骑马订或平订的订位为两钉钉锯处订眼距书芯上下各 1/4 处,允许误差±4 mm。平订钉锯与书脊间的距离为 3~5 mm;无坏钉、漏钉、重钉,钉脚平伏牢固;后背不可散页明订。裁切成品尺寸误差±1mm,四角成 90°,无毛茬或缺损。

8. 公文中各要素标识规则

本标准将组成公文的各要素划分为眉首、主体、版记三部分。置于公文首页红色反线(宽度同版心,即 156 mm)以上的各要素统称眉首;置于红色反线(不含)以下至主题词(不含)之间的各要素统称主体;置于主题词以下的各要素统称版记。

8.1 眉首

8.1.1 公文份数序号

公文份数序号是将同一文稿印制若干份时每份公文的顺序编号。用阿拉伯数码顶格标识在版心左上角第 1 行。

8.1.2 秘密等级和保密期限

如需标识秘密等级,用 3 号黑体字,顶格标识在版心右上角第 1 行,两字之间空 1 字;如需同时标识秘密等级和保密期限,用 3 号黑体字,顶格标识在版心右上角第 1 行,秘密等级各保密期限之间用"★"隔开。

8.1.3　紧急程度

如需标识紧急程度,用 3 号黑体字,顶格标识在版心右上角第 1 行,两字之间空 1 字;如需同时标识秘密等级与紧急程度,秘密等级顶格标识在版心右上角第 1 行,紧急程度顶格标识在版心右上角第 2 行。

8.1.4　发文机关标识

由发文机关全称或规范化简称后加"文件"组成;对一些特定的公文可只标识发文机关全称或规范化简称。发文机关标识上边缘至版心上边缘为 25 mm。对于上报的公文,发文机关标识上边缘至版心上边缘为 80 mm。

发文机关标识推荐使用小标宋体字,用红色标识。字号由发文机关以醒目美观为原则酌定,但是最大不能等于或大于 22 mm×15 mm。

联合行文时应使用主办机关名称在前,"文件"二字置于发文机关名称右侧,上下居中排布;如联合行文机关过多,保证公文首页显示正文。

8.1.5　发文字号

发文字号由发文机关代字、年份和序号组成。发文机关标识下空 2 行,用 3 号仿宋体字,居中排布;年份、序号用阿拉伯数码标识;年份应标全称,用六角括号"〔〕"括入;序号不编虚位(即 1 不编为 001),不加"第"字。

发文字号之下 4 mm 处印一条与版心等宽的红色反线。

8.1.6　签发人

上报的公文需标识签发人姓名,平行排列于发文字号右侧。发文字号居左空 1 字,签发人姓名居右空 1 字;签发人后标全角冒号,冒号后用 2 号楷体字标识签发人姓名。

如有多个签发人,主办单位签发人姓名置于第 1 行,其他签发人姓名从第 2 行起在主办单位签发人姓名之下按发文机关顺序依次顺排,下移红色反线,应使发文字号与最后一个签发人姓名处在同一行并使红反线与之的距离为 4 mm。

8.2　主体

8.2.1　公文标题

红色反线下空 2 行,用 2 号小标宋体字,可分一行或多行居中排布;回行时,要做到词意完整,排列对称,间距恰当。

8.2.2　主送机关

标题下空 1 行,左侧顶格用 3 号仿宋体字标识,回行时仍顶格;最后一个主送机关名称后标全角冒号。如主送机关名称过多而使公文首页不能显示正文时,应将主送机关名称移至版记中的主题词之下、抄送之上,标识方法同抄送。

8.2.3　公文正文

主送机关名称下一行,每自然段左空 2 字,回行顶格。数字、年份不能回行。

8.2.4　附件

公文如有附件,在正文下空 1 行左空 2 字用 3 号仿宋体字标识"附件",后标全角冒号和名称。附件如有序号使用阿拉伯数码(如:"附件:1.×××××");附件名称后不加标点符号。附件应与公文正文一起装订,并在附件左上角第 1 行顶格标识"附件",有序号时标识序号;附件的序号和名称前后标识应一致。如附件与公文正文不能一起装订,就在附件左上角第 1 行顶格标识公文的发文字号并在其后标识附件(或带序号)。

8.2.5　成文时间

用汉字将年、月、日标全;"零"写为"0";成文时间的标识位置见 8.2.6。

8.2.6　公文生效标识

8.2.6.1　单一发文印章

单一机关制发的公文在落款处不署发文机关的名称,只标识成文时间。成文时间右空 4 字;加盖印章应上距正文 2～4 mm,端正、居中下压成文时间,印章用红色。

当印章下弧无文字时,采用下套方式,即仅以下弧压在成文时间上;

当印章下弧有文字时,采用中套方式,即印章中心线压在成文时间上。

8.2.6.2　联合行文印章

当联合行文需加盖两个印章时,应将成文时间拉开,左右各空 7 字;主办机关印章在前;两个印章均压成文时间,印章用红色。只能采用同种加盖印章方式,以保证印章排列整齐。两印章间互不相交或相切,相距不超过 3 mm。

当联合行文需加盖 3 个以上印章时,为防止出现空白印章,应将各发文机关名称(可用简称)排在发文时间和正文之间。主办机关印章在前,每排最多 3 个印章,两端不得超过版心;最后一排如余一个或两个印章,均居中排布;印章之间互不相交或相切;在最后一排印章之下右空 2 字标识成文时间。

8.2.6.3　特殊情况说明

当公文排版后所剩空白处不能容下印章位置时,应采取调整行距、字距的措施加以解决,务使印章与正文同处一面,不得采取标识"此页无正文"的方法解决。

8.2.7 附注

公文如有附注,用 3 号仿宋体字,居左空 2 字加圆括号标识在成文时间下一行。

8.3 版记

8.3.1 主题词

"主题词"用 3 号黑体字,居左顶格标识,后标全角冒号;词目用 3 号小标宋体字;词目之间空一字。

8.3.2 抄送

公文如有抄送,在主题词下 1 行;左空一字用 3 号仿宋体字标识"抄送",后标全角冒号;抄送机关间用顿号隔开,回行时与冒号后的抄送机关对齐;在最后一个抄送机关标句号。如主送机关移至主题词之下,标识方法同抄送机关。

8.3.3 印发机关和印发时间

位于抄送机关之下(无抄送机关在主题词之下)占 1 行位置;用 3 号仿宋体字。印发机关左空 1 字,印发时间右空 1 字。印发时间以公文付印的日期为准,用阿拉伯数码标识。

8.3.4 版记中的反线

版记中各要素下均加一条反线,宽度同版心。

8.3.5 版记的位置

版记应置于公文最后一页(封四),版记的最后一个要素置于最后一行。

9. 页码

用 4 号半角白体阿拉伯数码标识,置于版心下边缘之下一行,数码左右各放一条 4 号一字线,一字线距版心下边缘 7 mm。单页码居右空 1 字,双页码居左空 1 字。空白页和空白以后的页不标识页码。

10. 公文中的表格

公文如需附表,对横排 A4 纸型表格,应将页码放在横表的左侧,单页码置于表的左下角,双页码置于表的左上角,单页码表头在订口一边,双页码表头在切口一边。

公文如需附 A3 纸型表格,且当最后一页为 A3 纸型表格时,封三、封四(可放分送,不放页码)应为空白,将 A3 纸型表格贴在封三前,不应贴在文件最后一页(封四)上。

11. 公文的特定格式

11.1　信函式格式

发文机关名称上边缘距上页边的距离为 30 mm，推荐使用小标宋体字，字号由发文机关酌定；发文机关全称下 4 mm 处为一条武文线（上粗下细），距下页边 20 mm 处为一条武文线（上细下粗），两条线长均为 170 mm。每行距中排 28 个字。发文机关名称及双线均印红色。两线之间各要素的标识方法从本标准相应要素说明。

11.2　命令格式

命令标识由发文机关名称加"命令"或"令"组成，用红色小标宋体字，字号由发文机关酌定。命令标识上边缘距版心上边缘 20 mm，下边缘空 2 行居中标识令号；令号下空 2 行标识正文；正文下一行右空 4 字标识签发人名章，签名章左空 2 字标识签发人职务；联合发布的命令或令的签发人职务应标识全称。在签发人名章下一行右空 2 字标识成文时间。分送机关标识方法同抄送机关。其他从本标准相关要素说明。

11.3　会议纪要格式

会议纪要标识由"××××会议纪要"组成。其标识位置同 8.1.4，用红色小标宋体字，字号由发文机关酌定。会议纪要不加盖印章。其他要素从本标准规定。

12. 式样（略）

参考文献

[1] 陈传汉.实用经济文书[M].海口:南海出版公司,2003.

[2] 尹依.新版财经写作(修订本)[M].北京:中国商业出版社,2000.

[3] 陈少夫.应用写作教程[M].4版.广州:中山大学出版社,2003.

[4] 王永宏.现代应用写作教程[M].沈阳:东北大学出版社,2001.

[5] 杨文丰.现代应用文写作教程[M].北京:中国人民大学出版社,2003.

[6] 邱宣煌.财经应用文写作[M].大连:东北财经大学出版社,2001.

[7] 沈黔.公文写作[M].昆明:云南大学出版社,2002.

[8] 李伟权,关莹.应用文写作[M].北京:科学出版社,2011.

[9] 张金英.经济应用文写作基础[M].2版.北京:高等教育出版社,2012.

[10] 耿云巧,马俊霞.旅游酒店应用文写作[M].北京:人民邮电出版社,2014.

[11] 魏成春.公文写作实用教程[M].杭州:浙江大学出版社,2012.

[12] 白延庆.新版公文写作教程[M].2版.北京:对外经济贸易大学出版社,2012.

[13] 范兰德,张少元.新党政机关公文与办公室写作[M].广州:广东人民出版社,2013.

[14] 裴传永,李晓波.现代公文写作与公文处理基础教程[M].2版.北京:中共中央党校出版社,2013.

[15] 张保忠.公文写作规范指南[M].北京:经济科学出版社,2012.